互联网与文化生产、推广和消费研究

王爽 著

The Research of Cultural Production, Promotion and Consumption in Internet Age

山东人民出版社·济南
国家一级出版社 全国百佳图书出版单位

图书在版编目（CIP）数据

互联网与文化生产、推广和消费研究／王爽著.--济南：山东人民出版社，2020.12
ISBN 978-7-209-12861-2

Ⅰ.①互… Ⅱ.①王… Ⅲ.①互联网络－文化产业－研究－中国 Ⅳ.①G124-39

中国版本图书馆CIP数据核字(2020)第123725号

互联网与文化生产、推广和消费研究
HULIANWANG YU WENHUA SHENGCHAN TUIGUANG HE XIAOFEI YANJIU
王爽 著

主管单位 山东出版传媒股份有限公司
出版发行 山东人民出版社
出 版 人 胡长青
社　　址 济南市英雄山路165号
邮　　编 250002
电　　话 总编室（0531）82098914
　　　　 市场部（0531）82098027
网　　址 http://www.sd-book.com.cn
印　　装 山东华立印务有限公司
经　　销 新华书店

规　　格 16开（169mm×239mm）
印　　张 16.5
字　　数 240千字
版　　次 2020年12月第1版
印　　次 2020年12月第1次
ISBN 978-7-209-12861-2
定　　价 48.00元

前言

普适计算之父马克·韦泽(Mark Weiser)指出:“最高深的技术是那些令人无法察觉的技术,这些技术不停地把它们自己编织进日常生活,直到你无从发现为止。”[1]互联网就是这样的技术,它正在全方位地改变网民的生活和消费习惯,并且催生了网络经济和文化产业发展的新形态,使互联网产业与文化产业之间的边界越来越模糊。在日趋变平的世界里,互联网既从根本上变革了传播和受众的交互关系,也深刻改变着文化生产、推广和消费的方式。互联网时代传统受众的内涵进一步丰富,外延得到了拓展,主动性、即时交互性和受众舆论的“蝴蝶效应”得以彰显。文化内容在互联网世界有三大生存空间——娱乐、资讯和社交,它们构成了互联网社会的大部,也涵盖了网民进入网络世界的全部动机。网络时代的受众在通过智能手机、智能电视、电脑(台式或便携式)、可穿戴的智能设备等终端接收、消费文化内容及其商品的同时,也不断地实践着文化内容再生产、再推广和再消费的过程。互联网使网民成为文化产业运营中的中坚力量,如何从微观、中观和宏观角度探讨、分析和揭示互联网对我国文化内容生产、推广和消费的影响是一个值得研究的重要课题。

在当前社会各界都不断强调“互联网+”的大背景下,文化生产、

① 阿里巴巴研究院:《“互联网+”重新定义信息化——关于“互联网+”的研究报告(上篇)》,《光明日报》2015年10月16日。

文化推广和文化消费这三者不仅代表了文化产业市场活动的过程性，而且是文化经济其他要素的基础。研究互联网为文化产业运营带来的影响，必然应当从文化生产、推广和消费入手。

文化生产是传统文化经济活动的起点，更是网络文化经济的核心生命力。文化内容生产是一种特殊的生产形态，由最初的图腾崇拜、神话传说、巫术、仪式等表现形式发展到商业大众文化生产，再到网络文化内容生产，每一次变革的动力都源自媒介技术的革新。传统大众文化产业运营是线性的过程，生产活动是一切文化经济活动的起点。网络技术、数字技术在改变文化内容呈现形式的同时，也为文化内容生产带来了全新的生态环境。在这个生态环境中，网民是文化内容生产的主导力量，网民的内容创作、分享和点击为文化内容提供者、经营者的免费或收费经营提供了根本性支持。除了文化生产组织外，全体网民的参与性生产为文化经济注入了新的生命力。即时交互性DIY（自己动手制作）文化内容生产活动既可以满足受众表达自我、实现自我的需要，还能借助网络平台与文化经济经营者即时交流。受众的微内容生产活动可以是对某一文化内容或商品的评价、反馈，也可以是原创的微内容发表。这些无疑都是对文化经济生命力的延续。

“无形化”的文化推广是文化内容商品实现价值和交换价值的保障。较之传统的文化营销，网络文化内容商品推广强调软营销信息、交互营销沟通和整合全媒体。互联网环境下的文化营销活动更加趋向于无形化、软化，实体的文化产品或服务往往需要借助无形的文化内容、文化情怀、文化理念、企业文化、文化体验等的传播获取受众的注意。营销者并不直接将文化内容产品或服务的价值呈现在消费者面前，商品价值需要消费者去主动发现并完成交换。同时，与传统“播式、推式”文化营销相比，网络文化营销的交互性是其核心的竞争力。在商品种类繁多的文化市场环境中，如何针对不同的受众推广不同的文化内容商品是文化市场营销成功的关键。在新技术的加持下，网络营销能够实现精准的信息搜集、分析和推送，并可以根据受众不同的网络生活习惯采用不同的手段实现文化内容商品推广，是最适合主观性和个性化都较强的文化内容商品推广的手段。碎片化的文化内容市场和碎片受众共同构成了文化内容商品的新活力，口碑成为衡量品质的最重要的依据。

文化消费既是文化内容商品的交换价值得以实现的过程，也是内容价值再生的开端。在传统线性文化经济活动中，消费达成意味着一个经济活动的结束。互联网将文化消费的“终点”身份演变为再生产、再推广和再消费的“起点”。网络文化经济是一种分享经济，它遵循边际成本递减、边际效益递增的经济规律。在网络空间中的文化内容消费更强调自我价值实现、精神体验和交互分享。网络文化消费的主动性、分享性等特征，使受众在调研、交流和分享文化内容商品的过程中，无意识地参与了文化内容再生产、再推广和再消费活动。这种循环性受众参与的文化内容生产、推广、消费和再生产、再推广和再消费活动，构成了网络文化经济的大生态系统。同时，网络文化经济突破了传统文化消费时空、支付手段和收入限制等弱点，颠覆了传统文化产业的经济规律，为文化消费带来了更广泛的受众、更丰富的体验。

为应对“互联网+”时代的文化生产、推广、消费方式变革，必须推动文化产业商业模式的创新。笔者综合互联网为文化内容生产、推广和消费带来的变革以及受众在网络社会中突出的主体地位，为互联网时代文化产业运营变革概括提出“内容为王”商业模式、平台商业模式和“免费”商业模式。“文化内容”是文化内容商品和文化企业的重要招牌，是受众黏附力的核心来源，更是一切网络文化经济活动得以进行的基础元素，互联网时代，内容为王的内涵进一步丰富，外延得以拓展；网络平台是当今社会人们生活中的重要组成部分，文化生产者依托互联网平台和信息从事内容创作，文化内容推广者依托互联网将信息有效地推送到目标受众视线内，文化消费者依靠便利的互联网平台进行内容调研、交流、选择、购买和分享等一系列活动，网络平台对文化产业效益调节和受众分享都有着重要的意义；“免费”是网络经济经常采用的经营模式，它颠覆了传统的商品定价策略，文化内容平台可以通过“交叉补贴”实现远高于传统文化内容商品定价销售获得的利润。内容、平台和“免费”商业模式交错存在于文化企业的网络经营中，三者共同构成了文化产业在网络环境中发展的主要商业模式。

媒介技术和信息传播方式的革新影响人类活动，人类活动推动媒介技术和信息传播方式变革。本书试图探索互联网技术和用户之间的互动为文化生产、推广和消费带来的影响及其为文化产业商业模式带来的革新和发展，其中不足之处，敬请大家提出批评意见。

目　录

绪　论

梅特卡夫定律反映了网络技术发展和应用的意义，它指出网络的价值等于网络节点数的平方，网络的价值与联网的用户数的平方成正比。[①]而根据摩尔定律，在价格不变的情况下，每隔18—24个月，设备性能会翻一倍，它反映了电子和网络设备的发展速度和更新频率。这两个网络技术发展定律自罗伯特·梅特卡夫（Robert Metcalfe）和戈登·摩尔（Gordon Moore）提出后经受住了业界的长期考验，依旧警示着当前和未来网络世界的发展规律，只是相对于早期网络价值和网络技术的增值，它们的更新频率得到了大幅提升，如微信功能和服务的不断迭代创新。互联网技术、终端技术和网络平台的普及应用为各行各业都带来了深刻的变化，科技的进步加快了其与文化融合的速度。网络媒体的普及应用使“世界变平”，在日趋变平的世界中，互联网如何改变文化内容的传播和受众？文化生产、推广和消费面临怎样的变革？互联网时代文化产业盈利模式发生了什么变化？有什么创新？这些都是值得我们深究的问题。

① Alberts, *Network Centric Warfare: Developing and Leveraging Information Superiority* (Washington D.C: CCRP Serials Publication, 2000), pp.102-200.

一、文献综述

自20世纪三四十年代法兰克福学派提出“文化工业”一词以来，国际上对“文化产业”及相关的理论研究一直延续至今。网络媒体作为一种新兴媒介形态，影响着人们生活的方方面面。在此，笔者仅就对本书主题有借鉴和启发意义的已有成果做简要综述。

（一）文化产业数字化研究

西方传播学巨匠马歇尔·麦克卢汉（Marshall McLuhan）提出“媒介即讯息”“媒介是人的延伸”以及“冷媒介和热媒介”等观点。他将人的延伸（媒介）一分为二：电子媒介（如网络媒介等）是中枢神经系统的延伸，其余一切媒介（尤其是机械媒介）是人体个别器官的延伸，比如电视是人的耳朵和眼睛的延伸，印刷媒介是人的视觉延伸等等。①克里斯·安德森（Chris Andersen）的《长尾理论》和《免费》分析了网络经济的特性及其运行规律，为网络文化经济的发展提供了理论支撑。尼尔·波兹曼（Neil Postman）的《娱乐至死》提出“媒介即隐喻”，认为电视时代到来，一切公众话语日渐以娱乐的方式出现，并成为一种文化精神。保罗·莱文森（Paul Levinson）提出了当代媒介的“三分说”，认为互联网诞生之前的媒介都是旧媒介；互联网上的第一代媒介，如电子邮件、网上书店、聊天室等属于新媒介；而兴盛于21世纪的第二代媒介被称为新新媒介，如博客、维基、推特等。②除此之外，威尔伯·施拉姆（Wilbur Schramm）等人的基本传播学理论以及注意力经济理论等都是网络传播和网络文化经济发展的基础理论。

起初，国内的文化产业理论多借鉴国外相关理论，但随着相关研究的逐步深入，国内结合业界现状的研究逐渐增多，主要包括网络传播特征研

① ［加］埃里克·麦克卢汉、［加］弗兰克·秦格龙编《麦克卢汉精粹》，何道宽译，南京大学出版社2000年版，第9页。

② ［美］保罗·莱文森：《新新媒介》，何道宽译，复旦大学出版社2011年版。

究、网络传播中的问题研究等。其中，第一，网络传播特征研究，即网络传播具有快捷、低成本、信息量大、互动性、超文本以及多媒体等特征。第二，网络传播中的问题研究，即网络传播中存在信息安全、知识产权、网瘾、数字鸿沟、网络犯罪等问题。第三，网络传播的监管研究，即责任不明、缺乏管理依据、监管力量薄弱等问题可以通过三位一体的管理体制有效解决。第四，网络传播类型研究，包括网络人际传播、群体传播、大众传播等。

文化产业发展的数字化趋势日益明显。王育济教授在2010年北京大学主办的第七届中国文化产业新年论坛上提出文化产业发展和研究应当具备“三屏”（电视屏幕、网络屏幕、手机屏幕）意识。互联网时代，网络经济的免费和平台经营在文化产业中同样适用。互联网创造了一个新的平台，在这个平台上可以产生各种类型的数字内容、服务，以及工业组织，同时互联网加速了信息革命，促进产生了许多新的信息系统应用和新的商业模式。[①]“未来商业模式的竞争，主要是平台的竞争”，平台商业模式的精髓，在于打造一个完善的、成长潜能强大的“生态圈”。[②]《平台战争——移动互联时代企业的终极PK》[③]一书详细介绍了在商业生态系统中构建平台的那些巨头企业的发展过程，并指出广告、搜索、位置信息、支付、社交、智能电视等是平台企业竞争的核心。也正因为互联网平台被广泛地应用于商业活动，免费商业模式才得以运营。荷兰学者Abbe Mowshowitz（1997）认为：“网络产品在网络平台上的每一道加工工序均能增加它的交易价格。初始定价为零的产品可以看作基础产品，通过在基础产品上再次

① 付瑞雪：《数字内容分发平台与商业模式的研究》，北京邮电大学2009年博士学位论文。

② 陈威如、余卓轩：《平台战略：正在席卷全球的商业模式革命》，中信出版社2013年版。

③ ［韩］赵镛浩：《平台战争——移动互联时代企业的终极PK》，吴苏梦译，北京大学出版社2012年版。

开发或者升级，会逐步地提升产品的最终价格。”[①]Jean Tirole（1988）认为免费和收费产品的捆绑销售的方式是一种价格歧视和市场圈定行为，厂商通过捆绑销售，提高了消费者的支付意愿，获得比一般销售更高的规模效应，从而获得更多的收益。[②]Carl Shapiro和Hal Varrina（1998）在著名的《信息规则》（*Information Rules*）一书中阐述了厂商以不同价格提供不同版本的产品采用的版本化差别定价原则，其关键是通过不同版本的差别化定价来识别不同差别的需求，从而满足不同消费者，以达到利润最大化。[③]克里斯·安德森认为在20世纪“免费”是一种强有力的推销手段，而在21世纪它已经成为一种全新的商业模式，主要通过直接交叉补贴、三方市场、免费加收费三种方式获取效益。[④]罗俊皓通过大量的实例分析了免费经济模式的类型和实施免费经济应当具备的条件。[⑤]孙琨讨论了信息时代“免费”营销模式，分析了生活中随处可见的免费，认为免费作为一种营销手段已经越来越多地为商家所使用。[⑥]“免费经济=注意力经济”，文化内容平台“免费”商业模式运营的价值基础源于平台、文化内容和网民三个方面。[⑦]文化产业数字化以网络平台和网络经济为基础，进一步推动商业模式的革新。

（二）文化生产研究

文化生产的相关研究主要集中于马克思的文化生产力理论研究和文化

① Abbe Mowshowitz, “On the theory of virtual organization”, *Systems Research & Behavioral Science* 14, No.6 (1997): 373–384.

② Jean Tirole, *The Theory of Industrial Organization* (Cambridge: MIT Press, 1988), pp.17–28.

③ Carl Shapiro and Hal Varrina, *Information Rules* (Cambridge: Harvard Business Press, 1998), pp.127–211.

④ ［美］克里斯·安德森：《免费》，蒋旭峰、冯斌、璩静译，中信出版社2012年版。

⑤ ［韩］罗俊皓：《免费经济学》，金香兰译，中国铁道出版社2012年版。

⑥ 孙琨：《试论信息时代“免费”营销模式》，《江苏科技信息》2011年第5期。

⑦ 王爽：《文化内容展示平台的“免费”商业模式探析》，载叶朗主编《中国文化产业年度发展报告（2014）》，北京大学出版社2014年版，第418—427页。

生产实践研究两个方面。

文化生产力理论是由马克思的“精神方面生产能力”的理论演化而来的，是马克思理论的重要组成部分。现有对马克思“精神方面生产能力”理论的研究成果主要集中于追溯该理论的形成、内涵、结构层次及其与文化生产理论的对比等。雷蒙德·威廉斯（Raymond Williams）深度阐释了文化生产的物质性、文化生产关系等文化生产的理论。①文化生产理论适用于各个文化行业，如文化旅游业、娱乐产业、文化遗产开发等。②

商品性文化生产成为当代社会大生产的一个新的组成部分。③文化生产可以分为内容生产、符号生产和媒介生产三个层次④，还可以分为有形文化生产和无形文化生产⑤。何群将文化生产组织分为营利性组织和公益性组织，并且将文化产品的生产方式分为：作者性生产方式、配方式生产方式和再生产式生产方式。⑥除了以区域文化生产发展和马克思的文化生产理论为题的著作和论文外，以微观文化产业生产为题的研究成果较少。美国著名文化社会学家戴安娜·克兰（Diana Crane）梳理了流行文化和艺术社会学领域的大量文献以及传播学、文学批评等学科的原始材料，考察了二战以来文化生产性质的转变及其发展趋势，分析了在文化研究内部构架“文化生产”观点的中心问题。⑦赵有广从中国文化产品对外贸易的角度探讨了

① ［英］雷蒙德·威廉斯：《文化与社会》，吴松江、张文定译，北京大学出版社1991年版。

② 李康化：《文化遗产与文化生产的创造性转化》，《江汉大学学报》（人文科学版）2011年第1期。

③ 刘诗白：《论现代文化生产（上）》，《经济学家》2005年第1期。

④ 荣跃明：《马克思哲学视域中的文化生产》，《毛泽东邓小平理论研究》2007年第1期。

⑤ 庞庆明、张锡恩：《近代以来中国文化生产方式变革的主流与原则》，《毛泽东邓小平理论研究》2012年第11期。

⑥ 何群：《文化生产及产品分析》，高等教育出版社2006年版。

⑦ ［美］戴安娜·克兰：《文化生产：媒体与都市艺术》，赵国新译，译林出版社2012年版。

文化产品生产方式的创新，对文化产品生产方式的相关理论和研究成果进行了简要综述。[①]学者们对商品性文化生产的认知逐渐深入。

网络文化生产具有高自由度和个性化的特点[②]，文化产业的网络生产活动以用户为中心，喻国明教授将网络文化生产称为“全民DIY”的微内容生产。传统媒体和新媒体都在应用网络媒体进行文化生产活动，其生产主旨都是“让用户参与内容制作”。用户制作内容也被称为“消费者制作内容”，或“用户创造内容”，它以其制作流程非专业化、个性化的特点，被大众媒体采用和认可。[③]江凌、李丹认为网络文化生产力是指“互联网作为网络文化的载体所具备的生产力，能够衍生多少文化形态、生产多少文化产品、创造多少互联网平台下的文化产业的能力”[④]。互联网的文化生产在生产者和生产方式上呈现出明显的多元化特征，这和目前具备“处处是中心，无处是中心”特征的电子媒介占据主流的文化媒介生态是紧密相关的。[⑤]网络生产具有突破传统生产资源稀缺性和资源配置模式的特征，知识和信息成为其核心要素。[⑥]网络生产方式是生产方式发展的新阶段，它的技术基础和社会基础决定了它将是文化生产方式变革的方向。

（三）文化内容商品推广和营销研究

1967年，著名的美国营销学家菲利普·科特勒（Philip Kotler）在《营销管理：分析、计划和控制》一书中第一次正式地对文化产品营销概念做出阐释，这也是学术机构首次提出有关文化产品营销的概念。[⑦]迪格雷斯

---

① 赵有广：《文化产品生产方式创新研究——基于中国文化产品对外贸易》，经济科学出版社2013年版。

② 郑琨、赫穆寰：《从马克思艺术生产理论看网络文化的存在与发展》，《齐齐哈尔大学学报》（哲学社会科学版）2012年第2期。

③ 田智辉：《新媒体传播：基于用户制作内容的研究》，中国传媒大学出版社2008年版。

④ 江凌、李丹：《论网络文化生产力》，《编辑之友》2012年第12期。

⑤ 曾建辉：《文化生产的媒介演变及其发展》，《重庆社会科学》2011年第4期。

⑥ 黄宗捷：《论网络生产的特征》，《成都信息工程学院学报》2002年第2期。

⑦ 李锡东：《文化产业的营销与管理》，清华大学出版社2011年版，第10页。

（Diggles）认为文化产品营销的基本目的是将适宜数量的消费者，以适当的形式，通过文化创意与设计人员进行沟通，以设计出有市场潜在需求的文化产品，并且在这个过程中获取最好的经济效益。[①]莫科瓦（Mokwa）将文化营销定义为："（文化艺术）营销并非让艺术家如何去创造一件艺术品，相反，艺术营销的任务则是将艺术家的创造、理解或表演传达给适宜的观众。"[②]和市场营销一样，文化产业营销的过程可以分为市场调研、市场细分、市场定位、制订计划并实施、过程监管和反馈等环节。

文化产品推广和营销的研究多建立在传统的市场营销理论基础上。现有的文化营销研究成果主要集中于某行业、产业或项目的文化营销策略研究，针对我国文化市场营销的理论研究还不成熟。文化营销主要可分为三个层面：产品或服务层面、品牌文化层面和企业文化层面。一般情况下，进行文化产品或服务的推广活动，上述三个层面越统一效果就会越好。[③]对具体文化行业的营销研究主要集中在对不同文化行业的市场特性和文化需求分析上。随着互联网的发展和逐步普及，网络营销在市场营销中的地位越来越突出，学术界和业界对网络营销的研究多从定义、特点、理论基础、网络市场、网络消费者、营销策略和方法等方面进行概论性分析。

文化产业网络营销的研究成果较少。李锡东从文化产业及文化营销的基础概念入手，分析了文化产业营销的要素，并对应具体的文化行业阐述了文化产品营销与管理的具体应用。[④]赵泽润等则从文化市场调研、营销环境、消费者、文化市场、文化营销策略（包括产品、价格、分销、促销等策略）、营销管理及国际营销等方面系统地对文化产业营销进行

① K. Diggles, *Guide to Arts Marketing: The Principles and Practice of Marketing as They Apply to the Arts* (London: Rhimegold, 1986).

② M. P. Mokwa, W. M. Dawson and E. A. Prieve, *Marketing the Arts* (New York: Praeger, 1980).

③ 周维学：《文化营销研究》，《中国集体经济》2009年第9期。

④ 李锡东：《文化产业的营销与管理》，清华大学出版社2011年版。

了研究。[①]虽然在他们的研究中都强调了信息技术和互联网对文化营销的重要意义，但是这些著作并不以文化产品网络营销为本位。相比之下，蔡嘉清的《文化产业营销》是相关著作中对文化产品网络营销分析较为全面的成果。书中，蔡嘉清系统地对传统文化市场、新兴媒介文化市场、文化需求、文化产业市场策划等进行了分析，提出了文化产业营销需要创新、沟通和品牌价值，并结合互联网的发展现状提出了网络创新营销和管理的策略。[②]通过对现有论文成果归类可以看出，多数有关文化产品网络营销的研究成果都是比较细化的，比如旅游景区、旅游业的网络营销，体育产品、艺术品、饰品等的网络营销，城市文化的网络营销，影视作品的网络营销等。真正意义上从受众的角度对文化内容的网络营销进行研究的成果则少之又少。

（四）文化消费研究

国外对文化消费的研究多立足于西方国家的文化消费现状，从微观经济学的角度进行，其理论基础是文化资本和新消费理论，且多数成果集中于文化消费的影响因子分析上，如文化产品的属性、消费者阶层和地位、地理区域、价格、消费者年龄、收入及受教育层次等都对文化消费需求构成了重要影响。[③]由于文化消费的复杂性、多样性、实践性、区域性等特点，以及国外文化消费研究的实证特色，这些成果对我国文化消费的借鉴作用并不明显。但总体而言，国外新兴的消费理论为我国文化消费的实践和学术研究提供了新的理论支撑，如体验消费、虚拟文化消费、免费经济理论等。

我国有关文化消费的研究始于20世纪80年代中后期，形成的著作和文章不多，首次提出“文化消费”一词是在1985年的全国消费经济研究会上，直到1987年前后，文化消费才正式成为消费经济学研究领域中的

---

① 赵泽润、蒋昀婺、许瑶编著：《文化市场营销学》，中山大学出版社2010年版。

② 蔡嘉清：《文化产业营销》（第2版），清华大学出版社2013年版。

③ 资树荣：《国外文化消费研究述评》，《消费经济》2013年第1期。

一个重要课题。[①]据不完全统计，1985—1992年发表的各类相关文章有30余篇，专著和教材等共计20余种，所讨论的主要问题大致如下：城市居民文化消费取向及其引导，农村居民文化消费水平与层次，居民文化消费发展趋势与对策，城乡居民文化消费结构比较，文化消费结构失衡的原因探析，文化生活消费与人的全面发展，物质文化消费与精神文化消费的关系，消费风俗与消费习惯等。[②]现有的研究成果主要集中于全国或部分城市的文化消费发展报告、文化消费历史沿革研究及不同历史时期的文化消费研究。学术界针对文化消费研究的论文比较多，研究领域包括：农村文化消费、大学生文化消费、区域文化消费、网络文化消费等。

国内网络消费的研究成果较多，主要集中于特征、存在问题及对策、消费者行为、网络消费安全等方面，这些都是研究网络文化消费的基石。除了个人的心理和背景因素对消费者行为产生影响外，外部环境因素，如负面口碑、网络营销等也是重要的影响因子。

随着供给侧改革的持续深入，文化、创意、技术与新媒体不断加速融合，我国文化消费呈现个性化、虚拟化、社交化和延伸化的新特征。[③]互联网文化消费要求产品兼具“文化性+艺术性”，需鼓励各类群体共同参与创作，需要善用“大数据+云计算”更好地满足用户需求，需利用“法治化+责任制”维护用户权益。[④]以微博、短视频平台为代表的新型媒介载体不仅孵化了大量素人明星，更推动了网络用户内容创作和消费的热情，用户的主观能动性越来越突出。用户更倾向于对他们所喜爱的文本进行创造性解读，并在此基础上进行生产性消费。从社会再生产和消费自身系统角度来看，文化消费的驱动机理包括：生产创意化丰富文化消费资料，技

① 陈雷、张莹：《城镇文化消费的现状及影响因素分析》，《西安财经学院学报》2013年第1期。

② 斯人：《1985—2001年中国消费文化讨论综述》，《学术研究》2002年第8期。

③ 张宝英、张鸿暄：《数字创意时代我国文化消费的驱动机理与提升对策研究》，《发展研究》2019年第7期。

④ 赵鑫全：《互联网时代文化消费如何升级》，《人民论坛》2019年第23期。

术参与分配推动文化消费，交换广度、深度和方式升级提升文化消费，数字技术助推知识才能提升拉动文化消费。学者们对网络文化消费者主观能动性的认知逐步深入。

对相关研究成果进行综述，有助于全面把握已有相关研究成果的特征和优势，更有利于笔者梳理和开拓研究思路。

二、相关理论溯源及演变

文化产业前沿理论和媒介传播相关理论是本书的基础理论。

（一）文化产业前沿理论

结合本书的研究重心——互联网为文化产业运营带来的变革，除了文化生产、文化资本等文化产业基础性理论外，文化经济、注意力经济、体验经济、网络经济、长尾理论、自助经济也是重要的前沿理论。

1.文化经济

文化范畴比文化经济范畴早诞生100多年，文化范畴是由英国人类学家泰勒（Edward Burnett Tylor）于1871年首先提出来的，而文化经济范畴则是在20世纪70年代后期由苏联和东欧学者提出来的，20世纪80年代开始被我国理论界“引进”。[①]文化经济以精神文化需求为发展动力，以文化产业为表现形态，马克思的精神生产理论是文化经济的理论渊源。本书中的文化经济主要是狭义的文化经济，指以交易的方式和方法进行文化生产，促进文化消费，增加文化流通，改变社会财富的形成、来源和结构，实现人的自由发展和人类社会文明进步的一种社会文化现象和文明行为系统。[②]和其他经济形态一样，文化经济的最终目的是获取经济效益，因此从文化经济实践来看，它至少包含四个方面的内容：一是文化内容本身就可以获取经济效益，如历史文化遗迹可获门票收入等；二是文化内容生产和

---

① 陈赞晓：《关于文化经济理论渊源及其发展的“驱动力”原理探析》，《理论界》2007年第8期。

② 胡惠林：《文化经济学》（第2版），清华大学出版社2014年版，第2页。

商品在市场中带来的价值交换形态和效益；三是文化内容服务；四是通过知识产权法保障的版权效益。但无论是哪种文化经济形态，它都承载着传承传统文化，弘扬民族精神，满足民众文化需求和繁荣文化市场的重任。需要强调的是，鉴于文化产业、文化经济的意识形态属性，发展文化经济必须首先保障社会效益，这是一个不可突破的大前提。

2.注意力经济

在产品大量剩余的市场环境下，注意力就成为各企业竞相争夺的对象。“注意力经济”是指通过最大限度地获取消费者的注意力并借此实现效益的经济方式。[①]注意力经济的提出最早可以追溯到诺贝尔经济学奖获得者赫伯特·西蒙（Herbert A. Simon），他于1971年提出“信息的充足带来了注意力的匮乏，这就要求人们要把注意力有效地分配到占用注意力的过于丰富的信息上”[②]。英特尔公司前总裁安迪·格拉夫（Andy Grove）1996年提出“争夺眼球”。1997年被誉为“注意力经济学之父”的美国经济学家迈克尔·戈德海伯（Michael H. Goldhaber）在《连线》杂志发表的《注意力购买者》“Attention Shopper”一文认为在新经济时代，最重要的资源不再是传统的货币，也不是信息本身，而是人的注意力；同年他在网络杂志《第一个星期一》发表的论文《注意力经济——网络的自然经济》，被认为是注意力经济的开山之作。[③]在文中，戈德海伯认为在注意力经济时代金钱的功能会逐渐退化，明星和追星族将成为财富的新形式参与市场分配。奥地利维也纳科技大学教授乔治·法兰克（Georg Franck）在其1998年出版的德语版《注意力经济》一书中提出“虚荣市场”这一概念，认为人的虚荣心理和需求是注意力经济的基础，虚荣成为消费欲望的

---

① 王利霞：《注意力经济下文化产业的发展方式》，山西大学2011年硕士学位论文。

② Herbert Simon, “Designing Organizations for an Information-Rich World,” in *Computers, Communications and the Public Interest*, ed Martin Greenberg. (Baltimore: The Johns Hopkins Press, 1971), pp.40–41.

③ Michael Goldhaber, “The Attention Economy: The Natural Economy of the Net,” http://www.firstmonday,org/issues/issue2–4goldhaber.

来源和动力。除此之外，美国著名管理学家托马斯·达文波特（Thomas H. Davenport）与贝克（J. C. Beck）所著的《注意力经济》一书被翻译成多国语言，中文版已于2004年正式出版发行，首次探索了正在蓬勃发展的注意力经济，该书也被誉为是从“知识时代”到“注意力时代”的开创性著作。①

注意力经济的核心是如何吸引受众的注意力，互联网及其与传统媒体融合发展带来的信息过剩是注意力经济形成的重要诱因，甚至有人认为互联网经济的本质就是注意力经济。与传统经济关注物质世界相比，注意力经济关注的核心是人的精神世界。因此，从经济学概念上来看，注意力经济就是借助媒介对注意力这种资源进行的生产、加工、分配、交换和消费的新经济形态，它已经成为当前和未来世界经济发展的主流。

3.体验经济

“体验经济”，顾名思义就是让消费者全面参与、体验和感受，并通过这种参与状态引导消费者形成对商品的消费意愿和实现消费的经济形态。从Alvin Toffler（阿尔文·托夫勒）最早提出“体验生产将超过服务业”（1970）到“服务经济的下一步是走向体验经济”（2001），派恩（B. Joseph Pine Ⅱ）和吉尔摩（James H. Gilmore）（1998）宣称“体验经济时代到来”使体验经济真正走红，微软视窗体验（WINDOWS XP）、惠普和联想的全面客户体验（Total Customer Experience，简称“TCE”）作为体验经济的实践者走在行业的前列，“体验经济在全球已成了大气候”（姜奇平，2002），“我们正在进入一个经济的新纪元：体验经济已经逐渐成为继服务经济之后的又一个经济发展阶段”（Pine Ⅱ和Gilmore，1999）。②派恩和吉尔摩将“体验经济”解释为：一种以服务为舞台，以商品为道具，以消费者为中心，创造能够使消费者参与、值得消费者回忆的活动的经济形态。③从经济

① 赵娟：《达文波特提出注意力经济概念》，《经济参考报》2007年7月6日。

② 梁强：《面向体验经济的休闲旅游需求开发与营销创新》，天津财经大学2008年博士学位论文。

③ 向勇、刘静主编《文化产业应用理论》，金城出版社2011年版，第44页。

形态提供物来看，传统经济形态提供的是商品，体验经济提供的是体验服务，是服务经济的延续。服务的主要特性是生产与消费的同时空性，当提供者向受众提供服务时，受众在消费利益让渡的同时因为参与其中会在心中留下服务印象，而这种共时服务和其带来的印象正是体验经济的精髓所在。体验经济使传统的规模经济转向了分众经济，使规模化的目标市场转向个性化的分众市场。体验经济关注的焦点是消费者的个性体验和感受，迎合的是更加多样的消费需求，认可每一位体验者的体验价值，如何通过"体验"甚至是定制服务使消费者群体获得最佳、最深刻的消费体验并获取持续利益是体验经济经营者们一直孜孜不倦追求的目标。因此，体验经济的最大特征是生产与消费的个性化、参与性、互动性与同步性。①

4. 自助经济

自助经济也叫DIY（Do It Yourself）经济，是一种受众对服务介入程度较高的经济形态。传统经济形态中，受众是服务的接受者，服务的质量是根据其提供者对受众喜好的把握和自身能力水平而定的，受众消费服务付出金钱和时间，但结果并不一定能如每位受众所愿。在个性化凸显的今天，服务的个性化、参与性显得尤为重要，自助经济在一定程度上解决了服务提供者对消费者掌握不足的情况，受众参与服务不仅为服务提供者节约了成本，而且有助于其了解消费者、改善服务质量。

事实上，向顾客授权、允许顾客参与价值创造的自助运动早在20世纪70年代已经勃兴。②1970年Alvin Toffler在《第三次浪潮》中发明了"Prosumer"（产销者）一词来突出自助经济条件下消费者角色的变化。与体验经济紧密相连，自助经济中的私人订制如定制电脑、汽车等，也是个性化的体验。网络经济是一种自主选择的经济类型，文化经济在网络中的自助性主要表现在：其一，受众自主发现需求并主动搜集相关评价信息；

---

① 王兴斌：《"体验经济"新论与旅游服务的创新——〈体验经济〉读书札记》，《桂林旅游高等专科学校学报》2003年第1期。

② 刘向晖：《网络营销导论》（第3版），清华大学出版社2014年版，第20页。

其二，从选择文化内容商品到实现购买虽然有经营者推广信息的作用，但决定权一直掌握在受众的手中；其三，文化内容商品比其他任何类型的商品更需要受众“主观能动性”的发挥，在自主自助选择、体验和消费文化内容商品中受众能够自得其乐，并且从某种程度上来看，文化内容商品的自助生产和消费在降低成本提高效益的同时，还有助于文化推广、受众品位提升以及个性自主权的有效发挥。

5.长尾理论

“长尾”这一概念是由美国《连线》(*Wired*)杂志总编辑克里斯·安德森在2004年10月的“The Long Tail”一文中最早提出来的，即商业和文化的未来不在于传统需求曲线上那个代表“畅销商品”的头部，而是那条代表“冷门商品”经常被人遗忘的长尾。[①]长尾理论主要探讨：在网络时代，众多小市场汇聚成可与主流大市场相匹敌的市场能量。长尾理论是对传统二八定律[②]的突破，在网络时代，当我们用长尾理论的观点重新审视每一个领域时，几乎能发现在过去被忽视的“长尾”。在最适宜通过互联网表现和传播的文化领域，“长尾”更是随处可见，网络歌曲、手机短信等的流行和市场上的成功，靠的就是网络聚沙成塔的巨大作用。[③]值得注意的是，在安德森的长尾理论中，“短头”是规模经济，“长尾”则属于范围经济。就规模经济而言，种类越少成本越低，效益也就越好；但就范围经济而言，在信息共享的大前提下经营的种类越多成本就越低，就越容易带来高收益。长尾理论研究的实质就是社会经济如何从规模经济转向范围经济，网络时代是关注长尾，发挥长尾效益的时代，也就是如何在信息化的网络时代低成本、大规模、高质量地满足个性化需求，因此，长尾理论是网络文化生产的主要基础理论。

---

① 向勇、刘静主编《文化产业应用理论》，金城出版社2011年版，第97页。

② 二八定律：在“短头”经济中，20%的热门产品能带来80%的收益。1897意大利经济学者帕累托(Vilfredo Pareto)偶然注意到19世纪英国人的财富和收益模式：社会上20%的人占有80%的社会财富，即财富在人口中的分配是不平衡的。

③ 杨谷：《“长尾理论”与网络百科全书的启示》，《光明日报》2007年6月3日。

文化经济、注意力经济、体验经济、自助经济、网络经济的提法都可以追溯到20世纪，并随着科学技术的进步、全球化进程，这五种经济形态已逐渐占据市场经济的主流。长尾经济缘起于互联网的普及应用，长尾市场是网络经济争相角逐的主战场。在本书中，笔者认为这五种经济理论是研究互联网对文化产业运行影响的基础的前沿理论。

（二）媒介传播理论

传播学是由传播学创立者和集大成者施拉姆在众多奠基人成果的基础上形成的。施拉姆主要从参与传播的人本身入手，对人类传播活动进行研究，但从人类传播演进的历程（可以分为六个阶段：符号和信号时代、说话和语言时代、文字时代、印刷时代、大众传播时代和网络传播时代）[①]可以看出媒介在传播活动中起着至关重要的作用。在文化产业运营和网络经济发展中媒介传播起着重要的桥梁作用，合众传播理论、蝴蝶效应理论、自媒体理论作为网络传播的重要基础理论，对研究互联网环境下的文化生产、推广、消费和商业模式变革同样有重要作用。

1.合众传播理论

纵观人类传播和媒介发展的历史可以发现，每一次媒介技术的创新都会带来相应的文化传播和媒介形态的更替和创新应用。人类传播在不同的历史阶段呈现出不同的特点，主要可以分为三个阶段：第一，传播媒介匮乏的时代，以面对面的人际传播为主；第二，16世纪金属活字印刷术的发明，标志着人类进入大众传播时代，在大众传播的初期受众没有太多的选择余地，大众传播的内容和形式也比较单一，但随着报纸、电台和电视等传播媒介的产生，媒介内容、传播方式以及多种媒体合作形式等的多样化发展，人类社会经历了一个大众传播的鼎盛时期；第三，互联网、手机等新媒体出现以后，人类传播呈现出“人际传播”与“大众、分众传播”融合的趋势，这就是合众传播。

① 胡正荣、段鹏、张磊：《传播学总论》（第2版），清华大学出版社2008年版，第54页。

人际传播、大众传播、分众传播各具特色：人际传播在拥有传播效果细致入微的优势的同时，也存在传播范围的局限性；大众传播虽然能够最大限度地扩散信息，但是其中的文化内容往往千篇一律并有普适性色彩，忽视了人们的差异化文化需求；分众和小众传播虽然足够重视受众的个性化需求，但是传播规模、发展后劲等都存在不足。所谓“合众传播”，是指以往出现的传播形态的融合，即人际传播和大众、分众、小众传播融合发展的一种传播形态。“四位一体”的合众传播理论下的传播可以是某一种单一的传播形态，也可以是两种或多种传播形态的融合，是一种合分自如的传播理论。这种传播模式融合了大众、分众、小众和人际传播的优势，也克服了各类传播方式的不足。合众传播既能够以最快的速度将最全面的信息传播给更多的人，也能充分照顾到不同受众的不同需求并形成互动响应机制。网络合众传播能够最大限度地发挥规模效应和范围效应，是文化内容产业经营的最佳传播方式。

2. 自媒体理论

网络媒体因其受众的主体性又被称为“自媒体”。1997年诞生的博客是最早的网络自媒体，之后自媒体的形式逐渐得到拓展，诞生了播客、优酷网、抖音等一系列以用户生产内容（User Generated Content，简称“UGC”）为主要内容模式的视频平台。这些平台肯定了用户内容制作者的身份，对用户内容生产的积极性有极大的推动作用。新浪微博的出现以及其140个字数的限制性内容创作模式开启了用户微内容生产的新时代，许多草根民众依靠内容发布从微博中浮现出来，如微博名人“长春国贸”以爆明星内幕成名。“自媒体”这一概念最早出现在2002年丹·吉尔莫（Dan Gillmor）对其“新闻媒体3.0”概念的定义中，“‘新闻媒体1.0’指传统媒体或旧媒体，‘新闻媒体2.0’指新媒体，3.0则指自媒体”[①]，他通过对媒介的划分使人们认识到自媒体的存在。“自媒体”被首次严格定义是在2003年7月，由谢因·波曼（Shayne Bowman）与克里斯·威里斯

① 苏落、路小南、沈鑫：《背书自媒体》，《成功营销》2013年6月刊。

（Chris Willis）联合提出的自媒体研究报告中对自媒体的定义："自媒体是普通大众经由数字科技强化、与全球知识体系相连之后，一种开始理解普通大众如何提供与分享他们本身的事实、他们本身的新闻的途径。"[①]自媒体在本质上是一个即时的信息共享交互平台，人人都可以通过自媒体平台浏览、创作和发布内容。

要认清自媒体必须明确：首先，自媒体是一种全民共用的平台，这种平台没有排他性，任何人都可以借助平台进行多种形式的内容创作，且"相对于传统媒介的'明传播'，被有识之士称为'潜传播'"[②]；其次，自媒体中"自"字充分凸显了该媒介张扬个性的本质，也说明了自媒体是"去中心化"的；再次，自媒体传播内容的多元化，这不仅是指内涵上的多样性，还指内容形式的交融性和多元性；最后，自媒体传播文化内容的同时，也是一种用户参与社交活动的过程，在内容创作和发布过程中，拥有共同关注点的用户之间实现了互动交流。

3.蝴蝶效应

"蝴蝶效应"由混沌之父、美国气象学家洛伦兹（Lorenz）于1963年提出。洛伦兹认为对于一切复杂系统，初始条件十分微小的变化经过不断放大，对其未来状态会造成极其巨大的影响，这往往是难以预测或带有一定的随机性的。对于网络自媒体而言，传播主体的广泛性、传播内容的自主性、个性化以及传播过程的无时空限制性使互联网上的舆论具有蝴蝶效应，如"药家鑫案件""华南虎事件""郭美美事件"等就带来了巨大的蝴蝶效应。因此，网络舆论中的"蝴蝶效应"，是指在网络世界发布微内容之后，传媒竞争环境改变，把关人弱化，正式制度与非正式制度发挥不同效用的前提下引发连锁反应，达成舆论传播效果的倍增效应，实现社会动

① Shayne Bowman and Chris Willis, *We Media*: *How audience are shaping the future of news and information* (America: The Media Center, 2003).

② 《四川广元柑橘事件引发消费者恐慌解析》，央视《新闻1+1》，http://news.qq.com/a/20081029/000056.htm。

员的一种特殊现象。[①]

纵观网络舆论的蝴蝶效应的发展历程，可以发现它与社会热点问题是同步发生的，这主要是因为网络平台的开放性、即时性、扁平化结构、互动和虚拟空间等特征大大鼓励了民众参与社会热点互动的热情。显然，网络自媒体已经成为当前最重要的舆论场。学者喻国明提出了著名的微博“嵌套性”传播理论，指出在微博环境中，一个人的微博跟其他人的微博套叠，一个人群跟另外一个人群套叠，因此只要一条信息具有阶层、文化、兴趣、利益的穿透性，即激起大家的兴趣和关注，理论上说可以在很短的时间内让全世界所有的人都知道这条信息。[②]网络消解了“沉默的螺旋效应”[③]，微内容生产彰显出每一个普通民众的力量，内容的创作和发布不再依赖关注度、响应度，而只是依赖于网民自身。发散性的网状传播结构使微内容在创作、发布和传播的过程中受到的干扰因素减少。从嵌套性理论我们可以看出，自媒体信息只要能够激起人们的关注就能够产生爆炸式的、裂变式的传播速度和强度。

对文化产业相关理论的梳理，可以让我们对文化产业的起源和演变有更清晰的认识。文化生产理论、文化资本理论、文化营销和文化消费理论都是文化产业发展的基础，但从宏观发展环境来看，互联网时代的文化产业又处于注意力争夺、体验推广和自助消费的洪流之中，如何依托这些经济趋势、基本理论，探索互联网为文化产业生产、推广、消费及商业模式带来的影响，正是这本书的研究重点。

---

① 党生翠：《网络舆论蝴蝶效应研究：从“微内容”到舆论风暴》，中国人民大学出版社2013年版，第8页。

② 党生翠：《网络舆论蝴蝶效应研究：从“微内容”到舆论风暴》，第29页。

③ 沉默的螺旋效应（The Spiral Of Silence）：它是一个政治学和大众传播理论，理论基本描述了这样一个现象：人们在表达自己想法和观点的时候，如果看到自己赞同的观点且受到广泛欢迎，就会积极参与进来，这类观点越发大胆地发表和扩散；而发觉某一观点无人或很少有人理会（有时会有群起而攻之的遭遇），即使自己赞同它，也会保持沉默。意见一方的沉默造成另一方意见的增势，如此循环往复，便形成一方的声音越来越强大，另一方越来越沉默下去的螺旋发展过程。

三、关于已有研究的思考

本书是在对已有理论和研究成果系统梳理的基础上进行的，已有理论和研究成果为笔者提供了诸多启发。

首先，从技术文化观的角度对互联网技术的研究成果已有不少，且多数研究成果属于宏观研究，即以互联网（包括移动互联网）技术为文化产业带来的发展机遇、趋势、问题等研究为主。以互联网+文化生产、互联网+文化营销推广、互联网+文化消费、互联网+文化产业商业模式为关键词的研究成果较少。文化产业发展需要机遇，在新的时期也存在一些问题，但就技术文化史的中观、微观角度，研究互联网技术对文化产业运营（文化内容生产、推广、消费、商业模式等）的影响，有较强的理论意义和实践指导意义。

其次，网络媒体的普及应用使“世界变平”，在日趋变平的世界中，互联网从根本上改变了传播和受众。“地球村”描述了电话、电视、广播等媒介和现代交通方式的发展使世界变小，这里的“世界变平”是指网络媒体抹平了信息鸿沟，抹平了用户、媒体、渠道之间的界限，也抹平了生产者、传播者、推广者、消费者和参与者之间的界限，从而为网络受众提供了广阔的“活动”空间。随着媒介环境的变化，受众的内涵也在不断地发生变化。

再次，互联网与文化产业融合带来的不仅仅是产业范围的扩展，更是产业结构的升级。加拿大学者麦克卢汉曾指出：“每一种新媒介（新的媒介形式）一旦出现，无论它传递的具体内容如何，这种媒介的形式本身就会给人类社会带来某种信息，并引起社会的某种变革。”[①]网络媒介在给人们生活带来便利的同时，促进了我国文化发展，更为文化生产、推广和消费带来了变革。

---

① 张国良：《传播学原理》，复旦大学出版社2009年版，第12页。

最后，任何理论的形成和发展都有其特定的媒介环境，媒介技术的更迭也应当带来相关理论的拓展和延伸。在深入理解已有理论的基础上，注重对其进行辩证的适用性分析，有助于笔者研究的深入和后续研究方向的拓展。

第一章 “互联网+”：文化产业发展的新语境

人类经历了几千年的农业经济，又经历了300年左右的工业经济，当前世界经济正在向着文化经济、网络经济迈进。网络技术的发展和互联网的普及使社会各界开始关注互联网为各行各业带来的发展机遇。自2012年“互联网+”理念首次提出以来，“互联网+”在《咬文嚼字》2015年度“十大流行语”中排第二位。2015年3月，全国人大代表马化腾呼吁将“互联网+”作为驱动，促进跨界融合；2015年全国两会期间，李克强总理在《政府工作报告》中首次提出“互联网+”行动计划；2015年7月，国务院印发《关于积极推进“互联网+”行动的指导意见》；2015年12月，世界互联网大会专题讨论“互联网+”……一时之间，“互联网+”成了政府、业界和学术界共同高度关注的高频词汇。在笔者看来，所谓“互联网+”就是互联网思维实践的一种代称，它是互联网与其他行业融合发展的一种新发展业态。“互联网+”强调跨界融合和创新驱动。在这种大背景下，文化产业也应当积极寻求创新，实现与互联网平台的对接，以探索新的发展模式和发展方向。胡惠林教授将文化经济视为一种经济活动的过程系统，其中包含许多生态要素。在本书中笔者将文化产业运营过程简单地概括为文化生产、推广和消费三个部分，这是因为一方面这三者代表了文化产业市场活动的过程性，另一方面它们是其他要素存在的基础，没有这三个阶段，其他要素将没有依托。三个文化产业经营阶段的核心都是文化内容产品和服务，本书将之统称为文化内容商品。本书的研究重点是探索互联网环境为文化产业生产、推广、消费和商业模式带来的变革，"变革"一词即为全书的研究主旨。

第一节　互联网助推中国文化产业发展

从我国互联网发展和文化产业发展的纵向和横向比较分析中，我们可以看出互联网在我国文化产业发展中起着积极的推动作用。

一、中国网络媒体的发展历程及特征

"Internet"起源于1969年投入军事研究使用的ARPANET，并成为现代互联网诞生的标志。1983年，ARPANET分裂为两部分：ARPANET和纯军事用的MILNE。1985年美国国家科学基金会（NFS）建立NFSNET用于支持全国的教育和科研，并随着应用范围的扩大逐渐取代了ARPANET。20世纪90年代商业网络和商业公司开始进军互联网，1995年NFSNET停止运作，互联网商业化正式启动。相对于世界互联网发展进程而言，中国互联网起步较晚，但发展和普及的速度较快。1997年10月，全国只有62万网络用户，而截至2019年6月，我国网络用户数量达到8.54亿。[①]根据互联网的应用范围、普及程度可以将我国互联网发展史总结为以下几个阶段：

（一）萌芽阶段（1986—1994年）

1986年，北京市计算机应用技术研究所实施的国际联网项目——中国学术网（Chinese Academic Network，简称"CANET"）启动，中国研究人

① 中国互联网络信息中心：《第1次中国互联网络发展状况调查统计报告》《第44次中国互联网络发展状况统计报告》。

员开始触网。1987年9月，中国学术网正式建成中国第一个国际互联网电子邮件节点，并于9月14日发出了中国第一封电子邮件“超越长城，通向世界”，揭开了中国人使用互联网的序幕。1990年11月28日，钱天白教授代表中国正式在SRI-NIC（Stanford Research Institute’s Network Information Center）注册登记了中国的顶级域名CN，并开通了使用中国顶级域名CN的国际电子邮件服务，从此中国的网络有了自己的身份标识。1992年12月底，清华大学校园网（TUNET）建成并投入使用，是中国第一个采用TCP/IP体系结构的校园网，紧随其后，NCFC（中国国家计算与网络设施）工程的院校网，即中科院院网（CASNET，连接了中关村地区三十多个研究所及三里河中科院院部）和北京大学校园网（PUNET）全部完成建设。1993年6月，NCFC专家们在INET’93会议上利用各种机会重申了中国连入因特网的要求（INET’92会议上曾被拒绝）。1993年12月，NCFC主干网工程完工，采用高速光缆和路由器将三个院校网互联。

这一阶段的突出特征是，中国最早进行互联网通信技术研究的是科研机构和高校，他们一边从事通信技术的相关研究，一边积极与国外互联网技术相对发达的国家的科研机构建立合作互联关系，以期得到启发和指导。这个过程是艰辛的。进入20世纪90年代，国家开始关注和投入互联网建设，在资金上给予了相应的支持。整体上看，这一时期我国的互联网发展处于“投石问路”的阶段。

（二）中国互联网起步阶段（1994—1997年）

在经历了近十年的摸索之后，1994年4月20日，NCFC工程通过美国Sprint公司连入因特网的64K国际专线开通，实现了与因特网的全功能连接，中国被国际上正式承认为真正拥有全功能因特网的国家。1994年5月15日，中国科学院高能物理研究所设立了国内第一个Web服务器（网络服务器），推出中国第一套网页，开始向世人提供包括新闻、经济、文化、商贸等更为广泛的图文并茂的信息。1995年5月，张树新创立了第一家互联网服务供应商——瀛海威。1996年1月，覆盖全国30个省市31个节点的公用计算机互联网全国骨干网建成并正式开通，全国范围的公用计算机互联网络开始提供服务。1996年9月，《中国日报》网站在美国建立镜像站点。1997年1月1日，人民日报社主办的人民网进入国际互联网络，这是中国开通的第一家中央重点新闻宣传网站。

从上述自1994年起的标志性事件可以看出，在这一阶段媒体发展主要是将报刊电子化，纸质媒介开始创办网站，把纸质内容直接放上互联网进行传播，网络内容和形式依旧以文字和图片为主且界面简单。网站作为网络媒体的雏形并不具备采编权，在内容上对传统媒体的依赖性较强，并不是真正意义上的独立媒体形式。这一时期，网站作为一种媒介和传统媒体一起发挥着宣传主流意识形态的作用，有严格的"把关人"制度。和传统媒体相似的地方是，这一时期信息在互联网上是单方向的点对面传播，传播者、传播渠道和受众之间有明显的界线，受众一般不参与内容创造和传播活动，仍处于被动接受地位。随着互联网基础设施的建设，互联网在中国普及的地域逐步扩大，越来越多的用户可以通过电脑终端接入互联网浏览信息。

（三）初步发展阶段（1998—2004年）

1998年3月，中华人民共和国第九届全国人民代表大会第一次会议批准成立信息产业部，我国有了单独的部级互联网管理部门；12月新浪网宣告成立，开启了我国互联网商业运作的进程。2000年1月17日，信息产业部正式同意组建中国国际经济贸易互联网（简称"中国经贸网"）；5月17日，中国移动互联网（CMNET）投入运行，并正式推出"全球通WAP（无线应用协议）"服务；6月21日，中国电子商务协会正式成立，旨在加强中国与世界各国在电子商务领域的交流与合作，推进电子商务在中国的应用与发展。2001年2月初，中国电信开通因特网国际漫游业务；4月3日，信息产业部、公安部、文化部、国家工商行政管理总局联合发布《互联网上网服务营业场所管理办法》；7月9日，中国人民银行颁布《网上银行业务管理暂行办法》；9月7日，国家确立信息化重大战略后的第一个行业规划《信息产业"十五"规划纲要》正式发布；10月27日，"信息网络传播权"正式列入《中华人民共和国著作权法》，有关新条款使今后网络传播环境下的著作权保护有法可依。2002年6月27日，新闻出版总署和信息产业部联合出台《互联网出版管理暂行规定》。2003年3月“孙志刚事件”发生后产生了巨大的网络效应；5月10日，文化部发布《互联网文化管理暂行规定》；8月，中国首例游戏玩家因虚拟装备丢失向游戏公司提起诉讼请求的案件从法律上引出了网络中虚拟财产的界定问题。2004年12月8日，中共中央办公厅、国务院办公厅下发了《关于进一步加强互联网管理工作的意见》。

这一阶段，网民数量大幅增加，普及范围逐渐扩大至全国，越来越多的社会资金进入互联网，电子商务初步发展，形成了几大网络媒体企业（如新浪、搜狐、网易等），并逐步实现盈利。同时，门户网站和搜索引擎的发展增强了信息传播的及时性，实时播报得以实现。主流媒体进一步加强网站建设，充分发挥互联网在新闻播报、信息传递中的作用，逐步摆脱其传统媒体的附庸地位，开始拥有参与报道和编辑新闻信息的权利，在实时报道中互联网媒体占据了明显优势。商业新闻类网站的建设，加剧了网络新闻市场的竞争，各大新闻网站开始加强新闻的时效性、迎合用户的需求，甚至根据用户的需求进行内容编辑。网民在互联网信息传递中的主观能动性逐渐突出，由原来的被动接受信息转向主动搜索，产生了自下而上的来自用户的文化传播力量，“孙志刚事件”就是一个标志。国家层面开始重视互联网电子商务在经济发展中的重要作用，不仅利用政策给予鼓励和引导、推动，而且对网民的互联网行为有了比上一阶段更明确的限制和保障举措，但网络文化规制依旧处于探索阶段。

（四）繁荣发展阶段（2005年至今）

2005年博客进入大众化阶段，拉开了中国网络媒体的社会化媒体、自媒体发展阶段。[①]截至2005年12月31日，中国上网用户约11100万人，

① 国家互联网信息办公室、北京市互联网信息办公室编著：《中国互联网20年 网络媒体篇》，电子工业出版社2014年版，第14页。

这是我国网民首次达到上亿人。[①]2006年1月1日，中华人民共和国中央人民政府门户网站（www.gov.cn）正式开通。2007年1月，苹果公司推出第一款真正意义的智能手机；2月15日，文化部等14部委联合下发了《关于进一步加强网吧及网络游戏管理工作的通知》，首次对网络游戏中的虚拟货币交易进行规范；2月28日，中国最大的综合性平面媒体、中共中央机关报《人民日报》面向全国正式发行手机报，成为现代通信技术与新闻传媒融合的标志性事件；6月1日，我国首部电子商务发展规划——《电子商务发展"十一五"规划》正式发布，首次在国家政策层面确立了发展电子商务的战略和任务；12月29日，国家广播电影电视总局、信息产业部联合发布《互联网视听节目服务管理规定》。2009年1月，中国移动、联通、电信正式拥有3G牌照；4月第一款Android手机诞生。2013年11月，党的十八届三中全会提出加大依法管理网络力度，确保国家信息安全。截至2019年6月，中国网民规模达到8.54亿，互联网普及率达到61.2%，其中我国手机网民规模达8.47亿，有99.1%的网民通过手机上网。[②]

Web2.0时代信息传播模式向主动创造信息时代迈进，网络普及程度飞速提高，基于其交互性、便捷性等特征，网络媒体的应用从新闻网站发展到国家政府机关的行政服务。网络游戏、网络文学、网络音视频、网络动漫、网络音乐等网络文化行业的发展日益成熟并形成一定规模，且随着终端技术的进步（智能手机、可穿戴智能设备等），网络文化行业移动化发展趋势愈加明显。几大互联网集团（百度、新浪、腾讯、搜狐等）开设的版块涵盖广泛，网站内容可以同时满足政府、企业、学者、个人等全方位受众的需求，内容形式更加多元，包含文字、图片、音频、视频等多种形式。针对新时期人们的个性化需求，专业化网站也以其高质量的纵深服务走进人们的视野，如房地产信息网站、票务网站、交友网、旅游网等，它们针

① 中国互联网络信息中心：《第17次中国互联网络发展状况统计报告》。

② 中国互联网络信息中心：《第44次中国互联网络发展状况统计报告》。

对某一类用户群体提供信息咨询和相关服务。BBS作为早期的社交网络媒体有了新的发展，如博客、微博、微信、人人网等，这类网站的发展宗旨是满足人们的倾诉和娱乐需求，社交化网络媒体的成熟发展标志着人们的互联网应用由“人与机器”沟通迈向借助机器实现“人与人”的交往。网络商务极大繁荣，以淘宝、天猫、京东、当当、亚马逊等为代表的电子商务模式充斥着人们生活的方方面面。2010年以后移动终端和移动通信网络技术的发展使我国进入了移动网络新媒体时期，移动互联网使网络信息无时无地不充斥于人们的生活，立体化的信息传播在云计算和大数据的支持下实现了更精准的投放。网络媒体交互功能的优化促使人人都参与文化内容、信息的生产、传播和消费，互联网提供的“免费午餐”在为其吸引了众多注意力的同时，也颠覆着传统商业中的价值交换规律。

一般，1994年被公认是我国的互联网元年。从历年的互联网大事记中可以看出，我国互联网经历了从无到有，从最初的学术探讨，到组建互联网雏形，再到硬件、软件本土化的发展历程。2019年是我国互联网发展二十五周年，在这二十五年中，我国互联网媒体形式和载体都发生了翻天覆地的变化，但它自建设之初便始终保持着与国际接轨的发展状态。我国互联网业的发展在借鉴国外经验中，源源不断地为我国的政治、经济、文化发展贡献着力量。

二、互联网是中国文化产业发展的助推器

一部中国互联网发展简史也是我国文化产业走向成熟的发展简史。在人类社会历史上，文化产业的成长经历了三次飞跃：印刷术和纸张的发明促使文化市场形成；电影、电视和音像技术促使文化产业发展现代化；计算机技术、数字技术和互联网的普及应用使人们正在经历着文化产业发展第三次飞跃的洗礼。自“文化工业”的概念问世以来，西方国家的文化产业发展已有80多年的历史。自1949年新中国成立以来，由于生产力发展和社会体制限制，我国的文化产业发展相对迟缓，伴随着改革开放的不断深入而不断发展壮大。关于我国文化产业发展分期的现有研究成果有四阶

段论（1985年以前起步阶段、1985—1992年自发培育阶段、1992—1998年成长阶段走向自觉阶段）、三阶段论（1979—1985年起步阶段、1985—1992年迅速崛起阶段、1993年以后蓬勃发展阶段）和另一种三阶段论（1985—1992年逐步兴起阶段、1992—2001年形成阶段、2001年以后发展阶段）[①]，纵观新中国成立以来我国文化产业的发展历程，结合互联网在文化产业中的应用实际，本书将我国文化产业的发展历程概括为以下四个阶段：

（一）文化产业萌芽阶段（1949—1978年改革开放前）

新中国成立之初确立计划经济体制，文化建设随之长时间实行高度集中化管理和分配模式。这一时期的文化活动有两个使命：一方面国家文化部门以统筹计划的方式一定程度上满足了人们的文化需求；另一方面，文化建设的主要任务是宣传党和政府的方针政策，使全国人民在意识形态上保持统一。计划经济体制下的文化活动是国家统筹分配、民众被动接受的状态，文化消费需求、文化市场不是文化内容生产活动的向导，意识形态主导着文化内容。这种“福利型文化管理模式”在无形中让国家承担起了文化生产的所有成本和风险。[②]这一时期的文化政策和体制在统一思想、发展生产力上起了重要作用，但它也限制了文化的发展和人们精神文化需求的满足。

（二）文化产业初步发展阶段（1978—1992年）

1978年我国改革开放全面展开，随着经济体制改革的进行，公众开始渴望了解新生活、新观念，文化消费开始得到复苏。1978年开始，卡拉OK、歌舞厅等娱乐业开始起步；1979年广州东方宾馆开设了第一家收费音乐茶座，成为我国第一家经营性文化单位。1985年国家统计局《关于第三产业的统计报告》中首次将文化列为第三产业的一部分，正式承认了

---

① 刘吉发、陈怀平、李雯：《中西方文化产业比较研究》，中国社会科学出版社2013年版，第37—39页。

② 胡惠林主编《文化产业概论》，云南大学出版社2005年版，第221页。

文化的产业属性。随着改革开放的推进，人们的思想得到了解放，关于大众文化的大讨论在全国展开，文化娱乐设施如雨后春笋般出现。文化部门开始探索适应经济体制改革的文化改革，尝试文化单位的承包经营模式，如1987年沈阳市电影公司对其所属的12家电影院实行了“三挂钩”承包经营。[①]1988年文化产业司在文化部机关大精简中成为唯一新成立的司。1991年国务院批转的《文化部关于文化事业若干经济政策意见的报告》中，第一次正式提出了“文化经济”的概念，自此文化建设作为国民经济发展的组成部分有了政策指导。伴随着经济改革的推进，南方沿海城市逐渐出现新的文化经营业态，围绕流行音乐的磁带生产、销售以及私营歌舞厅逐步活跃起来。这些文化生产、销售和消费领域的新尝试，标志着我国文化产业慢慢地从传统计划管理模式中走出来。但这一时期，文化生产的主权依旧掌握在文化事业单位手中，文化内容的计划生产、计划流通依然是我国文化建设的主流。

（三）文化产业发展的自省阶段（1992—2002年）

所谓“自省”即认清自己，这一阶段我国对文化产业界定、范围、意义等都有了比较清晰的认识。1992年国务院办公厅综合司编著的《重大战略决策——加强发展第三产业》一书中首次提到“文化产业”一词。1994年5月，国家智能计算机研究开发中心开通曙光BBS站，这是中国大陆的第一个BBS站。1995年1月，由国家教委主管主办的《神州学人》杂志，经中国教育和科研计算机网进入互联网，向广大在外留学人员及时传递新闻和信息，自此文化出版物开始“触网”。1996年广东省在全国率先组建报业集团。1998年我国文化部正式成立文化产业司，将文化产业列入政府行政体系。2000年“文化产业”首次出现在《中共中央关于制定国民经济和社会发展第十个五年计划的建议》中。这一时期，文化企业经营逐渐渗入国有文化事业单位中，人

① 陈立旭：《当代中国文化产业发展历程审视》，《中共宁波市委党校学报》2003年第3期。

们开始意识到文化产业、文化经济在国民经济中的重要作用，社会资本和国外资本开始关注对文化产业领域的投入，非国有文化企业在文化市场中所占比重逐步扩大。

（四）文化产业快速发展阶段（2002年至今）

2002年党的十六大报告首次区分了“文化事业”和“文化产业”，文化部于同年5月下发了《关于加强网络文化市场管理的通知》，国家层面对网络市场、文化产业的认识逐渐深入。2003年的“非典”促使文化娱乐活动转战互联网，同年5月文化部发布了《互联网文化管理暂行规定》。2004年，党的十六届四中全会首次提出“文化生产力”的概念。2005年中国互联网发展进入Web2.0时代，为中国网民开启了自媒体时代，自此网民在文化娱乐活动中的主观能动性逐步发挥更大的作用。2006年《国家“十一五”时期文化发展规划纲要》将文化事业和文化产业摆在同等重要的位置上，2010年的“十二五”规划提出将文化产业发展为国民经济的支柱产业的目标。2007年，腾讯、百度、阿里巴巴市值先后超过100亿美元，中国互联网企业跻身全球最大互联网企业之列。2009年7月22日，我国第一部文化产业专项规划——《文化产业振兴规划》由国务院常务会议审议通过。8月18日，文化部下发《关于加强和改进网络音乐内容审查工作的通知》，规定“经营单位经营网络音乐产品，须报文化部进行内容审查或备案”。2010年5月31日，国家工商行政管理总局正式公布《网络商品交易及有关服务行为管理暂行办法》。2012年党的十八大提出“解放和发展文化生产力”，“扎实推进社会主义文化强国建设”。2013年党的十八届三中全会提出“推动文化企业跨区域、跨行业、跨所有制兼并重组，提高文化产业规模化、集约化、专业化水平”。这一阶段文化体制改革取得重大进展，文化事业单位转企改制基本完成，配套政策的综合性（国务院办公厅印发的2003年第105号、2008年第114号和2014年第15号文件等）和专项性（金融、税收、各文化行业改革引导政策等）日益完善。文化产业增加值逐年提高，“2004年中国文化产业增加值为3102亿元，2010年为11052亿元，

2012年则增至18071亿元”[①]，“2014年全国文化及相关产业增加值23940亿元，比上年增长12.1%”[②]。

通过对我国互联网和文化产业发展历程的梳理，我们不难发现在二者的交叉时间点上，文化经济和网络经济总是呈现融合发展的特征。互联网诞生之前，我国文化产业发展缓慢，计划体制依旧是文化经济的主导。我们一般认为1994年是我国互联网诞生元年，也正是在这一年，传统文化读物开启了网络传播旅程。2000年前后网吧兴起，人们开始对网络世界形成初步认识。2003年的“非典”导致全国处于紧张的“宅”生活状态，实体文化娱乐活动遇冷，网络文化娱乐和网络购物逐渐进入人们的生活。由此，政界、业界和学界开始关注网络经济、网络安全、网络文化传播和文化产业发展的力量，并逐步探索规范互联网文化娱乐活动。当前，文化产业的发展更是离不开互联网，我国现有的文化产业巨头都积聚于以互联网服务起家的三大企业——BAT（图1-1、1-2、1-3）。它们涵盖了文化产业发展前沿的全产业链，占据着网络文化市场的大部分份额。

图1-1 “B”百度的文化产业版图

① 高书生：《感悟文化改革发展》，中信出版社2014年版，第88页。

② 张钦：《去年我国文化产业增速超越GDP》，《北京青年报》2015年11月27日。

图1-2 “A”阿里巴巴的文化产业版图

图1-3 “T”腾讯的文化产业版图

第二节 互联网时代的受众

在传统概念中，受众是传播活动的终点，是大众传播的重要主体。但随着传播技术的进步，受众与传播者、受众之间的互动逐渐加强，传播权利逐渐向受众偏移，受众由此同时成为传播活动的起点和终点。互联网互动传播技术的发展和普及，颠覆了传统受众概念的主旨，将传播活动由单向线性传播变为双向甚至多向传播。对互联网环境中的受众进行研究，有助于探讨其在文化产业发展中举足轻重的地位。

一、受众的历史

虽然“受众”作为名词仅出现了700多年，但它作为一个社会传播群体早就存在了。“受众”一词译自“audience”。据考证，“audience”这一名词最早出现在14世纪，是指布道集会时的听众。[①]自早期传播活动研究者如威尔伯·施拉姆等于20世纪中期提出大众传播过程的简单线性模式（信源、渠道、讯息、接受者、效果）以来，“受众”成为大众传播讯息接受者的总称。

受众群体起源于古代体育比赛的观众，以及早期公众戏剧与音乐表演的观众，比如聚集在古希腊或古罗马剧院或竞技场观看演出、比赛或参加宗教仪式、国家典礼等的人们。[②]因此，正如丹尼斯·麦奎尔（Denis McQuail）所说的那样，“受众”的雏形早在两千多年前就已经出现了。但是随着传播技术的发展，受众的含义在不断发展变化。

---

① James G. Webster & Patricia F. Phalen, *The Mass Audience: Rediscovering the Dominant Model* (New Jersey: Mahwah, 1997), p. 1，转引自臧海群、张晨阳：《受众学说：多维学术视野的观照与启迪》，复旦大学出版社2007年版，第23页。

② ［英］丹尼斯·麦奎尔：《受众分析》，刘燕南、李颖、杨振荣译，中国人民大学出版社2006年版，第3页。

大众受众作为大众传媒时期讯息"接受者"的总称，呈现出规模大、分散、匿名性等特征。大众受众是现代工业化的产物，其经历了一个漫长的发展历程，而且往往更关注信息的新闻性和娱乐性。

在印刷术诞生之前，讯息的传播范围十分有限，"受众"被局限为社会上的一部分人，尤其是贵族阶级。印刷技术的发展和应用，使报刊、书籍可以突破时间和空间的限制，获得更多的、分散的受众（阅读者）。伴随着非宗教性读物开始有组织地大规模供应，到16世纪，人们开始有意识地按自己的意愿购买、阅读书籍，这一时期的受众群体往往拥有一定的社会地位和阅读能力，并且相对于早期受众而言，拥有较强的自主性，阅读行为也更加私人化。19世纪初，廉价报纸的出现引发了一场面向普通民众的"传播革命"[①]，工业化、城市化、市场经济的发展和人们生活水平的提高，使更多人拥有了识字能力。至此，人类进入了大众传媒阶段。技术和人们认知水平的提高，推动了随后的电影、广播、电视等大众媒介的产生和普及。其中，"电影重现了早期受众（古希腊、罗马时期的受众）的现场接收讯息的方式，大量普通民众一起现场分享相同的情感和学习体验，从这个意义上，电影创造了真正意义上的大众受众"[②]。广播解放了人们的双手和双眼，使受众在听广播的同时，也能从事其他活动，比如开车族可以边开车边听广播节目等。电视的出现解决了电影的时间和空间限制、广播的抽象性局限、书籍和报刊的乏味等传统媒介的缺陷，它的锋芒很快盖过了这几种媒介。不同技术支持的媒介传播活动拥有不同类型的受众，但受众、传播者、经营者和传播过程彼此之间的即时互动沟通仍有较大障碍。同时，由传统媒介的发展历程可以看出，大众受众的选择性逐渐增多，自主性和选择性也慢慢增强。互动媒体——互联网的发展，打破了传统受众的内涵和外延，互动使受众

① 刘燕南、史利等：《国际传播受众研究》，中国传媒大学出版社2011年版，第19页。

② ［英］丹尼斯·麦奎尔：《受众分析》，第3页。

转变为“传、受”的结合体，这对传统受众的概念发起了挑战。

二、网络受众与传统受众对比分析

网络受众与传统受众拥有不同的内涵，这种不同主要源于受众构建的差异。传受关系是传播学中对传受双方之间信息传输和接受模式的描述，它可以从微观上概括讯息传播的过程。互联网受众的主动性、互动性等特征决定了网络受众在主观能动性和传受关系上的独特性。

（一）受众权益——能动性

本书中受众权益的本质是受众的主观能动性，具体表现为受众的身份、地位和权利。互联网等新媒体的发展，“传统的受众角色——被动的信息接收者、消费者、目标对象将终止，取而代之的是搜寻者、咨询者、浏览者、反馈者、对话者、交谈者等诸多角色中的任何一个”[①]。互联网的发展使受众形态发生了变化，使受众的主观能动性得到加强，这主要表现为受众身份日益多元化、地位日益民主化、权利则日益分散化。[②]可以说，产生受众身份多元化、地位民主化和权利分散化的内在动力都是受众的个性化和主观能动性。

传统大众受众的身份主要包括个人身份和社会身份。个人身份是个人唯一性和个性的体现，而社会身份是由现实社会的主流价值观和意识形态塑造而成的。大众受众的社会身份来源于现实生活，在受众的媒介使用行为中也得到了集中体现。传统大众传播环境下，受众的身份都源于现实生活中的身份，包括职业、职位等。个人身份在大众媒介使用中主要表现为根据个人的兴趣爱好选择媒介和媒介内容，如不同品位的受众选择的媒介内容有所不同，不同家庭角色对不同媒介或媒介内容的喜好程度不同等。传统受众的身份是社会身份和个人身份的集合体。这种身份特征同样表现

① ［英］丹尼斯·麦奎尔：《受众分析》，第2页。

② ［加］马修·弗雷泽、［印］苏米特拉·杜塔：《社交网络改变世界》，谈冠华、郭小花译，中国人民大学出版社2013年版，第23页。

在传统受众被动接收讯息的地位及其参与行为甚至控制权的缺失上。媒介技术的限制，使集权政治体制在传播过程中得到了蔓延，传媒把关人总是充当为大众选择内容的角色，受众只能从这些筛选后的媒介内容中获取讯息，受众对媒介内容的参与更是无从谈起。大众传播环境下，受众选择信息的民主性被限制，他们仅仅是讯息的接收者，并且他们中的多数正在或已经被媒介活动转化为消费者。

互联网普及后，媒介受众的身份还可以分为现实身份和虚拟身份。现实身份正如上文所言，是源自现实生活的。虚拟身份则是指用户根据自己的个性和选择在互联网上虚构的身份。通过虚构，传统受众的单一身份日益多元化，如果说传统受众更关注的是其社会身份，那么虚拟的网络空间则更彰显受众的个人身份。同一个人可以同时在互联网上拥有多个身份，当然这些身份中有虚构的也有真实的。博客的博主、网络小说的作者、网络音乐或视频的创作者等都属于网络世界的真实身份；而在类似魔兽世界、传奇、大话西游等网络游戏中的人物身份则属于虚构的身份。这些身份中，真实的网络身份可以在创造效益（名利）的同时，使受众得到极大的满足；网游中的虚拟身份也可以释放个人情绪，缓解压力。网络技术的开放性和无限性，赋予了网民交互交流和主动参与的机会，在互联网中人人都可以是评论员、作家、演员等大众传播中“传者”的身份。网民作为媒介内容生产者，已经不再是简单意义上的网络讯息“受众”，而是“传受一体化”的“新受众”。这种民主表现在对政治制度的关注上，则演化为网络参政和网络反腐。总之，互联网“新受众”正在以其多样的新身份，凭借其充分的网络民主权利，成就其网络社会的“主人翁”地位。

（二）传受关系的差异

这里的传受关系主要指传播者和受众之间的关系，包括时空性、互动性及角色转化程度。

首先，根据传播的空间限制性，可以将传受关系分为面对面人际传播和媒介大众传播；根据传播的时间限制性，可将其分为即时传播和延时传播。大众传播，顾名思义，是以大众媒介为中介的讯息传播，对于传播者而言，这些“受众的存在是无可名状的，它不存在于任何真实的地方，只存在于分析性话语中”[①]，除了零散、偶然或间接的接触外，受众群体很难直接接触、感受和观察得到，传受双方可以即时交流并反馈（如受众在观赏演出时的表情、应答语气等），但这种即时互动仅限于面对面的传播语境。互联网环境下的“面对面”的传播与早期的“面对面”传播之间的差别在于它有网络媒介作为桥梁，具有突破时空限制的交互性特征。在早期的大众传播中，由于延时性，受众对于前沿讯息和一定地域范围外讯息的获取是十分困难的，再加上大众媒介内容只有经过严格把关之后才会进入受众的视线，这不仅延长了受众对讯息获取的周期，限制了受众获取讯息的全面性，更使地域范围以外的讯息无法快速到达。通过互联网，世界任何角落的任何讯息都可以及时获取。搜索引擎的发展使人们的选择性增强，受众可以从海量的讯息中选择自己的关注焦点并即时获取相关媒介内容。互联网的发展使时空限制这道“墙”彻底倒塌。

其次，根据讯息的传播方向，可将其分为单向传播和双向传播。从受众的角度而言，传统的大众传播过程都属于单向传播，传受双方的互动沟通较少甚至没有；而网络传播则属于即时或延时的双向传播，网民或用户可以即时对所接收的讯息进行反馈、交流甚至参与。除了早期的面对面传受外，多数大众传播中传受双方的互动较少，电视台、报社等媒介经营者往往通过读者来信的方式与受众保持联系，但这种方式具有延时性、片面性、个性化以及低效率的特点。互联网在互动形式上有新的特征：其一，互联网的即时性特色能够使受众及时通过E-mail（电子邮件）、微博、论坛等形式与媒介主体进行沟通，这种沟通往往不是一次性的，而是互动延续的过程。互联网互动沟通的成本低廉，极大地鼓励了受众参与的积极性。同时，延续的、广泛的互动交流对于文化内容经营的改进有明显的指导作用。其二，网络互动形式正在发生巨大的变革，这种变革主要表现在

① ［英］丹尼斯·麦奎尔：《麦奎尔大众传播理论》（第4版），崔保国、李琨译，清华大学出版社2006年版，第306页。

受众成为主动的意见表达者，并且表达的途径是多样的。相对于传统媒介的引导性、主导性沟通，互联网上的受众更多的时候是“就表达意见而表达意见”，而不再是参与调查的形式。当前，在QQ、SNS、微博等社交化媒体中会出现各种各样的话题，其中不乏受众对媒介使用的感受及建议。这些建议在这里出现的动机，仅仅出自受众情感宣泄和表达的需求，而且多会引发大量的跟帖或评论。

最后，就传受双方的角色转化程度而言，在大众传播环境下，传受双方是泾渭分明的，传播者占据主导地位；而在互联网环境下，传受双方的界限被打破，网民成为“传受一体化”的“新受众”。传统受众是被动接受的地位，他们的主观能动性受媒介技术和管理体制的限制被极大压抑，受众的主动性主要表现在媒介和媒介内容的选择上。在互联网环境下，受众的主观能动性得到了极大的发挥，不再仅仅表现为与传播者的沟通以及媒介内容的选择，网民越来越多地以媒介内容生产者、传播者和消费者的身份出现在人们面前，这种受众能力也可以称为“受众生产力”。网民参与互联网，可以以传统受众的身份主动选择和接收讯息，也可以根据自己的爱好、特长进行网络内容生产和传播，比如发微博、朋友圈、讯息评论、录制网络音乐和视频等并将之上传到互联网。互联网时代的受众生产力还表现在传统媒介的大众生产行为，比如电视剧的边编边拍模式，就充分利用了受众的主观能动性，通过对受众评论的关注了解受众的需求动向，并随之做出相应的创新和改动。依此模式的媒介内容生产可以在剧集面世前聚集大量的人气，形成宣传效应，并且迎合受众的生产模式，往往更容易规避投资风险。互联网受众可转化为生产者、传播者和消费者，也是海量信息的目标群体，因此，笔者在此称互联网新受众为传受一体化的受众。

无论传统媒介还是以互联网为代表的新媒介，其传播目的都是获取尽可能多的受众。虽然传统媒介在经济利益的驱动下，不断革新媒介内容，并尽可能使不同的内容拥有不同的、尽可能多的受众。但互联网以其受众的主动性、传播的交互性、娱乐性以及供求的长尾性能更有针对性地实现内容传播和获得受众。随着互联网的普及，网络受众逐渐呈现出全民化的趋势，其个性化、参与性和碎片化等特征在网络文化内容传播中体现得愈加明显。

三、互联网时代的新受众

如上文所述，在传统大众传播语境下，“受众”是指传播过程或传播活动中讯息的接收者或受传者，是传播的对象，也是读者、听众和观众的统称。[①]在互联网快速发展的今天，“受众”不仅包含所有大众受众的含义，而且包括全体网民和手机用户。受众的内涵也由以接收讯息为主，转变为以选择、接收讯息，并形成观点进行创新生产和传播为主。

（一）“受众”概念的延续

网民同时作为讯息的接收者和生产者、传播者，贯穿于传播活动的始终，成为网络传播活动最重要的主体。表面看来，它已经不再需要用“受众”来作为其指称。对此，麦奎尔、刘燕南等人在做了比较深入的受众分析研究后，力求概念上的延续性，认为应当继续用“受众”一词来概括网民这一群体。大众传播受众在一段时间内还大范围地存在和发展，网民作为大众受众发展的前沿性主体，引领着传播活动的发展方向。在新的传播学理念产生之前，用受众来概括网民的媒介行为，能够在不脱离经典传播理论的前提下对网民行为进行分析。互联网被公认为一种新型媒介，是讯息传播的手段，被人们用来获取、分享、交流、存储、赋予讯息内容，从这个意义上说，使用网络媒介的人就可以被称为受益者、受众。

对于网络受众与传统大众受众呈现的颠覆性的不同，我们或许可以从以下几个维度对其进行划分：

第一，受众的主动性或被动性程度。毫无疑问，传统大众受众的被动性更强，而网络受众更多地彰显其主动性。

---

① 刘燕南、史利等：《国际传播受众研究》，第12页。

第二，传受双方互动形式的多样性及角色可互换程度。传统大众受众与传播者之间的互动较少，且形式单一，角色转换的难度相对较大；网络受众可以通过多种网络平台与传播者互动，同时网民对其转化为传播者的意愿更强烈，行动方式也呈现出多样化趋势。

第三，时空差异。传统受众往往受延时性和空间局限性的限制；网络受众则在获取讯息上拥有即时性和无界限性。

第四，受众构成上的异质性。同一种传统媒介或媒介内容受众的内在和外在同质性都较强；海量的网络信息对应的则是具有长尾需求的受众群体，他们的内在和外在异质性都更强。

从这些维度可以看出，我们不需要通过摒弃传统受众的内涵来创造一种新的传播学概述，同样用“受众”一词，但传统受众和网络新受众是可以用相同维度来进行区分的。究其本质，网络传播依然是文化传播的一个分支，网络受众也只是受众在互联网时代的新发展。因此，笔者将网民界定为受众，并且是主动型的受众。

（二）生产性受众

互联网环境下的受众可以被称为“生产性受众”，但这里的“生产性受众”的含义已经完全不同于约翰·费斯克（John Fiske）提出的“生产性受众”。费斯克延续文化研究学派“传者编码，受者解码”的理念，提出“生产性受众”理论：在大众传播过程中，由于传受双方各自所使用的符码及能力（依托于理解力、知识范围、生活环境等因素）的不同，受众面对传播者传送的讯息，会重新解读出讯息内容，进而生产出自己的观点。这一理论的提出用以强调受众的主体地位、能动性和创造性。而互联网发展到今天，网络受众不仅能完成费斯克所说的生产性内容，还可以进行原创性的内容生产活动，而这类工作是费斯克的“受众生产”中所没有的。从事原创内容生产的受众也是内容的生产者和传播者，等同于传统大众传播意义上的生产者和传播者。网络受众的“解码”活动更加活跃，对同一讯息，每个人都有自己不同的理解，在网络环境中，这种不同的解读在表现为讯息被广泛接受的同时，网民还会对其进行延伸、拓展和再创造。而这类解读和生产活动也是对费斯克“生产性受众”理论的延展。因此，这里的“生产性受众”是为了强调网民的生产者和传播者的身份和地位，是费斯克的“生产性受众”在互联网时代的革新和拓展。

（三）互联网时代的受众=传统受众+网民

主动型受众的产生和发展并不意味着它代表了传播受众的全部。大众受众在一定时间内还将大范围存在，这主要是因为大众传播媒介依然存在并继续发展。虽然，面对互联网媒介的冲击，传统媒介有不同程度的衰落，甚至有人曾经断言，报纸、杂志等纸媒最终将消失。但不可否认的是，传统媒介正从以下几个方面影响着传播活动：

首先，传统媒介正在与互联网对接形成新的发展模式，比如充分应用数字技术、与网络媒体新闻互动、传统媒介网络化等。电子报、电子书可以说是纸质媒介的终结，但也可以是纸质媒介的新发展；与网络新闻互动，不仅可以对网络讯息整合呈现，而且可以快速捕捉受众群体，对于没有上网的受众而言，还可以获得网络讯息的快速播报；传统媒介的网络化已经成为传统媒介应对新媒介挑战的主要手段，它在扩充网络讯息的同时，也为传统媒介开辟了新的网络运营模式。

其次，虽然在当前社会生活的几乎每一个角落，互联网都是主要的媒介，但是在这个传统媒介与网络新媒介并存的时代，传统媒介还拥有其独特的优势——舆论引导性强。舆论引导就是在舆论形成过程中，媒体通过提供信息和表达意见，使公众的意见趋向于媒体所预定的方向的行为。[①]传统媒体通过不同于网络“快播”的传播方式，借助观点沉淀、深度剖析，在吸引受众的同时，提高说服力和控制力。

最后，从受众需求的角度来看，报纸杂志、书籍、电影、广播、电视等传统媒介还有较大的生存空间和市场，比如看电视仍然是许多家庭的重要文化娱乐活动，听广播依然是开车族的首要选择，有高票房收入的电影

① 熊燃：《传统媒体提高舆论引导能力的本体研究》，《湖北社会科学》2011年第9期。

院作为情侣交往的常去之地。作为纸质媒介的忠实受众，许多人并不采用电子阅读，再加上长期的阅读习惯和阅读舒适度，报刊等纸质媒介仍受到不少受众和用户的欢迎。在讯息接收上，互联网时代的受众可以同时接收多渠道的多种媒介形式的信息。因此，互联网时代的受众，是传统受众与网络新受众并存的集合体，二者可以相互转化，但短期内不会出现其中一方消失的现象。

总之，“受众”这一概念是随着媒介的发展而不断地拓展其外延的。网民作为网络媒体的受众，因先进的网络技术支撑和其自身主观能动性的发挥，表现出与传统意义上的受众所不同的一面。但即使网民可以贯穿网络传播活动的始终，从概念延续性、传播理念和媒介经济的角度来看，网民依旧被称为互联网受众。在网络新媒介快速发展的今天，网民数量快速攀升，然而这并不意味着传统受众的终结，新时代的媒介受众是传统大众受众与网络新受众的集合体。

第二章　互联网与文化生产变革

生产是指人类创造物质财富和精神财富的过程，在经济学中，生产是指将投入的生产要素转化为具有交换价值的物质商品或精神商品的过程。文化生产具有社会生产的全部特征，它与一般生产形态的核心区别在于，文化生产独具意义和重构的丰富性。文化生产是内容生产和符号生产两个阶段的统一，从二者的相互关系来看，内容生产是文化生产的根本，基于符号的物质性和技术性特征，符号生产对文化生产的影响往往更直接，一种新媒介技术在为已有文化资源提供新的呈现方式之余，也激励着文化内容的创作、生产和传播活动。随着互联网技术的成熟和发展，网络媒体服务越来越个性化、自助化和多样化，文化生产不再是独立存在的一次性活动，更不再局限于特定生产主体，而是逐渐演化为社会化的大生产。网络论坛、贴吧、弹幕、SNS、博客、播客和微博等的发展更让每一个个体从事文化生产成为可能。网络媒体的日益繁荣正在为文化产业生产方式的变革积蓄力量。

第一节　传统文化生产及其历史沿革

文化生产是社会生产的重要组成部分，它包含着狭义的

“将文化作为一种商品来生产”和广义的“将生产作为文化创造的隐喻性表达”两个层面。[①]也就是说，广义上的文化生产是指人类进入文明社会以来进行的旨在满足人们精神文化需要的一切文化创造生产活动，是人们在精神领域的社会实践活动及人们精神活动的重要环节，既包括关于自然和社会一切知识、理论等认识成果的生产，也包括某一民族的政治、法律、道德、宗教、文学和艺术的生产；狭义的文化生产是市场经济条件下的文化生产，是文化生产者在市场经济领域以文化内容商品交换为目的的文化创造生产活动，是现代经济条件下满足人们文化市场需求的文化产品和文化服务的生产活动。[②]文化产业中的文化生产符合狭义文化生产的内涵，因此，本书中的文化生产主要是指狭义的文化生产。

一、文化生产的历史沿革

文化生产是一种历史形态，不同历史时期的文化生产形态是不一样的，相同历史时期由于国情不一样也会呈现出不同的文化形态。[③]文化生产最早可以追溯到原始社会，那时的文化生产与物质生产是融为一体、不可分割的，属于广义的文化生产范畴，主要表现为神话传说、图腾崇拜、仪式、巫术、语言和各种禁忌等。原始社会文化生产活动的基础是当时的生产力水平，它是物质生产的附属产物，有助于建立起适应原始物质生产水平、自然环境和人与人关系的原始社会调节机制。伴随着生产力的进步，人类的物质生产有了剩余，私有制和国家应运而生。物质的盈余使一部分人开始脱离物质生产专门从事文化生产活动，但在国家诞生后的相当一段时期内，社会主流文化生产依旧是广义上的文化生产，如信仰、法律、教育、科学技术发明等，它们依旧是物质生产和国家管理的附属物。物质生产剩余的逐步增多使文化生产专门化程度得到提高，国家产生初期也出现

① 曾军：《都市文化生产的主体阐释》，《求是学刊》2007年第3期。

② 赵学琳：《文化生产与文化先进性研究》，中国社会科学出版社2014年版，第67页。

③ 胡惠林：《文化经济学》（第2版），第59页。

了符合文化市场行为的文化生产活动，如街头卖艺、字画交易、曲艺剧院等。文化生产的精神特质与市场经济价值开始融合，由此也产生了本书中所指的文化市场行为的文化生产活动。

随着16世纪西欧进入资本主义社会，“资本一出现，就标志着社会生产过程的一个新时代”[①]。物质的极大富裕，国家体制的逐渐完善，使更多的人和生产资料可以进入文化生产，文化消费需求和文化经济利益的驱动使更多的文化产品或服务形态进入市场交换，文化生产规模得以扩大。市场经济的不断繁荣和科学技术的进步，文化生产与物质生产的结合，使市场形态文化生产的形式日益丰富且更新速度加快。文化生产的载体、文化艺术形式、文化生产的途径多样化发展，使商品性文化生产活动逐渐从物质生产、国家治理的附属位置独立出来。文化生产的发展是文化产业的基础，在这个过程中生产力的进步是根本推动力，科学技术与文化领域的融合，催生和扩大了新的文化行业、文化产业领域，如演艺业、影视、音像、文化旅游、网络文学、网络游戏、图书报刊、艺术品交易及教育等。

媒介技术的发展对文化传播和文化生产有着直接的推动作用，从宏观的人类历史发展的角度，有学者以技术媒介为参考标准将文化生产方式划分为四个阶段：与远古时代的身体媒介相对应的部落化生产方式，与农业时代手工工具相对应的个体化生产方式，与工业时代机械印刷相对应的集体化生产方式，与信息时代数字媒介相对应的多元化生产方式。[②]以媒介技术文化史的微观视角来看，活字印刷术带来了图书生产方式的改进；19世纪的电子技术带来了电影、电视、唱片、广播等文化生产方式的兴起和繁荣；始于20世纪80年代的数字技术、网络技术促使文化生产多元化的同时，也模糊了生产与消费的界限。任何生产活动都包括两种生产形态：一种是“按照任何一个种的尺度来进行生产”[③]，即模仿性、复制性生产；另

① 《马克思恩格斯全集》第23卷，人民出版社1972年版，第193页。

② 曾建辉：《文化生产的媒介演变及其发展》，《重庆社会科学》2011年第4期。

③ 《马克思恩格斯全集》第42卷，人民出版社1979年版，第97页。

一种是“把内在的尺度运用到对象上去”[①]，即创新性生产，文化生产也不例外。创新性文化生产是复制性文化生产的基础，如文学、艺术作品的创作等，创新性是这一类型文化生产活动的灵魂。在创新性文化生产活动的基础上，根据大众的文化消费诉求，进行大规模复制获取经济效益是本书中文化生产活动的根本目的。因此，商业化、规模化的文化生产活动成功与否取决于创新性文化生产内容的质量和受众的文化诉求。

福特主义工业生产方式大幅提高了生产效率并降低了生产成本，故而认为它成就了“大工业时代”和“大众消费社会”，文化生产的进步同样借力于这种大工业的繁荣。文化市场由来已久，但“文化产业”作为一种产业形态诞生的时间并不是很长，各国对文化产业的提法和界定也各有不同，如英国的创意产业、美国的版权产业和日本的内容产业等，但究其本质，各国对文化产业的界定又是相似的，其源头都是文化生产活动。

二、传统文化生产要素

自“文化生产”诞生以来，文化生产要素就主要包括生产者、创新内容、生产方式和促进机制四个方面。[②]孟晓驷将文化产品生产流通分为两种：第一种为W—G—W，即文化产品一货币一产品（生活资料以及再生产所必需的资料）；第二种为G—W—G，即资本一文化产品一增值的文化资本。[③]在第一种生产流通方式中生产者与经营者仍可能是一致的，但第二种生产流通方式中资本占核心地位，它与生产者之间是雇佣关系并完全占有生产成果。传统文化生产以组织为生产主体，个体生产者与组织之间多是雇佣关系，因此可以将传统文化生产归为第二种生产流通方式。

（一）基础——文化生产者

生产者就是文化生产人才，人的智能是文化生产得以发展的基础。在

① 《马克思恩格斯全集》第42卷，第97页。

② 王爽：《互联网与文化生产变革》，《学术论坛》2013年第12期。

③ 孟晓驷：《文化经济学思维——物质与文化均衡发展分析》，人民文学出版社2005年版，第132—134页。

传统文化产业生产中，生产者多以组织的形式出现。根据生产目的不同，文化生产可以分为公益性文化生产和商品性文化生产。因此，传统的文化生产组织有公益性文化生产组织和盈利性文化生产组织之分。

公益性文化生产组织以文化产品或服务所带来的社会效益为目标，而不以利润为目的。这种类型的文化生产组织多是由国家或私人创办，面向社会、面向公众提供公共文化产品，社会的每一个成员都可以轻松获取以满足自己的精神文化需求。[①]在国外，公益性文化生产组织的主体较多，可以是国家，也可以是私人和企业。在我国，公益性文化生产主要由国家主办，所需要的全部经费或多数经费由国家财政拨款，民间资助公益性文化生产在我国还处于起步阶段。我国的公益性文化生产组织主要包括图书馆、博物馆、文化馆、高校、科研机构以及非营利的文化艺术表演团体等。[②]除此之外，近年来，部分文化企业或私人企业家也以资助、完全参与或技术支持等方式介入公益性文化生产。鉴于国外的经验和社会文明前进的步伐，私人和企业组织在未来的公益性文化生产中将占据越来越重要的位置。

营利性文化生产组织主要是从事文化产品或服务生产的文化企业或文化集团，是指以市场需求为导向，以满足消费者精神文化需求并获取经济效益为目的，以公平竞争为法则，以文化资源合理配置为手段而进行文化生产的组织和机构。文化企业是文化产业发展的主体，它是具有自负盈亏、自主经营能力的经济实体，从经济特性上与制造业企业没有区别。文化企业的利润追求属性，决定了它在生产过程中的标准化、批量化和复制性等特征。一件文化艺术作品需要经过批量化、标准化的生产走向市场，变成人人可以获得的文化内容商品，这是大众文化的属性，也是文化产业发展的基本模式。利润永远是文化企业追求的第一目标，但文化产业的双重属性，也要求文化企业在追求经济效益的同时，必须注重文化产品或服

① 何群:《文化生产及产品分析》，第45页。

② 王爽:《互联网与文化生产变革》,《学术论坛》2013年第12期。

务的社会效益。

（二）关键——创新生产

创新生产是文化产业发展的关键，创新是文化生产中必不可缺的元素。这里的创新生产包括：在固有文化资源的基础上做时代适应性的创新、生产方式的创新、产品或服务形式的创新等。无论是哪种创新都只有一个出发点：满足消费者的精神文化需求和消费需求，这也是包括文化产业在内的任何产业获取利润的基本法则。

在固有文化资源的基础上做时代适应性的创新是较为宏观的内容，是文化传承和发展中的关键。这种创新生产多发生于公益性文化生产，它们以民族文化的传承和发扬为宗旨，以公众文化需求为目标，进行的文化生产活动除了要满足大众文化需求之外，更要保证民族文化的不断积累和发展，为传统文明的发展积淀力量。每一个类型的文化资源都产生于特定的时代，随着社会的发展积淀了几十、几百甚至上千年的文明，自其诞生开始，文明发展的进程也是该文化资源进化的过程。每一个时代都有其独特的一面，这是传统文化资源所难以适应的。因此，无论是基于文化资源生存的需要，还是其发展的需要，适当的时代适应性创新都是非常必要的。

生产方式的创新是文化生产中最常见的改革之一。文化产业生产方式的变迁往往伴随着科学技术革命和科学理论的发展创新。在原始社会，生产力发展水平低下，创作和传播方式主要是口口相传；文字出现以后，尤其是印刷技术诞生以后，文艺创作更加便利，文字可以通过纸质进行记载、创作和传播；电子传播技术的发展使人类社会进入大众传播阶段，文化生产和传播主要依靠广播、电视等大众传播媒体，文化生产的主体有一定局限性；数字技术的发展使人际传播和大众传播相互融合，用户文化生产和互动文化生产的模式诞生。所以说，传播技术发展史也是文化生产方式的变革史。每一种理论都是在社会实践发展到一定程度的时候出现的，当文化需求所占比重有所上升的时候，各种原创或演变而来的理论逐渐出现，如由马克思精神方面的生产力演变而来的文化生产力理论，皮埃尔·布迪厄（Pierre Bourdieu）由资本理论探讨出的文化资本理论等。这些变革和创新的基础是原有理论，但依据是已经或即将初露端倪的产业发展实践。理论的发展离不开实践，但它的形成又为实践的发展提供了指导。例如，当前的自媒体理论是社会化媒体发展的结果，但也为社会化媒体的文化生产提供了理论依据和指导。

产品或服务形式的创新主要源于受众需求的变化和可用技术的创新。大众传播时代，文化传播是单向的，因此，文化产品或服务形式的创新周期比较长；伴随着数字技术的发展，买卖双方的互动性日益增强，创新周期也有所缩短。受利润的驱动，消费者的需求是卖方的第一追求，迎合消费者的需求而进行文化产品或服务形式的创新是文化企业发展的关键，例如通过市场调查得到区域内电视观众对电视节目的需求排名，从而对电视台的节目类型和广告安排进行调整，以得到更高的收视率等。对于图书出版行业来说，数字技术的发展为其提供了新的商品模式——电子书。随着数字终端的普及，图书出版不再局限于纸质图书，而是更多地转向电子书籍的出版和发行。

（三）核心——文化内容

文化产业曾经被称为“内容为王”的产业，由此可见，好的、有吸引力的内容是文化产业发展的制胜法宝。文化生产区别于其他生产的关键是文化内容。文化生产的结果是文化产品或服务，但如果没有了文化内容，所谓的产品就不能称为文化产品，服务也会变成简单的劳务。文化生产内容必须具备文化性，但作为市场流通的内容，又必须具有大众性，因此文化内容是文化性和大众性融合的产物。文化内容的文化性主要来自文化资源或企业文化，文化资源是民族文化的积淀，拥有厚重的历史背景和广泛的大众认同；企业文化是文化企业的灵魂，体现企业发展的宗旨、目标和社会责任感等。文化内容的大众性主要来源于文化产业的商业性，因此，文化内容的创作过程必须与市场需求紧密相连。如果文化内容迎合了消费者需求，那么它就具有广泛的大众性，反之亦然。

文化内容是文化生产的核心，在进行文化内容生产的过程中应当谨记对文化资源的创造性开发和对时代潮流的把握。对文化资源的开发曾经一度是我国发展文化产业的主要内容，这里的创造性开发并不是指直接开发文化资源，而是对文化资源进行适应性、创造性的改变，并将其融入一定的文化产品或服务中。这与公益性文化组织进行的文化资源时代适应性创新有所不同，这里创新的目的是形成文化内容融入文化产品或服务，进而获取经济效益。每一个时代，甚至时刻都会产生新的文化内容，对时代潮流的紧密关注，可以使文化内容生产者熟知当前的主流，主流文化融入文化产品或服务会大大提升其影响力和号召力，进而提升消费者的购买力。

（四）保障——管理体制

文化生产力是推动文化生产的决定性力量，如同生产关系必须要适应生产力发展水平一样，文化产品或服务生产的管理体制也要适应我国文化产品或服务生产力发展的需要。这里的管理体制主要是指，宏观的政策、法规和微观的生产管理促进机制。

事实上，宏观的文化生产管理体制主要是指文化体制改革和文化产业政策法规。结合文化产业发展前沿，我国的文化规制一直处于不断发展完善的状态中。改革开放以来，文化事业领域的改革也随之开始，文化市场开始逐渐开放。自党的十六大报告首次区分了文化产业和文化事业的概念以来，我国对文化产业发展的重视程度逐渐增强。2004年4月，国家统计局印发的《文化及相关产业分类》，是中国历史上第一次系统地界定文化产业的范畴。2005年底，中共中央、国务院下发了《关于深化文化体制改革的若干意见》。2006年9月，《国家“十一五”时期文化发展规划纲要》中提出“进一步加快文化建设，推动文化体制改革”。2007年4月，由商务部、文化部、外交部等多部门共同制定了《文化产品和服务出口指导目录》。2009年7月，我国第一部文化产业专项规划——《文化产业振兴规划》出台。2012年11月，党的十八大报告中明确提出“要推动文化产业快速发展，显著提升文化软实力”。2018年4月，国家统计局印发了《文化及相关产业分类（2018）》，相较于2012版更加细化。宏观的、根据产业发展实践和发展预期而给予的政策支持是文化产业生产发展的推动力。

微观的生产管理促进机制不仅包括生产过程中的资源配置，还包括文化创新生产的激励机制。文化生产过程中的资源配置是指文化的、物质的以及人力的资源配置。文化的资源配置主要是合理配置文化内涵。物质的资源配置主要是指在生产过程中给予合理的物质和资金的分配。人力是资源配置中最重要的因素，因为人的智力是进行文化创新生产的创意来源。对人力资源进行合理的安排，使人尽其能，在文化生产中尤为重要。文化创新生产的激励机制，主要是指对生产者和置身于生产过程中的每一位工作人员的激励。合理有效的激励机制对创新生产十分有必要，不仅能够保证文化产品或服务生产过程中的创意来源，更重要的是能留住人才。

三、传统文化生产模式

文化产业生产模式是指依据文化产品或服务在生产过程中的思维方式、原材料、市场定位等方面的综合特征而进行的分类。传统的文化生产模式主要有市场调控模式、政府主导模式和政府与市场合作模式。其中，市场调控模式又包括艺术性生产模式、批量化生产模式、再生产模式，这三种模式是基于文化生产内涵本身进行的区分，也是本环节论述的重点。政府主导模式和政府与市场合作模式则是依据宏观市场定位与市场运作模式进行的区分。

（一）市场调控模式

文化生产是文化经济发展的源头，市场调控模式是发展文化产业生产的主要模式。在文化市场调控下的文化生产除了受市场环境和生产者本身条件制约外，更主要的制约因素来自文化消费者。如上文所述，这个模式下的文化生产模式又可以分为以下三种：

1.艺术性生产模式

艺术性生产模式指作者进行艺术或文化独创设计的模式，追求的是个性、创新和独一无二性，适用于原创类的文化产品或服务的生产。在文化产业发展中，采用这种模式进行文化生产的主要是艺术作品开发（如绘画、建筑设计、游戏设计、影视音乐及文学作品创作等）或产品研发。这种模式下的生产者往往是个体或少数个体的合作，在艺术品的开发中，生产者往往是单个的艺术家；而大众文化产品或服务的生产者则多为以某一个人为核心的创作团队。无论是艺术品开发还是文化产品的研发，其目的都是让作品流入市场，实现效益。除了艺术家（如画家、编剧、作家等）对艺术品的创作生产之外，文化市场上采用这种模式最多的文化生产者主要有以某位艺人或导演为中心的工作室，以创作者为核心的动漫、音乐等工作组。艺术家、编剧、作家等的文化生产属于个人化的生产，文化工作组、工作室的文化生产属于个性化的生产。个人化的生产尊重的是作者本身的个性追求，而个性化的生产尊重创新，追求和迎合的是某一部分或大部分受众的需求。文化产品的艺术性生产研发是介于精英文化生产和大众文化生产之间的，一方面它追求精英文化的高雅艺术性，另一方面其目的又是为实现大众或部分大众文化需求而进行大众文化生产。

2.批量化文化生产模式

批量化、复制性是大众文化产品或服务的基本特性，因此批量化文化生产模式是文化生产的主要模式。批量化文化生产模式是基于艺术性生产而进行的量化生产，它的技术支持是简单复制。经过原创研发成功的文化作品操作程式，成了批量化生产的“配方”。这里的“配方”是指产品生产过程中对题材、立意、表达方式等因素的组合或搭配。[①]批量化生产模式的生产者多为文化企业的经营者，他们不懂创作，但对市场运作十分敏感，他们需要做到：第一，通过研发或购买获得“配方”，并进行小范围实证调查；第二，采用新技术以低成本、高质量进行大批量复制和贴标；第三，广泛运用各种营销手段，对文化产品或服务进行推广，以获得受众认可；第四，销售文化产品或服务并获得利润；第五，通过市场反馈，洞悉新的市场动向。批量化文化生产模式是目前文化企业经营中最为常见的模式，也是相对成熟的模式。

---

① 何群：《文化生产及产品分析》，第97页。

3.再生产模式

如果说艺术性生产模式是文化生产的源头，批量化生产模式是实现利润的关键，再生产模式就是文化生产的深入和再造。再生产模式的基础是经典的文化资源。世界各国都有自己独特的多种多样的文化资源，但经典文化资源的数量是有限的。经典文化资源中可以转化为文化产品或服务的文化资源则是更加难得。在文化产业快速发展的今天，多数经典文化资源已经被成功或不成功地开发过，于是经典文化资源的再生产就成了文化生产中的另一股潮流。经典再生产模式主要是运用新技术、新构思、新意境重塑文化资源的内涵和外延，以获得消费者的认可。这种模式一般主要从以下几种方法入手：首先，对文化资源进行深度挖掘，对以往未被发掘出的新内涵进行演绎；其次，将传统文化资源进行现代适应性整合，用新的观点演绎老的题材，如《花木兰》的电影翻拍；最后，用高新技术对原作进行演绎，传达全新的视觉或听觉效果，如《泰坦尼克号》的3D（三维）演绎。

（二）政府主导模式

政府主导的文化生产模式多为公益性的文化生产，其目的主要有二：第一，弘扬某种文化资源，扩大宣传；第二，满足大众的部分文化需求，增强国民文化素养。这种文化生产不以营利为目的，严格意义上说并不属于本书讨论的商业性文化生产范畴，加上前面对公益性文化生产组织已有简要论述，在此就不再一一赘述。

（三）政府与市场合作模式

在计划经济体制下和文化体制改革并不完善的今天，政府与市场共同作用于文化生产并不鲜见。在计划经济体制下，商业性文化生产介于政府计划和市场调控之间。在市场已经存在文化需求的情况下，什么时间进行文化生产，生产什么内容，在何地生产等一切文化生产细节都取决于主管部门的计划批示。文化生产出的文化产品多为宣传色彩浓厚的题材，作品类型单一，色彩单调，文化生产者积极性低，创新能力有限。在文化体制改革仍不十分完善的今天，体制的局限性使政府在文化生产中所扮演的角色显得十分尴尬，一方面，政府希望文化市场繁荣，文化生产创造力强，而力图改革、对文化生产单位“断奶”；另一方面，文化生产单位长期养成的惰性不适合完全“断奶”，其仍需要财政扶持。这种介于扶持与“断奶”之间的境况，会造成两个结果：一种是“见光死”，投入市场就立刻被淘汰；另一种是在政府扶持期限内积极改革，适应市场发展规律，逐渐步入市场化运营轨道。当然，后者是文化体制改革不完善时期，政府与市场合作模式运营的目标。

在市场经济发达的区域，为了某些特定的宣传或经济目标，该模式依旧发挥着积极作用。“十二五”规划明确提出“推进文化创新”，“提高文化产品质量”，“创作生产更多思想深刻、艺术精湛、群众喜闻乐见的文化精品”，随之各地政府都推出了相应的文化产业发展“十二五”规划目标和具体策略。《山东省“十二五”时期文化改革发展规划》中提出“全省专业艺术院团新创作剧目300台左右，推出一批高水平、高质量的精品剧目”[①]，“争取国家级文化产业示范（试验）园区、基地达到20家，培育一批在全国有一定影响的文化产业示范园区，初步建成一批在全国具有较大竞争力的文化产业基地，基本建成鲁文化、齐文化、红色文化等产业园区，黄河文化、运河文化、滨海文化等产业带，初步形成东、中、西三大文化产业集聚区”[②]，“形成孔子文化、文物、非物质文化遗产、歌舞、杂技、地方戏曲、美术等一批具有齐鲁文化特色的对外文化交流品牌项目，培育一批对外文化贸易重点企业”[③]等一系列文化产业发展目标，具体到各个市、县级政府，政府对文化产业项目或企业的支持和协作则更加具体。一定时期内，政府与市场合作模式还会发挥巨大的协同效益。

---

① 山东省文化厅办公室：《山东省文化厅“十二五”文化改革发展规划》，http://www.sdwht.gov.cn/html/2012/fzgh_0313/2940.html。

② 同上。

③ 同上。

第二节　互联网为文化生产带来的变革

生产方式是生产力与生产关系的统一，通过对马克思恩格斯著作的梳理不难发现，他们认为生产方式主要有三个方面的意义：第一，生产方式是指生产关系，“资本主义生产方式是以其他生产方式（社会生产关系）的衰亡和社会劳动生产力的一定发展为前提的”[①]；第二，生产方式是经济的社会形态，“大体来说，亚细亚的、古代的、封建的和现代资产阶级的生产方式可以看作是经济的社会形态演进的几个时代”[②]；第三，生产方式是指劳动方式或劳动的生产条件，“他的劳动生产条件，也就是他的生产方式……必须变革劳动过程的技术条件和社会条件，从而变革生产方式本身，以提高劳动生产力”[③]。要进行生产活动，必须将劳动者与生产资料相结合。而生产要素要结合起来至少需要两个方面的规定：一方面是生产条件，既包括技术条件又包括社会条件，另一方面规定表现为劳动者如何与生产资料相结合。[④]在网络环境下，信息突破传统生产要素的稀缺性成为主要的生产要素，生产方式也由传统的机器大生产转变为个性化的技术网络生产。依托于马克思主义的生产理论，网络生产方式是指网络经济环境与劳动者及生产资料的结合统一，具体来说，网络生产方式是指在网络技术的支持下，网络环境中单个或群体的网民通过对信息创造、整理和再创造从事的一系列活动。

① 《马克思恩格斯全集》第46卷下，人民出版社1980年版，第513页。

② 《马克思恩格斯全集》第2卷，人民出版社1995年版，第33页。

③ 《马克思恩格斯全集》第23卷，第350页。

④ 何干强：《唯物史观的经济分析范式及其应用》，中国经济出版社2009年版，第117—119页。

一、网络文化生产的基础

任何社会现象的学术研究都应当以实践的积累和相关理论的积淀为基础。要研究互联网环境下的文化生产变革，必须首先认清网络文化生产产生和发展的理论基础和现实基础。

（一）理论基础

文化生产的基础理论主要有两个：一是文化生产力理论，二是文化资本理论。文化生产力理论是文化生产得以进行的基础，而文化资本理论是文化生产持续的动力源泉。在此，笔者将对这两种理论进行简要梳理和分析。

1.文化生产理论

“文化生产力”是指具有一定智能知识的劳动者运用文化资源和科学技术要素生产文化产品、提供文化服务和创造精神财富的一种能力。[①]马克思没有使用“文化生产力”概念，而是使用了“精神方面的生产力”概念，精神生产是马克思主义理论体系中的一个重要概念，主要由马克思通过《1844年经济学哲学手稿》《德意志意识形态》（与恩格斯合著）等著作提出并形成理论雏形，在《1857—1858年经济学手稿》《资本论》和《共产党宣言》中逐步成熟。他认为生产力可以分为两种——改造自然的物质生产力和改造社会的精神生产力（思想、观念、意识的生产），二者是既相互联系又有所不同的。马克思指出：“宗教、家庭、国家、法律、道德、科学、艺术等等，都不过是生产的一些特殊的方式。”[②]与物质生产一样，文化生产具有社会生产的一切基本特征如流通、交换、消费等。文化生产力属于广义的社会生产力系统中的一个子系统，物质生产决定精神生产，但精神生产对物质生产具有反作用。

现代文化生产力要素应当包括高新技术（数字技术、网络技术等）、智能的人、科学、组织、管理以及更优质的文化内容、文化产品或服务

---

① 赵学琳：《文化生产与文化先进性研究》，中国社会科学出版社2014年版，第71页。

② 《马克思恩格斯全集》第42卷，第121页。

等。智能的人具有一定的文化结构，是文化的传承者、创造者和传播者，是文化生产力实施的主体。科学和技术是文化生产力的基础和动力，其中，科学是理论基础和指导，技术是实现文化的生产转化的支撑和途径。科学有效的组织和管理是文化生产力实践的有力保证，通过对文化资源和文化生产力的有效组织和协调，可以实现效益的最大化；管理是对文化生产过程的监管和效果评估，有利于文化生产力的可持续发展。更优质的文化、文化产品或服务是文化生产力实施的结果，也是文化生产力发展的动力。解放和发展文化生产力的目的不外乎两个：一是使文化内容以更优的状态传承和发展；二是将文化力转化为可以进行市场交换的产品或服务。因此，文化生产力的各个要素是缺一不可的。

文化生产力的实现主要包括文化传承、文化创新、文化转化和文化监管四个方面的内容。

首先，文化生产力的基础是文化传承。文化传承是对传统文化进行保护和进一步开发的基础，是文化积淀的最主要途径。从文化生产的角度，文化传承也是对文化的简单再生产。

其次，文化创新，也是文化的再生产过程。创新是文化产业的主要手段，主要包括文化的时代适应创新、生产模式创新、管理体制创新、运营方式创新等。

再次，文化转化的能量来源是文化创新。这里的转化主要指文化内容转化为物质财富的能力，其中最主要的是将文化资源转化为文化产品或服务进而销售实现效益的能力，这也是文化产业的主旨内容。文化本身就是社会财富，但通过转化的文化不仅可以增加经济实力，而且可以增强其社会效益和社会影响力。

最后，保障文化安全的文化监管行为。文化安全问题中最为突出的是文化入侵、文化霸权和文化异化问题。我国解放和发展文化生产力的理论指导是社会主义核心价值观的重要构成，这一点是坚定不移的。各国对文化软实力的重视程度日益加强，文化入侵和文化霸权现象也更加严重并且表现形式更加隐晦，这就需要专门的文化监管机制对国家文化安全进行实时监测。文化监管有助于规范我国的文化市场，保障社会文化的有序发展。

2.文化资本理论

“文化资本”泛指任何与文化及文化活动有关的有形及无形资产[①]，它可以分为：（1）虚拟资本，包括品牌、口碑、体制、运营模式、战略等；（2）人力资本，就是专业的从业人员（专家团队、专业经营管理人才、高质素员工等）；（3）物质资本，包括资金、固定资产等。其中，文化产业中的文化资本主要以虚拟资本、文化内容商品和人力资本形式存在。

1986年，法国社会学家皮埃尔·布迪厄在《资本的形式》一文中，第一次完整地阐述了文化资本的基本概念，提出了文化资本理论。他将资本划分为经济资本、文化资本和社会（关系）资本三大形态。其中文化资本是指“一种标志行动者的社会身份的，被视为正统的文化趣味、消费方式、文化能力和教育资历等的价值形式”[②]。文化资本是一种表现行动者文化上有利或不利因素的资本形态，它在特定条件下可以转化为经济资本。[③]布迪厄将文化资本分为三种基本形式：一是个体化、身体化形态的文化资本即文化能力，体现在个人的内在涵养和素质上，是日积月累、根深蒂固的，主要是通过教育途径获得并成为个人精神与身体的重要组成部分；二是物化或客观存在的文化内容产品，主要包括图片、书籍、古董等，这些物质性的文化内容商品文化价值越高，它的客观文化资本就越高；三是体制化的状态，如教育资格、从业资格认证等，它赋予了文化资本一种标示，使其成为个人或组织的原始资产。文化内容产品和服务是这三种基本形式中最容易转化为经济资本的文化资本形式，而个体化形态的文化资本是文化内容需求、生产和消费的基础，体制化状态的文化资本是文化内容生产、推广和消费的保障。此外，布迪厄认为文化再生产是一种社会化的

① 朱伟珏：《“资本”的一种非经济学解读——布迪厄“文化资本”概念》，《社会科学》2005年第6期。

② 陈爱国：《论布尔迪厄文化资本的形态构造》，《学术论坛》2006年第6期。

③ 朱伟珏：《文化资本与人力资本——布迪厄文化资本理论的经济学意义》，《天津社会科学》2007年第3期。

过程，“占据社会权力的集团以及社会成员，试图以当代文化再生产制度和组织，通过文化再生产的运行机制，玩弄一系列象征性策略手段，保障他们一代又一代地连续垄断文化特权”[①]，文化资本的再生产包含学前家庭教育和学校教育两个阶段。

文化产业的发展为文化资本巩固了经济、社会和文化基础，文化市场为文化资本提供了流通和转化的场所。与此同时，文化产业也离不开文化资本价值的实现，文化内容商品或服务中所蕴含的文化资本可以转化为经济资本。文化资本主要通过上述的三种基本形式实现其价值：个体文化资本主要通过个人在社会生活中创造出的相关价值体现出来；文化产品或服务本身就是文化产业的主要内容，是文化产业实现经济效益和社会效益的主要途径，经济效益是文化产业发展的动力因素，社会效益也是发展文化产业不可忽视的要素；体制化的文化资本为文化产业从业者和文化企业增加了无形资本，这种无形资本有时甚至成为通行证，衡量它的不仅是经济效益还有社会效益。随着经济的文化化、文化的经济化，现代市场经济中文化的、符号的要素越来越重要，文化资本的地位逐步与经济资本齐肩甚至超越经济资本。[②]身体化的个人文化资本具有个体性、排他性、符号性等特征，它的形成需要长期潜移默化的过程，在文化产业发展中，这种文化资本集中呈现为人才，尤其是稀缺的、专业化的文化内容创作、产业经营等方面的人才，他们拥有常人难以企及的专业知识素养和实践经验。客观文化资本的生成依靠的是文化人才的创作和经营，在布迪厄的文化资本理论中，认为物态化的文化内容商品才是客观存在的文化资本。随着文化产业的发展，以服务和体验为载体的文化资本日益占据文化市场的重要份额，比如文化旅游、文化参观、演出观赏等实时体验项目将文化资源、文化内容融入文化产业商业活动并成功获得经济和社会收益。

① 高宣扬：《布迪厄的社会理论》，同济大学出版社2004年版，第70页。

② 陈珏、何伦志：《文化资本、文化产业与经济发展》，《新疆大学学报》（哲学人文社会科学版）2007年第4期。

（二）现实基础

网络技术的发展为文化生产活动提供了新的平台，终端技术的发展增强了文化生产的移动性和便利性。[①]社会生产力的发展和公众的多样化文化需求是网络文化生产的推动力量。

1.技术基础

马克思将科学技术“首先看成是历史的有力的杠杆，看成是最高意义上的革命力量”[②]。文化生产变革的技术基础主要包括互联网技术和移动终端技术的发展。网络技术和终端技术的发展为文化生产提供了新的平台。约翰·维维安（John Vivian）认为，许多大众媒体正在与数字化格式融合。[③]数字技术推动了媒介融合，更推动了PC（电脑）端和移动互联网媒体的发展。

网络文化生产的网络技术基础包括互联网技术和无线互联网技术。互联网技术的发展，经历了“Web1.0—Web2.0—Web3.0”三个阶段。Web1.0时代的代表服务有万维网站、电子邮件、电子公告板等，其主要特征是传播内容为网站编辑提供，多是单向传播，以获取点击量为主要赢利手段。Web2.0时代将网络由“大众媒体”发展为“自媒体”，网民可以自由参与信息的创造、传播和分享，代表应用有维基百科、博客、微博等，代表技术为P2P对等网技术、IM即时通技术等，当前网络媒体发展的主流处于Web2.0时代。Web3.0是建立在Web2.0基础上，并且实现了“智能化的人与人和人与机器交流”[④]的互联网技术，其基本特征：“一是数据和应用不需要在计算机上运行，全部存在网络服务端；二是在任何一台电脑上，甚至在电话和电视上，只要打开浏览器就能进入自己的世界，

---

① 王爽：《互联网与文化生产变革》，《学术论坛》2013年第12期。

② 《马克思恩格斯全集》第19卷，人民出版社1963年版，第372页。

③ ［美］约翰·维维安：《大众传播媒介》（第7版），顾宜凡译，北京大学出版社2010年版，第274页。

④ 王宏、陈小申、张星剑编著：《数字技术与新媒体传播》，中国传媒大学出版社2010年版，第108页。

看到自己的内容。”[①]Web2.0技术是网络文化生产得以产生和发展的网络技术基础（如表2-1[②]）。移动互联网也称无线互联网，从最初的1G网络、2G网络发展至当前普及的3G、E3G、4G网络，乃至刚刚投入使用的5G网络的发展过程，也是移动网络媒体发展的历程。移动互联网使人们可以通过随身携带的智能手机、平板电脑等移动终端随时随地获取网络信息。移动终端操作系统和应用软件等技术的发展，是实现移动互联网业务体系（如图2-1[③]所示）运行和移动终端发展的另一个有力保障。

表2-1　　Web1.0和Web2.0的区别

	Web1.0（1993—2003年）	Web2.0（2003年至今）
模式	读	写与贡献
主要内容	单元网页	发表/记录的信息
形态	静态	动态
浏览方式	互联网浏览器	各类浏览器、RSS阅读器等
体系结构（运行机制）	Client Server	Web Services
内容建立者（作者）	程序员	普通用户
应用领域	初级的“滑稽”应用	大量成熟应用
传播模式	网站中心化	个人中心化

① 王昀加、孙欢杰：《网络新阶段Web3.0正渐渐走来》，《经济参考报》2008年4月17日。

② 苏林森：《我国Web2.0网络盈利模式探析——兼论长尾理论在网络经济的运用》，《西南民族大学学报》（人文社科版）2007年第8期。

③ 余晓晖：《移动互联网的发展与思考》，《电信网技术》2008年第12期。

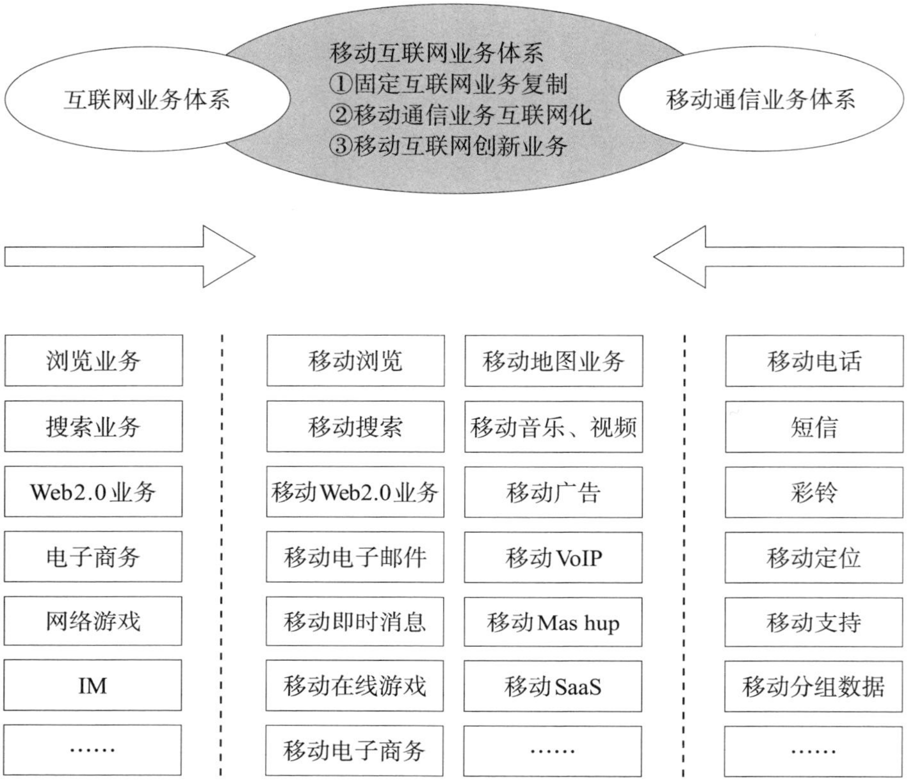

图2-1　移动互联网业务体系

计算机技术的进步是伴随着互联网技术的发展而发展的。网络终端设备从台式电脑到笔记本电脑，再到平板电脑、手机等的发展历程，表明终端设备的发展趋于向功能的全面性、携带的便捷性和使用的方便性发展。笔记本电脑是移动网络终端的鼻祖，融合即时通信和电脑技术的移动终端的发展更是终端技术的主流，如智能手机、平板电脑、智能电视、可穿戴智能设备等。智能手机融合了电脑和传统手机的功能，它拥有独立的操作系统，可以自行安装软件和应用程序，可以通过移动通信网络进入互联网。可以说，手持移动终端可以实现电脑和手机的几乎所有功能，包括浏览信息、即时通信和即时创作、传播。移动终端设备的发展为依靠网络进行碎片化的移动文化创作和生产提供了可能，是网络文化生产的终端技术基础。

2.社会基础

任何一种生产方式的变革都不仅需要有生产力的发展作为依托，更需要社会现实的发展作为基础。文化生产方式的变革也不例外，网络文化生产的发展离不开以下社会基础的支持：

首先，网民数量日益增大，网络受众扩大，文化需求多样化，呈现出长尾趋势。截至2019年6月，中国网民规模达8.54亿，互联网普及率达到61.2%。[①]每一种文化需求都会有相应的文化产品或服务来满足，每一种文化产品或服务都有相应的受众，不管这种需求或产品、服务所对应的群体多么小，甚至只是寥寥数人，但是这些边际需求或产品、服务所带来的效益总和是巨大的。一定程度上，网络的普及为网络文化生产提供了规模化和范围式的文化需求刺激。

其次，经济发展为网络文化生产提供了雄厚的资金和物质支持。随着国内生产总值和国际影响力的扩大，中国越来越重视文化产业的发展和文化软实力的提升。这也意味着我国文化生产的发展有更加坚实的资金支持。另外，文化产业是国民经济发展的重要组成部分，文化产业占国内生产总值的比例一直保持增长的态势，这个占比体现出一个国家产业结构的优化和人们精神文化需求的变化。

最后，国家层面的重视程度增强助推了中国文化生产变革。伴随着文化产业的发展，国家对文化产业和文化生产的重视程度日益增强。相对于普通商品的生产，国家对文化生产活动的相关政策规定更加严密。以国家统计局2018年对文化及相关产业的分类中可以看出，文化生产活动包括的范围是十分广泛的。我国对文化生产活动的政策法规规范到每一个小项，甚至每一细节都有相关规定进行鼓励或者限制。政府的支持和法规的完善是网络文化生产持续发展的保障，这在一定程度上促进了网络文化生产方式的发展。

① 中国互联网络信息中心：《第44次中国互联网络发展状况统计报告》。

二、网络文化生产的特征

生产方式是生产力与生产关系的统一。要进行生产活动，必须将劳动者与生产资料相结合。而生产要素结合起来至少需要两个方面的规定：一方面是生产条件，既包括技术条件又包括社会条件，另一方面规定表现为劳动者如何与生产资料相结合。[①]在网络环境中，信息突破传统生产要素的稀缺性成为主要的生产要素，生产方式也由传统的机器大生产转变为个性化的网络生产。网络生产方式是指网络经济的生产条件与劳动者及生产资料的结合统一，具体来说，网络生产方式是指在网络技术的支持下，网络环境中单个或群体的网民通过对信息创造、整理和再创造而从事的一系列活动。

（一）网络生产代表着技术革命

"生产方式的变革，在工场手工业中以劳动力为起点，在大工业中以劳动资料为起点"[②]，信息时代生产方式的变革则是以网络技术为起点的。网络正在逐步代替机器在生产活动中的核心地位成为当代生产生活的核心。

网络技术具有很强的创新性，网络技术的发展和普及为各行各业乃至人们的生活方式都带来了前所未有的大范围革命。首先，从网络技术本身发展的角度来看，著名的"摩尔定律"[③]能够很好地解释网络技术、数字技术更新的高速性、创新性。其次，网络技术对各行各业和人们的工作生活都有很强的渗透性。依托于网络技术带来的不仅是新兴网络产业、数字产业，更有几乎囊括了所有产业和行业的生产、营销、消费及售后等各个环

---

① 何干强：《唯物史观的经济分析范式及其应用》，中国经济出版社2009年版，第117—119页。

② 《资本论》第1卷，人民出版社2004年版，第427页。

③ 摩尔定律：由英特尔创始人之一戈登·摩尔提出，其内容为当价格不变时，集成电路上可容纳的元器件的数目，约每隔18—24个月便会增加一倍，性能也将提升一倍。换言之，每一美元所能买到的电脑性能，将每隔18—24个月翻一倍以上。这一定律揭示了信息技术进步的速度。

节。网络技术在网民中的大范围普及应用，不仅为众多网民提供了一个免费的信息库、交流平台、工作平台，更从根本上改变着人们的价值观、道德观、生活习惯等。在网络技术诞生之前，没有一种技术可以达到如此大范围的普及和渗透，乃至于当前社会离开网络技术，各类生产工作几乎要停止，设备无法正常运转，交通会混乱，各行各业的工作无法有效持续，患有“网络依赖症”“网络强迫症”的人群正在不断扩大。

网络技术革新不仅带来了技术革命和生产方式的革命，也带来了“结构”“逻辑”的革命。在网络技术大范围应用之前，生产方式遵循的是线性结构，人们的思维也多定式在线性思维上。线性生产方式是应机器大工业时代的技术要求，高度标准化的机器生产要求形成流水线式的生产方式。线性生产方式局限于机器大生产，线性思维、线性交际和交流源自局限性的媒介技术。在线性结构和线性思维中，每一个环节都可以看作一个联系节点，如果所有环节中的任何一个节点出了问题就会造成生产活动停滞，任何一个节点与关联节点之间的联系出现故障也会造成整个生产活动的失败，同样，线性思维、线性交际也是如此。然而，在网络技术环境中，无论一个系统中有多少个节点，这些节点彼此之间是有交互联系的，其中任何一个节点或联系出现问题都不会对生产活动造成障碍，一个乃至几个节点出现问题，其他节点之间的沟通和联系是不会受到任何影响的，由于交互节点数量庞大，整个系统的运作受到部分节点之间联系线路的影响是可以忽略不计的。有一个简单的比喻，机器大工业时代的线性生产模式可以看成一个串联线路，整个线路中任何一个地方出现问题，这个线路的搭建都不会成功；而网络时代的网状生产模式可以看成一条由无数个交互并联构成的线路，在这个结构中，其中一条并联的线路出现问题，并不会影响整个线路的使用和其他线路的正常通电。这种网络化的思维模式、生产模式、交际模式同样适用于生产管理领域，其主要表现就是人性化管理的普遍适用，在网络社会中，采用人性化管理模式更有助于激发作为生产主体的人的积极性，也有助于形成积极的企业文化、口碑效应和品牌影响力。

（二）信息和知识是最重要的生产资料

无论在什么时代，资源的稀缺性都是相对于人们日益增长的需求而言的。在机器生产时代，生产资料以自然资源为主，而水、森林、矿产、土地等自然资源是有限的。随着生产规模的扩大，这些生产资料会不断减少乃至彻底消失，可以说生产资料的稀缺是机器大生产的最大局限，有限的生产资料与机器生产扩大化之间的矛盾是那个时代经济生产活动中的主要矛盾。知识和信息作为网络社会的核心，是网络生产的直接结果。同时，互联网便捷的复制、存储、筛选、传输等技术又可以使网络生产的结果——知识和信息成为再次生产的生产资料。

首先，知识和信息作为生产资料具有无限性、时效性和共享性。作为网络生产的生产资料，知识和信息在互联网上的传输、检索、筛选等是不受时间和地域范围限制的，该生产资料的使用是开放的、社会化的。在机器大生产中机器、厂房和各种物质原料是最主要的劳动对象，机器生产活动在时间、空间、生产者和消费者上都有明显的界限。网络媒体传播的全球性、即时性以及网络检索的无门槛限制等特性，使任何人无论出于任何目的，在任何时间、地点，都能通过一台可联网的终端设备获取任何他想获取的知识和信息。相对于机器生产时期生产资料的有限性、有形性和相对固定性而言，知识和信息作为网络生产的结果和网络生产资料的来源，无时无刻不在更新，这种更新不仅是数量上的扩展，也是对同一类知识和信息深度挖掘再生产的过程。同时，网络空间的开放性特征，使得知识和信息具有海量性特征，便捷、人性化检索技术的发展更为网络生产突破了生产资料稀缺性的局限。互联网是一个开放的交互平台，受众对知识和信息的更新和补充的过程也可以看作信息再生产的过程。因此，在互联网环境中，一方面知识和信息作为知识密集型生产资料对生产者和生产方式有较高的知识要求；另一方面，网络生产是一种低准入门槛、人性化和个性化的生产方式，使得任何人都可以借助网络平台从事“属于他自己”的网络生产以满足其个性化需求。

其次，知识和信息在作为生产资料的同时，也作为一种思维模式改变着生产方式。网络技术在人们日常工作生活中的普及应用以及网络知识和信息的高渗透性，培养了人们开放、协同、发散性、系统性的新思维习惯，以网络技术和信息为基础的互联网思维同样渗透在各种网络生产活动中。第一，网络信息和网络平台的开放性、免费性不仅为网络生产提供了大量的、可供选择的生产资料来源，而且有助于激发网络生产的积极性、原创性，即兴创作等成为网络生产的动力来源。这在根本上改变了机器生产中的计划性、规划性和按部就班生产带来的原创力不足、生产周期长等缺陷。第二，社会化大协同的网络生活规律，正从宏观上改变着独立作坊生产的内部性、范围性和闭塞性。机器生产中，各个企业之间以及企业内部分工明确，生产标准和规则细化，遵从流水线式作业方式，每一个企业与外界的交流仅限于业界内部或关联性强的企业之间，企业内部岗位之间更是仅限于遵循规章和生产细则，流水线作业要求各环节具备较强的独立性。网络生活中的交互性带来的协同思维正在充实着网络知识和信息，并改变着传统生产模式的闭塞性。在网络空间中，无论信息的生产还是获取，都首先需要网络空间中网民的协助，网民受网络生活群体思维和协同思维的影响，也都较之现实生活中更乐于“伸出援手”。第三，相对于传统机器生产中的线性思维，网络生产中发散思维起着主导作用。机器生产的流水线作业要求生产中要有流程和生产细则的概念，网络生产依托于开放的网络平台，网民们自由自在地通过网络超链接获取任何其想获得的知识和信息，不同的知识和信息都可能成为网络生产的触发点，带来网络生产的新构思。第四，网络信息的海量性、网络检索的个性化、人性化发展以及网络信息在时空上的突破性，使原本一个一个的信息节点相互连接在一起，构成一个个庞大的、系统的信息体系。系统的知识和信息为网络生产提供全面的生产资料的同时，也为网络生产注入一种系统化的生产理念。

再次，以信息和知识为生产资料的生产活动类型多样化。网络生产不仅包括传统生产的网络化，还包括网络环境中的新兴生产方式。传统生产的网络化发展主要是指传统工业企业依据自身发展定位及市场环境考虑，开展的网络个性化定制生产服务，如戴尔公司依托网络平台的个性化定制电脑生产等。当前学术界和业界更多关注的是依托网络平台的新兴生产方式，它主要包括个人的网络生产行为及以网络生产为主营业务的企业行为。个人的网络生产主要基于个人宣泄、求知、分享娱乐和价值实现等需求，更多的是一种微内容生产。企业针对受众从事的网络生产更多倾向于定制化生产活动。如果从生产主体来看，网络生产可以分为组织生产和个人生产两类；如果从生产内容规模来看，网络生产可以分为微内容生产和规模生产；从网络生产类型来看，可以分为网络实体产品生产和网络虚拟产品生产；从网络生产内容载体来看，可以分为实物生产和非实物生产（如音视频、文本生产等）。由于知识和信息更倾向于文化特质及内涵解构的多样性、个性化，文化内容的网络生产类型日趋增多。

（三）网络生产的受众主导性、网络化、社会化和知识密集性

在传统机器生产中，生产资料与劳动者之间是分离的，只有将劳动者的劳动力和生产资料有效结合才能为资本拥有者带来效益。然而，在网络生产方式下，知识和信息成为核心的生产资料，这些生产资料更容易为再生产活动的劳动者所拥有。正如上文所说的那样，任何人只要有需要都可以通过网络平台获取到任何他需要的知识和信息资源，无论这种“获取”的过程和结果是收费的还是免费的，受众本身对知识和信息的熟知、占有都是长期的，并且是可以无限次地运用到再生产活动中。在这个过程中，微内容生产的生产者（网民）是拥有绝对主导权的，他们可以决定自己的喜好、是否去寻获知识和信息、通过何种途径获取、如何筛选信息有用性，以及再生产的内容、形式及发布途径等任何细节。但相对于规模化的网络定制生产而言，企业通过互联网上获取受众的定制信息，进而根据定制内容生产符合受众要求的产品并完成销售。网络定制经济的受众首先是主动寻求需要的产品信息，通过对比得到最佳获取方案，并自主定制自身的需求。受众在这里不仅仅是网络知识和信息的接受者、商品的购买者，更是利用知识和信息从事再生产活动的网络生产者。但无论身份如何多元化，在网络生活、网络经济中，受众的主导性、主动性都是不容忽视的。

网络生产具备网络化、社会化的特征。如前文论述网络生产协同效应中所述，网络生产关键在于将生产过程、主体、生产资料乃至生产结果都普遍实现社会化。生产过程的社会化包含两方面含义：一方面网络平台的开放性为网络生产提供了一个很好的社会公众关注、参与和监督的渠道，公众在任何时候都可以针对生产活动提出意见，甚至是直接参与生产活动；另一方面，网络生产依托的是网络技术和网络资源，而这两者都是现实社会和网络社会进步的成果。生产主体一改传统的特定劳动者从事生产活动的定律，任何人都可以通过网络参与任何一项其感兴趣的生产活动而不用担心自己的能力是否胜任，传统生产者的能力界限和准入准则被彻底颠覆，在网络生产中，所有社会人都可以参与其中。作为网络生产的核心生产资料和网络生产的主要内容，知识和信息是人类社会中智慧和经验的积累，自然同时具备社会化的特征。

总之，网络生产依托于网络技术和网络信息资源，属于知识密集型生产活动，是网络普及后继机器生产方式被广泛应用之后诞生的并逐步推广的一种重要的生产方式。

三、网络文化生产与传统文化生产对比分析

文化生产方式包含两方面：一是创作纯粹意义的文化内容的方式，即艺术创作方式、文学创作方式等；二是将文化内容置于物质载体中，生产“具有商品形态的文化内容商品”的形式。[①]前一种文化生产方式强调的是无形文化生产，后一种生产方式则强调了有形文化生产，二者都强调了文化内涵的核心地位。从近代以来我国的文化生产变革的历程可以看出，技术和新生产工具的引入促使文化生产方式变革。网络技术、检索技术、多媒体数字技术带来的网络媒体传播融合了大众传播（单向）和人际传播（双向）的信息传播特征，互联网时代的文化生产主要表现为网络发布。

① 刘素华、胡惠林：《新文化生产方式：近代中国文化产业的发生范式》，《上海交通大学学报》（哲学社会科学版）2013年第6期。

网络媒体以其发布主体的开放性、发布内容的创新性和无限性、发布形式的互动性、发布效果的即时性以及发布功能的融合性，为万众创新提供了便捷的平台。在互联网环境中，人们运用互联网技术和平台进行文化产品或服务生产活动的主要动机是满足自身和他人的精神和娱乐消费需求。传统文化生产组织在文化生产活动中依然占据着重要地位，网络文化生产只是传统文化生产模式的补充，是文化生产方式演进的结果。网络文化生产突出了个人在文化活动中的地位，是前文提到的两种文化生产流通方式的融合。网络文化生产活动不仅具有传统文化生产的一般特征，而且有其独特性，如表2-2①所示：

表2-2　　传统文化生产与网络文化生产比较表

	传统文化生产	网络文化生产
主体	经营性组织和公益组织	经营性组织、公益组织、全体网民
目的	盈利、公益	盈利、公益、个性表达、娱乐
内容	大众化	个性化
内容来源	传统文化资源、创新	传统文化资源、创新、网络信息
地点	文化生产单位	文化生产单位、随时随地
过程	规划性、程序化	移动性、偶发性
生产者地位	传者	传者和受者的共同体
时限	有生产时间和过程	即时性
监测、评估	消费后进行	生产过程中进行、消费后进行
边际成本	较低	微乎其微
推广	专业的营销团体	专业营销团体、网民
消费	文化消费者	文化消费者、网民
效益	经济效益、社会效益	经济效益、社会效益、自我效益

① 王爽：《互联网与文化生产变革》，《学术论坛》2013年第12期。

（一）生产主体的全民色彩

传统文化生产的主体主要是文化工作者，多以组织的形式出现：以盈利为目的的文化生产企业和以公益事业为目的的公益文化组织。以出版业为例，初级生产者（作者、编者）、二级生产者（书商、印刷厂）都有集体劳作的特点。[①]传统文化生产时期因生产力水平和文化教育程度的限制，可以参与文化生产活动的人数是有限的。网络媒体的便捷性、娱乐性和低进入门槛使全民参与文化生产活动成为可能，每一个进入互联网的网民都可以进行文化生产活动，每个网民都是文化产品或服务的生产者和消费者，甚至是文化产品或服务的推广者，各种草根达人大放异彩（如译言网就是由各行各业的翻译高手组成等）。“你——由成千上万的网民组成的集体智慧，被网络连接起来的你——不断地筛选和创造新的内容和形式，突出有用的、相关的和有趣的内容，放弃无用的、无关的和枯燥的信息。”[②]在蝴蝶效应的带动下，网民创作的文化作品被网民自身推广和传播。在网络视频、网络文学、网络新闻报道、网络音乐和网络出版等多个行业皆是如此，网民创造出的文化产品或服务依靠网民的“口碑”成为炙手可热的作品，这样的例子数不胜数。

（二）生产目的的多样性

从宏观上来看，传统文化生产的目的是满足人们日益增长的精神文化需求，而微观上从事传统文化生产的组织从根本上来说是为了追求文化的经济利益。网络文化生产将生产主体由固定文化生产组织扩展到每一个人，这无异于文化生产权利的下移，“千人千性”必然带来人们从事文化生产目的的多样性。除了传统文化生产的盈利或公益目标，网络文化生产的主体更侧重于个性表达、信息速递、欲望实现和文化娱乐等。个性表达是出于对生活现状的宣泄，比如微博的状态更新；信息速递是为了传递信息，比

① 曾建辉：《文化生产的媒介演变及其发展》，《重庆社会科学》2011年第4期。

② ［美］安德鲁·基恩：《网民的狂欢：关于互联网弊端的反思》，丁德良译，南海出版公司2010年版，第26页。

如区域突发事件的微博报道；欲望实现，当前则主要用于舆论监督，此类文化生产者往往是为了公义或自己的价值偏向进行辩护性创作；文化娱乐是多数网民的主要追求，繁杂的社会生活和巨大的生活压力使人们力图找到一处没有喧嚣，可以自由表达、无所顾忌的“净土”，网络世界中，人与人之间很近又很远，丰富多彩的网络世界可以带给人们无限的娱乐享受。

（三）生产内容的个性化

和网络文化生产中生产目的的多样性一样，全民参与网络创作以及网络媒体传播的“碎片化”特征，决定了其传播内容的个性化。网络的破碎化是持续的信息爆炸产生的必然结果，是信息的碎片化、不完整化和不对称化。[①]每一个参与互联网的网民都有自己的个性，这种个性表现在文化需求、文化素养和文化创造能力上也呈现出碎片化的特征。因此，网民创造出的文化产品或服务，总是自己个性的表现。同样，“物以类聚，人以群分”，无论多么个性的文化产品或服务在网络世界也都有其欣赏者和消费者。传统文化生产所追求的是经济效益和社会效益，网络文化生产在追求经济效益和社会效益的同时，更加注重对自我效益的追逐。

（四）海量的信息来源

如果说互联网发展的初期是以信息传播为主要使命，在媒介融合的今天，万物都可以并且已经联网。网络信息包罗万象，不仅有借助网络媒体生产出各类内容，传统媒体的内容也通过数字化技术融入其中。丰富的文化资源、信息资源使网络文化生产突破了传统文化生产资源数量和获取途径有限的限制。网络文化生产所依据的文化资源，不再局限于传统文化资源，网络文化资源也成为其重要的素材来源。

（五）生产过程的移动性

海量信息除了可以通过互联网媒体PC端接收以外，手机媒体、平板电脑和可穿戴智能设备等移动终端的发展，使信息传受都更加移动化，移

---

① 朱海松：《网络的破碎化传播——传播的不确定性与复杂适应性》，中国市场出版社2010年版，第15—16页。

动传播使“永不下线”成为可能。传统文化生产的生产者多数在工作单位或书房等固定场所从事文化生产活动。网络文化生产发展初期，计算机作为信息搜集平台，生产者也必须将自己固定在电脑前才能进行文化生产活动。移动互联网和移动终端的发展，突破了定时定地的局限性，文化生产活动不仅不再对生产者进行限制，就连生产过程都可以是移动的、随时随地的。无论公交车上、地铁站或是外出散步时，都可以借助联网移动设备进行内容创作和发布。

（六）生产模式的交互性

这里的交互不仅是指网络传播本身的互动性，网络媒体与传统媒体的互动，更主要是包括网络文化生产过程中的生产、营销和消费的交互性。传统文化生产过程是单向的，影视作品、图书杂志等文化产品一经生产出来是无法即时更新修改的。而网络文化生产是双向，甚至多向的，可以根据营销者、推广者、商家和消费者的意见动向随时进行修改。一部文化作品还可以由多名网络作者联合创作，甚至一个题材经由这种交互行为可以有多个构思、多个版本。

（七）生产与传播的即时性

文化产品或服务的网络生产消解了传统的生产过程，所有工作几乎可以通过互联网来完成。依靠互联网的海量资源和搜索引擎技术，文化生产者可以迅速检索到需要的信息。文化生产不再需要最终完成定版或定稿之后才可以进行传播或销售，网络文化生产可以阶段性即时传播，不再受传统的延迟传播、销售和延迟消费的限制。

（八）社交媒体成为主流文化生产社区

网络传播打破了大众传播的单向性，扩大了人际传播的互动范围，为社交媒体的发展奠定了基础。社交网络是随着六度分割理论在网络环境下的应用形成的虚拟的人际交往媒介。[①]基于Web2.0的社交网络不仅秉承了

① 唐兴通：《社会化媒体营销大趋势——策略与方法》（第2版），清华大学出版社2012年版，第3页。

Web2.0的用户参与和创作内容，更将传播方式由一对一、一对多演进为多对多的传播。这种传播方式增强了网络文化生产的交互性，鼓励网民的创作行为。以微博、人人网、Facebook、豆瓣网、天涯社区等为代表的社会化社交媒体正在成为网络文化生产的主要阵地之一。

（九）监测和评估的效益更明显

传统文化生产的绩效评估需要在文化产品或服务的交换价值实现之后才能进行，鉴于传统文化内容生产和传播的单向性，评估结果虽对文化生产活动有所借鉴，但仅限于对下一次文化生产活动的改进。网络媒体传播和网络文化生产的即时性特征，使文化生产活动成为一个动态的过程。生产者往往会一边创作一边传播或网络发行，接收者也可以即时追踪该文化产品或服务的所有动态。互联网交互技术的发展，为受者之间、传者和受者之间的零距离交流提供了平台，生产者可以通过研究受众的意见或直接与受者交流形成迎合多数受众需求的文化产品或服务。近年来，部分影视剧本和网络文学的创作采用了这种方式。影视作品采用边拍边写的方式，一方面可以节约制片方的成本，另一方面，对已经发展剧集的评价或对未来剧集的期待等评论影响剧本创作，使其更迎合观众的喜好，规避商业风险的同时，还可以获取更高的利润。网络文学一般通过连载的方式，吸引读者的注意力，然后根据多数读者的期待，创新性迎合，以获取较高的点击率。所谓“创新性迎合”，主要是指一方面迎合了受众的期待和需求，另一方面又通过创新带给受众意想不到的惊喜。文化产品或服务的实时评估和反馈能够及时改进当前文化生产过程，扩大经济效益和社会效益。同时，这种实时评估和反馈对其他的文化内容生产和再生产活动也具有一定的启发意义。

（十）低边际成本

传统文化生产虽然有着远低于制造业的边际成本，但是依然需要一定的物质和人力资源。文化生产的边际成本较低，网络文化生产的边际成本微乎其微，当第一份文化产品或服务创作出来之后，生产该产品或服务的边际成本很少，甚至几乎可以忽略不计。与传统制造业的边际成本递增的规律不同，网络文化生产的边际成本随着生产规模的扩大而呈现出递减趋势。网络文化生产，由于其复制和传播的便捷性，它的边际成本仅限于网费、电费和较短的时间成本等可以忽略不计的因素。因此，网络文化生产有着传统文化生产所没有的边际成本优势。

相比之下，网络文化生产方式从生产资料、生产主体、生产途径以及生产目的等多个方面颠覆了传统的文化生产方式。网络文化生产者除了传统的文化生产组织，广大网民无论是出于何种独特的目的都可以参与文化内容生产活动。网络传播的即时性、零边际成本和网民对自我个性的积极表达是受众参与网络文化内容生产活动的直接动力，在内容生产的过程中，受众在自觉或不自觉间也充当了文化内容传播者和消费者的角色。即时的文化内容生产和传播增强了受众之间的相互交流，也为文化内容生产活动提供了一个免费的、即时的大数据监测系统。这些优势都是传统文化内容生产活动所无法比拟的。在互联网平台上从事文化内容生产将是文化生产者未来探寻和发展的主要路径。需要强调的是，网络环境下的文化内容生产是对传统文化内容生产方式的变革，前文论述中笔者尽可能地突出网络为文化内容生产方式带来的不同，但这些不同并不是对传统文化内容生产方式的彻底颠覆和否定，传统文化内容生产方式中的主体、目的、过程等环节和要素在互联网时代依然发挥着重要的作用。

第三节 网络文化内容生产模式

数字和互联网技术为文化内容生产带来了三次重要变革：第一次变革是数字和网络技术使传统文化内容数字化、网络化发展；第二次变革是Web2.0使原创内容“大行其道”，包括PGC（Professional Generated Content，专业内容生产）和UGC两种生产方式；第三次则是多源头、多形式的文化内容跨平台、跨网络的创作、交流与合作。

综合上文的分析，网络文化生产是指网民利用文化资源在网络经济和网络环境下进行的文化产品或服务的生产活动。这个定义需要注意三点：

首先，网络文化生产的主体不再局限于特定的文化工作者或特定群体，所有网民都可以是网络文化生产的主体；其次，网络经济和网络技术环境是网络生产和网络文化产业发展的背景，网络经济的发展为网络文化生产提供了利润动力，网络技术环境为网络文化生产提供了基本的技术支持；再次，网络文化生产的结果是文化产品或服务，这也是当前文化产业发展中的重要内容，如网络文学、网络音视频等。互联网的普及应用，大大拓展了长尾效应在文化内容生产、推广和消费中的适用性。就文化内容生产而言，部分类型的文化内容依然要进行大众化的规模生产，但大部分文化内容越来越倾向于采用个性化、长尾化的生产方式，在大众文化内容生产和个性文化内容生产之间存在一个平衡点，平衡点的左侧是大众规模生产，右侧则是个性化内容生产（如图2-2所示）。网络时代文化生产的重心由创作产品转向生产优质IP（知识产权），但这并不意味着要摒弃传统文化生产方式，而是要充分认识到网络平台在文化内容生产中的重要性。当前成熟的网络文化内容生产方式有很多，在此笔者以生产者的构成作为区分标准，将网络文化内容生产模式划分为组织文化内容生产和个人的自媒体文化内容生产两类。对于这两种文化内容生产模式而言，即时互动和受众参与都是分析中的重点。

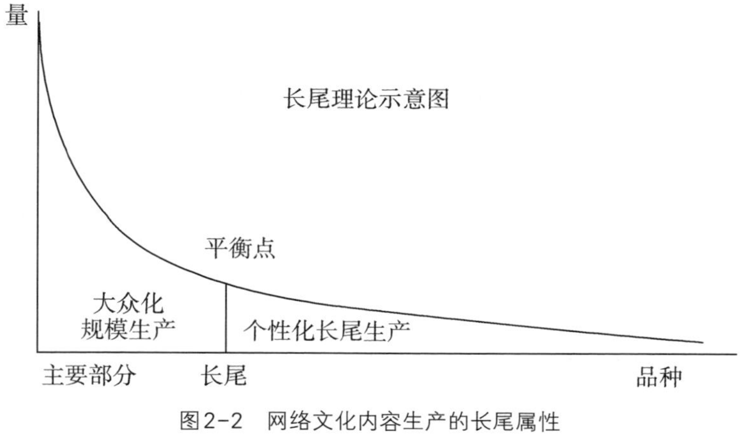

图2-2　网络文化内容生产的长尾属性

一、文化企业的内容生产

在互联网时代，文化内容生产组织除了传统的文化企业和文化单位外，还包括以网络技术和数字技术为核心支撑的网络文化企业，如音视频网站、网络文学网站、网络游戏平台等。文化企业和单位在互联网时代从事文化内容生产的过程中对互联网的互动传播效应的重视程度往往决定了其生产和传播活动的成败。基于网络传播和生产的特征，将信息作为生产资料借助网络技术生产出符合受众需求的“信息”和文化内容从而捕获更多的注意力，是网络文化内容生产组织从事一切活动的根本宗旨。文化内容生产组织将运营的重心由生产、推广和销售的渠道优势转向对优质内容IP的创作、发掘、控制和放大，“内容为王”在网络社会中大放异彩。

（一）用信息生产信息

用信息生产信息的文化生产模式主要适用于网络文化生产组织而非个人，属于个性化的“宏内容”生产而非“微内容”生产。该生产模式的操作方式呈现出规模化、组织化、程式化等特点，但其操作结果却具有个性化、便捷性、长尾化等特性，最具代表性的是网络搜索引擎的运作。

从1990年的Archie[①]创建至今，在经历了近30年的发展历程后，搜索引擎成为全球最重要的互联网检索工具。搜索引擎是信息和用户之间的桥梁，搜索引擎技术主要包括目录索引、全文搜索和元搜索等三种。常用的搜索引擎有百度、Google（谷歌）、网易、搜狐、搜狗、hao123、新浪等。其中百度、Google是全文搜索引擎，该技术的工作流程可分为组建数据库、搜索和排序呈现三个部分，其中组建数据库是指搜索引擎首先根据全面、即时更新等原则扫描所有存在于服务器上的网站，对网站信息进行分析、提取并建立网页索引数据库；当受众输入关键词进行搜索时，搜索

① Archie：1990年，由加拿大蒙特利尔的麦吉尔大学的三位学生Alan Emtage、Peter Deutsch、Bill Wheelan发明，是一种文档查询索引服务，可以自动索引因特网上匿名的免费FTP文件信息，并提供一种根据文件名称查询文件所在FTP地址的方法，被称为搜索引擎的鼻祖。

引擎就从数据库中筛选出所有相关信息的网站链接，并以相关程度的高低进行排序，呈现在受众的搜索结果界面上。全文搜索引擎往往采用机器搜索技术，即通过C++、Java等语言编写的自动搜索程序，实现全面的、即时的和排序的检索任务。网易、搜狐、hao123、新浪等属于目录索引式搜索引擎，这类网站将信息分门别类地放在网站首页上，受众可以根据自己的需求从各类别中逐级、逐层地找出自己需要或感兴趣的信息进行浏览。这类搜索引擎需要大量的网站编辑从事网络信息搜集、整理和分类工作，以建立自己的检索数据库。所谓“元搜索引擎”，是指在统一的用户界面上整合多个搜索引擎，为受众提供剔除重复后的、针对同一关键词的多个数据库检索结果。搜索引擎通过为受众提供免费的检索服务获取市场注意力，并据此获取巨大收益。截至2019年6月，我国搜索引擎用户规模达6.95亿，搜索引擎使用率为81.3%。[①]

从三种搜索引擎的工作原理可以看出，搜索引擎的工作过程都包含三个重要环节：采集信息建立检索数据库，受众检索，以及经分析处理后的信息呈现。这三个环节都是基于互联网上海量、免费、开放的信息运作的，对网络信息的自动或人工全面搜罗并建立检索数据库的过程，并不需要为所获得的信息付费。受众检索的目的是获取相应关键词的精准信息，搜索引擎在受众输入检索内容后从数据库中找出相关信息并根据相关度、热点程度等进行从高到低的排序呈现。在这个过程中，信息是搜索引擎工作的核心，是受众检索的目标，更是搜索引擎工作的结果，可以说搜索引擎的工作原理就是用海量信息生产出对受众有用的检索信息。在这个过程中，搜索引擎获取的信息是免费的，受众获取的检索结果也是免费的。这种全面、精准和免费的检索服务正是搜索引擎运营的核心竞争力。

搜索引擎的主要盈利模式有：

第一，竞价排名，其主旨思想是按广告效果收费，即根据用户的点击率进行收费。未被点击的信息不收费，点击的信息则根据点击次数进行收

① 中国互联网络信息中心：《2019年中国网民搜索引擎使用情况研究报告》。

费，为每次点击支付价格最高的广告会排在用户检索结果的前列，这已成为中文搜索引擎的主要盈利模式。它的工作原理是首先由搜索引擎运营商将客户的广告页面放入检索数据库中，然后根据客户对类似或相同关键词竞价的不同，在受众使用搜索引擎进行关键词检索时，呈现出不同排序的检索结果。一般而言，在用户检索结果中排序靠前的内容更容易获得较多的关注度，所以竞价排名广告效果较明显。

第二，固定排名，是指客户为获得相关关键词检索结果的固定排名而向搜索引擎运营商支付费用的方式。它不同于竞价排名的按效果支付费用，是广告商一次性地向搜索引擎运营商购买一定时间段内的固定排名。

第三，关键词广告，是指用户在搜索栏输入关键词进行搜索后，可以得到与此关键词相关的广告内容和链接，而这些链接则是根据广告主所支付的费用或受众的点击量进行排序。关键词广告可以分类两类：一类是将关键词广告的内容和链接直接呈现在受众检索结果的目录中；另一类则是在不影响检索结果的情况下将广告呈现在结果旁边的空栏。

第四，技术授权，由于搜索引擎对技术的要求很高，很多企业不愿花费时间和金钱去进行技术研究，就需要通过购买技术授权来解决该难题，如雅虎、AOL（美国在线）、宝洁等均使用Google的搜索技术[①]，搜索技术授权为Google带来了30%收入[②]。

第五，广告联盟，最典型的是Google的AdSense广告联盟，它可以分为内容广告和搜索广告两种。这种盈利模式的基础是广告联盟的建立，如果一个网站添加“Google提供的广告”就可以成为该广告联盟的会员。在这两种广告联盟中，前者能为参加联盟的网站运营商带来更直接、简单的收益，当某一网站在其页面上添加了与其经营内容相关的Google广告，并在该网站页面上获得了受众的点击，那该网站的运营商就可以从Google获得相应的广告分红；后一种广告联盟则是指在任一联盟会员的网站上都可

① 林渌：《Google的财富之门》，《环球市场》2003年第7期。

② 秦兴梅：《新媒体语境下搜索引擎的盈利模式》，《新闻知识》2009年第7期。

以快速进入Google搜索界面，这种方式有助于为搜索引擎带来更多的流量。

除了这五种主要盈利模式之外，随着网络技术的发展，还出现了一些新型盈利模式，比如个性化检索服务、收费检索服务等。在信息量无限而受众注意力有限的当代社会，用信息生产信息的生产模式在为受众带来便利的同时，也将创造更大的市场价值。

（二）大数据下的定制性文化内容生产

大数据是经济、文化竞争的新焦点，目前关于大数据的定义说法不一，但学术界普遍认为大数据具备以下四个特征：数据规模大（Volume），数据种类多（Variety），数据要求处理速度快（Velocity），数据价值密度低（Value），即所谓的四V特性。[①]大数据不仅包含传统意义上的受众数据库，还包含所有网络上的具备相关度的行为、链接等信息。大数据为文化内容的精准生产带来了极大的便利，主要表现在：第一，大数据环境下，受众更加明确自己的文化内容需求，并能够自由地表达、寻找甚至是介入相应的文化内容生产活动；第二，文化内容生产者在大数据环境下的生产目标更加明确，获取受众需求的途径更广泛，能够精准地针对受众的需求从事文化内容生产活动；第三，大数据和网络技术的推广应用，使文化内容生产方式越来越多样化。

首先，从受众角度来看，大数据为其带来了极大的信息便利，全面而准确的信息掌握能够使受众更加清楚自己当前和未来对文化内容的需求。受众需求在网络平台上有意或无意的发布是文化内容定制生产者获取大数据分析的基础。在网络平台的开放性和当代人们表达个性、宣泄欲望的推动下，人们越来越愿意在网络上分享自己的感受、认识和需求，主要途径包括状态发布、论坛讨论、文化内容评价和即时交流等。正如在下文中将要论述的微内容生产，这些网络分享活动本身也是一种网络文化内容生产活动，只是这些微内容除了本身的文化内容特质外，还是文化内容生产关联大数据的构成。通过对大数据的分析，我们能够及时、准确地了解不同

① 马建光、姜巍：《大数据的概念、特征及其应用》，《国防科技》2013年第2期。

的受众群体对文化内容的需求动向。以受众需求大数据预测为依据而从事的文化内容生产活动是一种典型的、迎合受众需求的定制文化内容生产。

其次，从文化内容生产者的角度来看，大数据不仅为其带来了定制生产的便利，也为其扩充了生产者阵容。以电视内容生产者为例，我国传统的电视内容生产者以体制内的电视台为主，随着文化市场的开放和繁荣，影视制作公司逐步加入电视内容生产活动。大数据环境下，三网融合和数字技术都使视频媒介极大繁荣，视频网站、视频终端以及各种在线和离线视频大大充斥于人们的生活。电视内容生产不再是特定单位、部门和公司所独有的权限，优酷、爱奇艺等视频网站及各种移动视频终端充当着所有人的视频内容生产平台，视频网站也成为文化内容生产的主力之一，如优酷的《万万没想到》和爱奇艺的《废柴兄弟》等自制内容都获得了良好的市场反响并积累了大量的粉丝。同时，投资制作人成立影视工作室（如高晓松工作室等）这一内容生产模式的创新使爱奇艺在自制内容方面取得了竞争优势。网络自制节目的种类也日益繁多，反映了受众的多元化和个性化等特征。电视内容生产逐渐转变为视频内容生产，没有极为复杂的审核程序，没有千篇一律的制作标准，视频内容开始“随性而生”。各种视频生产者之间和各类视频播放渠道之间开始逐步交融，在互联网上点击率高的个人原创视频同样可以登上电视屏幕这个“大雅之堂”，电视台、视频网站经营者、专业的视频制作公司乃至专业的制作个人之间的分工不再“泾渭分明”。在海量的视频内容充斥各种屏幕的同时，视频观看者的注意力被分散，所以为了获取更多的点击率、转载率、评价率，视频内容制作者对受众视频内容需求、兴趣点的大数据分析的依赖程度越来越高。实践证明，依托于大数据精准分析而从事的电视内容生产活动更易获得成功，如Netflix依据大数据分析制作的自制剧*House of Cards*（2013）大获成功。Netflix是北美最大的付费订阅视频网站，受众可以通过电脑、电视及iPad、iPhone等移动终端收看电影、电视节目，也可通过Wi-Fi、Xbox360、PS3等设备连接电视观看视频。Netflix有着超过3600万名用户的观看资料，用户每天在网站上产生超过3000万个操作行为，如跳过片头片尾曲、看到哪个演员出场会快进、看到哪一段剧情会重放等等。[①]Netflix根据受众在网站上留下的数据分析出有很多人在点播1991年的BBC经典老片《纸牌屋》，同时这些用户还喜欢大卫·芬奇（David Fincher）执导的作品和奥斯卡得主凯文·史派西（Kevin Spacey）主演的电影。[②]大数据分析为Netflix明确了受众喜欢的视频内容类型和演员，帮其发现《纸牌屋》会是点播热门、高关注度和口碑好的一部可投入制作的作品。同时，它借助数据分析和准确推送，将该剧的最新信息推送给忠实的观众群体，实现了粉丝效应和关注效应的再创造和再转化。

最后，大数据分析丰富了定制性文化内容生产方式，主要表现在：

第一，受众介入文化内容生产。受众介入文化内容生产的方式主要有两种，一方面受众在接受文化内容商品的过程中，也在即时地向文化内容生产者或经营者反馈着消费大数据，这些数据经过分析成为文化内容生产者改进或优化文化内容生产的主要依据；另一方面受众主动参与文化内容生产，这主要是指受众在接受文化内容的同时，也通过便捷的网络平台产生大量的互动内容，如评论、论坛交流、状态发布等，这些数据信息构成了进一步分析文化内容生产活动的大数据的主要来源。甚至，受众可以直接参与电视、电影剧本的创作，其作为消费者和生产者的界限越来越模糊。接入文化内容生产，不仅可以使内容生产者更精准地把握内容生产的定位，受众对某一文化内容的积极性和好奇心也被调动起来，这对于文化内容商品的经营而言是有利无弊的。

第二，全样本文化内容受众的行为评价使大数据分析更加精确。与传统文化内容生产之前的市场调研样本的局限性不同，大数据时代的市场调研和分析样本是涵盖全部市场信息的。数据存储和分析技术使大量的数据解读、量化分析成为可能。众所周知，调研样本越全面、样本数量越大，

---

① 高红波：《论大数据对电视内容生产与媒介营销的影响》，《现代视听》2013年第8期。

② 李冰、郄婧琳：《大数据、流媒体与视频内容生产新策略——美剧〈纸牌屋〉的启示》，《出版广角》2013年第3期。

调查分析的结果就越接近于客观事实，全面的大数据分析带来的明确的市场动向无疑是文化内容生产道路上的一盏明灯。

第三，多种文化内容生产渠道相互嫁接。如前文所述，大数据时代数据分析的精准性、全面性、真实性是以往任何一个时代所无法比拟的。大数据环境下的文化内容生产渠道多样，它不仅包含传统的文化内容生产、商业化的文化内容生产组织，还包括互联网媒体上大大小小、数不胜数的文化内容生产组织、群体以及个体网民。这些组织、群体和网民出于对文化内容创作、制作的热忱，而从事文化内容生产活动，也许他们的初衷只是满足自身的文化创作欲望，但大数据使所有在互联网上留下的文化内容生产痕迹都更轻易地暴露在公众和文化内容生产组织的视线内。不同生产主体之间的文化内容借用、嫁接、外包、引用等已经是文化内容传播界见怪不怪的现象。

在差异化个性需求日益占主导地位的今天，分众文化市场的力量不容小觑。定制文化内容生产是为了满足人们日益增长的个性化文化需求而诞生的，在个性和自我价值凸显的当代社会，定制性文化内容生产的发展空间巨大。定制生产的依据是大数据分析，随着数据存储和分析技术的进步，各行各业对大数据的依赖程度会越来越强，如何根据已经掌握的大数据拓展思维，创新生产出迎合并拓展受众文化心理需求的文化内容商品对于业界和学术界而言都将是一个重要的议题。

（三）交互式文化内容生产

所谓“交互式文化内容生产”，一方面是指在生产过程中借助生产者、推广者、消费者和观望者彼此之间的互动交流优化和完善文化内容生产活动（如图2-3所示），另一方面是指人与机器的互动。终端设备、网络技术的人性化发展，使受众与机器之间的互动越来越便利，人与机器间的互动性在文化内容生产领域集中表现为大数据分析对文化内容生产的指导作用。人与人的互动存在较多的可变因素，虽然互动的次数、条数、字数等可以量化，但是互动内容的感性色彩、主观表达等难以通过量化成数字为文化内容生产所用。这就需要文化内容生产主体充分重视和利用人与人的互动交流，在把握受众和市场需求的基础上生产出受欢迎的文化内容商品。交互式文化内容生产可以分为三种类型：一是受众直接、主动参与文化内容生产过程；二是受众之间的交流活动影响到文化内容生产；三是用户个体或群体交互性创作文化内容并发布。从受众参与程度来看，交互式文化内容生产也可以是受众定制内容生产的一种。

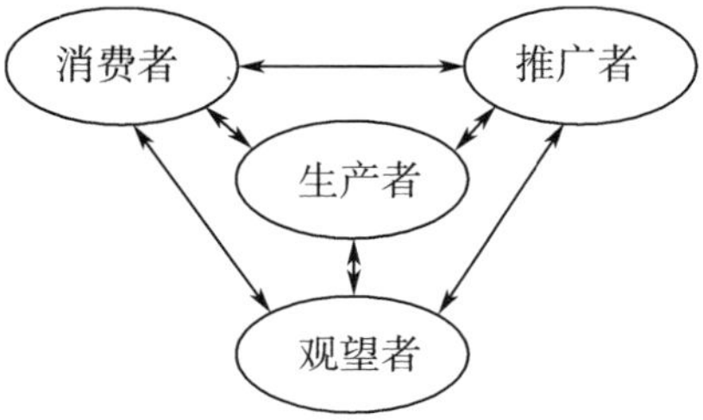

图2-3　文化内容生产者、推广者、消费者和观望者之间的交互性示意图

第一，生产者与推广者、消费者和观望者交互合作的文化内容生产方式，对于文化内容生产单位和组织而言，是应用最广泛的一种方式。该方式以文化内容生产单位和组织为主导，及时和选择性地吸纳、融合受众的意见实施生产活动。网络媒体具有互动性的特点，因此无论网络文化生产、营销还是消费，都具有各个环节之间的互动交流特征。让消费者做生产者，生产与消费密切互动合作，是网络文化生产所采用的最主要的模式，也是网络社会文化产业发展中最重要的生产模式。该模式下生产的文化产品或服务既与个人生产的文化传播色彩浓重的微内容有所不同，也不同于传统的宏内容生产，而是介于二者之间的文化生产模式。比较典型的有影视剧本、微电影、微剧、网络小说的创作等。生产与消费合作的文化生产方式多数情况下只适用于网络媒体环境下。传统的文化生产、营销和消费是单向传播，售后信息反馈也是单向传播。网络的快速传播和交互性等特点，使文化生产、营销和消费之间的沟通交流具有即时性和全面性的特征。网络文化生产活动在进行的过程中可以通过即时传播获得即时的反馈信息。许多网络文学、影视剧本的创作和娱乐网站的运营都采取生产与消费合作的模式。

社交电视作为一种支持受众在观看电视节目的同时相互沟通交流的技术和服务，真正实现了将受众在观看电视时的体验性嵌入内容生产过程，让受众参与节目的制作，包括决策和推广等各个环节。“追剧”在一段时间内成了大众娱乐生活的重要组成部分，影视制作方和投资方为了规避风险、保护产权和降低成本，采取边写边拍边播的新型影视生产和放映模式。该模式下，影视剧本也并非早已完成，每一剧集的播放都会带来众多的观众反馈，编剧一方面根据原有的剧情走向，另一方面根据观众的期待，进行商业化的创作。于是，市场上就出现了许多架空历史的历史剧，或者编剧为同一剧集准备多个结局以迎合观众需求的做法，比如《甄嬛传》《宫》等。同样，一个好的网络内容IP，在获得大量粉丝后也可以在受众的呼声中衍生出新的内容IP，比如受众对热播影视作品接拍续集的呼声会反向推动新的内容IP的产生。延伸内容IP顶着优质IP的光环，吸纳原IP及其衍生作品的粉丝，比其他原生内容有着更具优势的平台和发展起点。

凡是以经济效益为目的的文化生产活动，都会以迎合受众需求为第一准则。网络文学、视频、音频等的生产活动也不例外。在这些网络文化生产中，创作过程毫无保留地展现在受众或消费者面前，受众或消费者接受文化生产的过程也是他们自身主观能动性发挥的过程。于是，各种各样的评论或见解就出现在文化内容传播的网络平台上，或在作品的下方，或在某一论坛中。这些见解有的是以“跟帖”的形式对作品进行褒贬评价，有的是直接对作品提出修改意见。网络环境的开放性、对等性、交互性、个性化等特点，使这些意见也具有个性化和良莠不齐等特征。文化作品的创作者对此不会置之不理，他/他们往往会在保证自己的创作原则和宗旨的前提下，接受或迎合受众或消费者的意见，以适应多数人的喜好，通过获取高点击率将自己的文化作品转化为文化产品，从而开拓更广阔的市场。

第二，网络受众之间的沟通、交流间接影响文化生产活动，最典型的是社交网站的文化内容交流传播活动对相关文化生产活动的影响。社交网站是一个允许网民建立和共享个人文档、图片、视频、链接并组建群聊的网络平台，针对同一个话题开展的以文字、图像、音视频等各种形式的交流活动都是自由的、非功利的。正是这种非功利、原生态的受众心声才是文化内容商品经营者最应当听到的声音。受众在社交网站上发表的对某一文化内容商品的情绪、褒贬和建议往往是其对该文化内容商品的真实评价和建议。文化内容商品的生产者和推广者应当充分重视社交网站中关于其文化内容商品的各种声音，尤其是那些多数参与讨论和交流的受众都一致认同的观点，应当尽可能地将其融入改善文化内容商品的生产和经营活动中。这种交互生产方式，采取主动的是不同于第一种交互生产方式中受众的主动性。在这种方式中，文化商品生产者和经营者是积极主动的，而受众几乎是在不自知的情况下影响文化内容商品的生产，因此，这种方式也是一种间接的交互式的文化内容生产方式。

第三，受众以个人或群体合作的方式自主创作、制作文化内容并上传到网络空间进行传播，这种方式可以成为DIY的自媒体生产。与下文中全民DIY的内容生产的不同之处在于，这里DIY的自媒体生产是PGC文化生产的一种。

无论哪种组织和单位的文化内容商品生产方式，其出发点都是迎合受众需求。但是互联网时代的组织和单位文化内容商品生产活动，越来越依靠大数据分析和人机、人人交互交流的辅助。受众需求在文化内容商品生产活动的初始就十分显化，生产者利用网络平台直接或间接地与受众互动交流以获取第一手的受众需求动向。

二、自媒体环境下的全民DIY生产

媒体的发展主要经历了四个阶段：第一个阶段是口口相传的以人为介质的小众传播；第二个阶段是以印刷术、纸张、音像等为介质的大众传播；第三个阶段是以网络技术和数字技术为介质的网络传播；第四个阶段就是交互网络社区如BBS、微信、微博等为介质的个人自发交互传播，即自媒体阶段。“自媒体”的概念由丹·吉尔莫在2002年首先提出，2003年7月谢因·波曼与克里斯·威里斯在其联合撰写的自媒体报告中指出：

“自媒体是普通大众经由数字科技强化、与全球知识体系相连之后，一种开始理解普通大众如何提供与分享他们本身的事实、他们本身的新闻的途径。”[①]广播、电视、报纸等传统媒体属于“他媒体”，媒体从业者为他人制作内容的媒体，话语权往往集中在少数人手中。自媒体是相对于“他媒体”而言的，即“自我小媒体”，它是以个人为传播起点的媒体，是每个人观察世界、获得咨询、表达情感、进行相互沟通和交流的媒体平台。互联网诞生之前也有自媒体形式，如板报、自制画报等。微内容是相对于传统媒体批量生产的宏内容而言的，网络环境中的微内容是指由分散的网民所生产的任何内容，甚至是只言片语。[②]也就是说，互联网用户所生产的所有数据，比如一张图片、一条状态、一个链接、一段视频、一篇网络日志等，甚至是一次点击都可以被称作微内容。[③]早在几百年前，书籍还是少数人的文化消费品，读书人在书籍上所做的批注和修改是早期的微内容生产活动。互联网的开放性、即时性和交互性使微内容生产成为网络平台上独有的、一种大范围使用的文化生产方式，喻国明教授形容自媒体时代是“全民DIY”进行微内容生产的时代。所谓“DIY”是“Do It Yourself”的英文缩写，没有专业资质的限制，每个人都可以生产出表达自己的“内容”。[④]而基于网络的文化内容DIY，就是指全民生产、全民出版、全民传播、全民消费的新的文化产业生产和消费模式，越来越多的网络文化企业意识到网络生产内容（简称“网生内容”）的重要性而将其视为未来主要的发展方向。据合一集团（原优酷土豆集团）官方消息，优酷土豆的网生内容流量占比已经超过50%，合一集团将以构建去中心化组织机构和发展

① Shayne Bowman and Chris Willis, *We Media*: How audience are shaping the future of news and information.

② 范艳君：《微内容及其在图书馆服务中的新应用》，《图书馆学研究》2009年第11期。

③ 喻国明：《微内容的聚合与开发——未来媒体内容生产的技术关键》，《青年记者》2006年第21期。

④ 王爽：《互联网与文化生产变革》，《学术论坛》2013年第12期。

自频道战略来迎合网生内容带来的新机遇。[①]

从文化生产发展的历史来看，个人是最早的文化生产者。随着生产力水平和传播技术的发展，文化生产趋于组织化、程序化，并且形成了专门的文化生产机构。网络技术为传统媒体的文化生产活动带来了变革，文化生产机构得以和用户一起从事文化生产活动。书籍、报纸曾经以纸质形态传递文字信息，电视曾经是人们观看视频信息的唯一渠道，广播也从来都是单向传递信息的听觉媒介；然而，网络技术的发展和普及，使人们可以自行制作文字新闻，写作书籍甚至出版、发行，制作视频甚至拍摄电影和微剧，拍摄和传播图片，定制或点播广播内容等。网络媒体和传统媒体最大的区别是，传统媒体是由一个机构或团体起主导作用，而网络空间中，受众起主导作用。传统媒体越来越注重与网络媒体形态的融合，加强对受众文化生产的重视，比如，报纸推出《百姓记者论坛》栏目，与民众进行互动合作；山东经济广播推出手机客户端，用户不仅可以通过APP收听实时广播，可以预约或点播即将播出及过去的内容，还可以通过客户端与节目及主持人互动，或在平台上放置自己制作的节目供其他用户收听[②]；《央视新闻》入驻搜狐新闻客户端实现多媒体新闻播报，与网友互动并开展调查等。网络媒体为传统媒体进行自媒体生产和全媒体传播提供了技术平台，是用户文化生产得以实现的关键。

伴随着数字技术的发展和媒介融合的脚步加快，人类社会进入全媒体时代，网络媒体是各种大众媒体融合的交会点。自媒体在我国的盛行还是近十年的事儿，自2005年博客进入中国，截至2008年拥有上亿受众，到2009年新浪微博开通并于2011年达到发展巅峰，再到2011年腾讯开通微信社交工具，2012年开通微信社交公众号，我国自媒体开启全新发展历程。无论传统媒体还是新兴媒体，都将自媒体作为未来的发展方

① 腾讯科技：《专访优酷土豆CEO古永锵：多屏时代视频商业模式在变》，http://tech.qq.com/a/20150806/024888.htm。

② 武莉：《“山东经济广播”手机客户端推出》，《齐鲁晚报》2013年5月14日。

向。“网络提供了一个世界性的平台，使任何一个人都有可能成为出版发行者”[①]，互联网“平台的创建不仅让更多人能创作自己的内容，就创作内容开展合作；还让他们可以上传文件，以个人方式或作为自发社区的一部分将这些内容传向全球，不用通过任何传统官僚机构或组织”[②]。在Web2.0环境下，网民可以通过微博、维基百科、博客、播客、SNS（社会网络服务）、RSS（聚合内容）等手段，更加专业化地参与文化内容的原创性生产。

据统计，中国的自媒体账号仅仅在微信和微博，就有上千万个，在微博上，来自自媒体生产的内容，已经是传统媒体内容的10倍以上。[③]网民进行微内容生产的形式是多种多样的，但归其类别，主要可以分为三类。第一，用户原创的微内容生产，比如微博、原创音乐、视频、网络文学等。第二，用户补充的微内容生产，比如维基百科，它与传统文化生产最大的不同在于：（1）它最充分地利用了网络资源；（2）它不是一个人完成，而是由全网共同完成；（3）其内容可以随时修改和补充，可以进行有机的重新排列[④]；（4）每个人都可以是它的生产者，但同时，每个人又都是它的消费者。第三，用户的行为微内容生产，比如用户的评价、点击、快播等行为。但就微内容生产而言，不仅每个网民个体可以是微内容创作和传播的主体，一些专业的团队、公司等也可以是微内容创作主体。只是网民个人创作微内容是基于个性化、宣泄或表达的需求，而组织和团队的微内容则多有一定的质量要求、生产标准和品牌或内容推广的目的性。事实

---

① ［美］Werner J. Severin, James. W. Tankard. Jr.：《传播理论——起源、方法与应用》（第5版），郭镇之、徐培喜等译，中国传媒大学出版社2006年版，第259页。

② ［美］托马斯·弗里德曼：《世界是平的》，何帆、肖莹莹、郝正非译，湖南科学技术出版社2006年版，第73页。

③ 曹国伟：《数字时代的媒体责任》，http://tech.sina.com.cn/i/2015-12-17/doc-ifxmueaa3584835.shtml。

④ 赵有广：《文化产品生产方式创新研究——基于中国文化产品对外贸易》，经济科学出版社2013年版，第149页。

上，与其说互联网是进行微内容生产的网络，不如说它是进行微内容传播的平台。不是所有互联网环境下所产生的微内容都具有文化产业的产业特性，很多内容仅限于文化传播，而与经济利益并没有直接的关联。但从间接利益分析，网络自媒体的微内容生产活动，又都与经济效益有着千丝万缕的联系。微内容生产与文化产业的关联主要表现在以下三方面：

（一）微内容的直接经济效益——内容和服务输出模式

微内容生产的直接经济效益是指直接将微内容变为有交换价值的商品而获得的经济效益，它的实现具有一定的局限性，主要表现为微内容出版发行、直接的内容盈利和微内容服务等三种方式。

随着电子技术尤其是网络技术的发展，微内容的网络出版也逐渐发展起来。网络出版从传统的物流转变为信息流，从单向传递转变为双向互动，从以产品为主转变为以产品和服务为主，从基于形式转变为基于内容。[①]根据马歇尔·麦克卢汉在《理解媒介：论人的延伸》中的观点，如果说工业社会的出版是人的肢体的延伸，那么网络社会的出版则是人的大脑的延伸。网络出版完全以读者为出版导向，省去了传统出版中出版与读者之间的很多中间环节，使微内容的创作者与读者之间形成了互动关系，传受双方的角色可以随时相互转化。这种按需出版的模式能够很好地迎合消费者的需求，能以低成本获得高效益。微博、网络文学和学术期刊目前主要依靠网络出版获取经济效益。这类出版除了直接将文化内容在网络平台上公开传播外，还包括书籍出版、影视剧本改编等。相对而言，电影公司更乐于开发那些拥有版权的网络小说作为电影剧本的源头，原因是它们已经拥有庞大的粉丝群。[②]通过文化内容展示形式的再创造，用不同的艺术表达方式来呈现文化内涵是文化产业经营的核心。微内容作为原创者创意的网络呈现，不仅能实现作者的内容传播愿望，优秀的内容更能为作者和经营者们带来源源不断的收益。2015年暑期热播的电视剧《花千骨》在爱

---

① 周蔚华等：《数字传播与出版转型》，北京大学出版社2011年版，第47页。

② 陈少峰、赵磊、王建平主编《中国互联网文化产业报告2015》，第8页。

奇艺的弹幕总数已经达到600万，“花千骨”微博阅读量突破了67亿，引发超过872万人次参与讨论，还衍生出80余条子话题。该剧改编自Fresh果果的同名网络小说，并开发了同名页游和手游。随着我国对知识产权保护力度的加大，网络文学作为互联网文化产业重要的IP来源之一，在文化资本市场越来越受到重视，原创文化内容——网络文学成了互联网的热门业务。华西都市报主办的2014年“网络作家榜”中，排名前20位的作家版税人均600万元人民币以上，排名前10位的作家版税收入过千万元，排名前三位的分别是唐家三少（5000万元）、辰东（2800万元）、天蚕土豆（2550万元）。[①]在一份网络热传的“2015年最值得期待的电视剧”榜单上，近九成作品剧本来自网络小说，粉丝效应推动基于知识产权的网络文学、影视、动漫、游戏产业逐渐形成新的闭环的文化产业价值链。

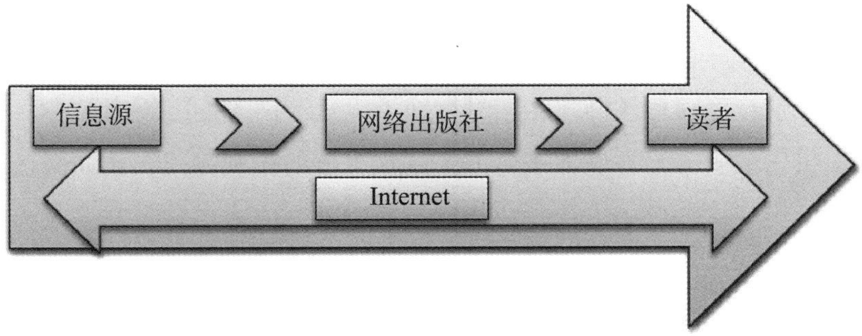

图2-4　网络出版商业模式[②]

许多国外的自媒体人在自媒体平台上分享自己的原创内容、专业经验等，通过设置捐赠模块，让认为可以为内容付费的受众直接通过自媒体平台向内容原创者付款。这是一种完全取决于受众体验的盈利方式，采取这种收益方式的自媒体人往往不是以经济效益为主要追求目标，他们更在意的是个人价值的实现和获得一定的名望，付款的人数和款额只是一种受众

① 华西都市报：《网络作家榜发布　唐家三少5000万登顶》，《华西都市报》2014年12月17日。

② 周蔚华等：《数字传播与出版转型》，第47页。

体验和受欢迎程度的衡量方式。更为常见的方式是，自媒体人通过微内容创作获取点击率、名望、地位和影响力，并借此获得其他的工作机会来获益，如专业人士的经验分享在达到一定的受众规模后，原创者便有机会成为培训师、举办讲座等，网络小说或写手在获得一定知名度后可能会转型为专业作家等，这些自媒体创作以外的效益是通过微内容分享获得的。在国内，继华晨宇、张阳阳后，2014年8月29日，歌手张杰就通过新浪微博的微音乐平台尝试过发售他的单曲《很奇怪我爱你》，单曲2元起售，上不封顶，粉丝可根据底价加价购买，短短4天时间下载人数超过了5万，更有粉丝单笔最高支付2万元。[①]王力宏、孙子涵等歌手也使用了该功能。网络游戏与视频结合催生出的网络游戏直播社区，通过明星主播加粉丝的模式，向受众提供增值服务、内容订阅等以获取关注，进而获得直接收益和间接收益（广告）。除此之外，始于2014年6月的微博自媒体计划也让不少“大V”获取了原创红利。除获取经济收益外，更重要的是这种方式有助于吸引、稳固粉丝群体，同时有助于优化、扩大推广效应。

提供增值服务是自媒体平台的另一种直接的盈利方式，比如微信朋友圈中提供海外代购服务、代收快递以及通过部分内容免费吸引受众为完整服务内容付费、定制个人服务等直接以内容或服务盈利的自媒体平台。比如2013年9月陈坤作为首个开通收费微信账号的明星，会员卡从18元包月、50元包一个季度、100元包半年再到168元包年，会员们不仅可以听到他的独家语音还能看到独家私密照。[②]名人在微博上的微内容创作活动所带来的明星效应是不可忽视的，一方面微博、微信作为名人自己经营的、面向公众的自媒体，能够使明星获得直面大众的机会，在维护自身名人身份地位和声誉的同时，就这些自媒体平台上发布的内容来看，名人为他人、文化内容和文化品牌在自媒体平台上所做的有意或无意的推广活动，

---

① 古珺姝：《张杰新单曲通过微博发售　粉丝单笔最高付费两万》，http://media.people.com.cn/n/2014/0902/c40606-25583581.html。

② 车利侠：《微信账号试水会员制吸金》，《北京青年报》2013年9月17日。

能够有效带动其经济效益。

（二）微内容的间接经济效益——广告和品牌

微内容生产的经济效益中尤以间接经济效益最为突出。微内容的生产平台提供商多免费提供平台以吸引网民在其平台上进行微内容生产，而后通过用户微内容的吸引力形成平台点击率、口碑效应和明星效应，并以此为卖点实现经济效益。名人在受众眼中充当着意见领袖的角色，许多广告商希望将广告投放到名人的自媒体平台上，或者通过这些名人的声音将产品或服务推介出去，从而获得名人粉丝的直接认同达到营销目的。自媒体人通过广告获得的收益与其自媒体平台和微内容受到关注的程度密切相关，关注度越高投放同一广告就会有更高的收益，要求投放在该名人的自媒体平台上的广告数量就会随之增多。但值得注意的是，在自媒体平台投放广告这种行为本身也会影响自媒体平台和微内容的关注度。

如何通过软文等方式将广告隐形化，将成为想要通过广告获得收益的自媒体必须克服的难题。点击率和明星效应是实现微内容生产间接经济效益的关键。以微博为例，微博以其碎片化、个性化、内容丰富、病毒式传播、互动性强、移动性强等特点，迅速在社会上普及。截至2012年12月底，我国微博用户规模为3.09亿，手机微博用户规模2.02亿，占所有微博用户的65.6%。[①]微博的盈利方式主要可以分为以下几种：第一，与通信运营商分成，手机微博用户数量激增，为移动通信带来了丰厚的流量利润，微博运营商与移动通信运营商的协作运营和利润分成有利于微博移动化的可持续发展；第二，提供VIP服务，越来越多的机构和名人都开始通过官方微博与大众进行互动沟通，收费的VIP账户服务能为微博运营创造一定的收益；第三，通过微内容生产获得高点击率和明星效应是微博实现广告运营的核心环节，也是微博内容收益中所占份额最大的一份；第四，搜索功能中的关键词竞价排名收费等；第五，充分利用微博天然的人际传播优势和社交群体影响力，开展微团购和微网购；第六，通过线上活动争取的赞

① 中国互联网络信息中心：《第31次中国互联网络发展状况统计报告》。

助，多用于公益项目。显然，微博的盈利模式中也包含了直接收费的获利方式，如VIP微博服务、与通信运营商分成等。但就微内容为自媒体人带来的间接效益而言，以微博、微信等为代表的自媒体为微内容生产者带来的更多的是由点击率、关注量和社交群体效应等产生的间接经济收益。

另一种微内容传播获取间接经济效益的方式是文化品牌的塑造和扩散。与以个体个性化、随意性大的自媒体用户生产内容形式不同，互联网还催生了一批以自媒体为支点的文化创业团队，他们多拥有专业的知识储备，并接受过专业的训练，生产出的微内容质量上乘、反映时事、迎合受众需求，并且部分团队本身还带有种子天使投资，他们有足够的资本进行自媒体平台的营销和品牌经营。比如成立于2014年9月8日的“一条”视频内容涉及生活、潮流和文艺，自从在微信公众平台发布第一条视频开始，短短半个月的时间粉丝就突破了100万，在其公众平台功能介绍中赫然写着“每晚8点，一条3分钟原创视频。生活、潮流、文艺”，简单明了的品牌定位和平台经营目标，让人们每天用最短的时间观看到最新的、原创的体现生活方式和潮流的视频，这不仅符合当代人快节奏的生活，而且通俗（达人厨房、隐世小店等）和高端（叶放说茶、美谈、艺术现场等）文化同时兼顾，更贴合多数人的审美需求。在为受众提供其需要的高品质视频内容体验的大前提下，创业伊始，创始人徐沪生大胆运用付费推广手段，迅速使“一条”被更多的人知道。由于品牌形象和价值在短时间内得到了集中呈现，成立后很短时间内，“一条”就拥有了千万级人民币的天使投资。高品质、精细化的视频内容是“一条”品牌的核心价值，但在经营过程中，“一条”并没有直接通过视频内容获取收益，他们对内容的孜孜以求为的只是用户的需求，同时他们的努力经营获得了广大粉丝的热爱，也为“一条”树立了良好的品牌形象和巨大的品牌价值。高质量的视频内容、严谨的受众至上经营理念和天使投资的注入将使“一条”品牌在自媒体产业经营中越走越远。

（三）微内容的社会效益——文化传播

微内容生产的过程也是其进行文化传播的过程，微内容直接实现经济效益的能力是十分有限的。正如前文所述，微内容的经济效益主要是通过内容吸引力带来的高点击率、关注度、口碑效应和明星效应实现的。同时，作为一种文化生产活动，经济效益固然重要，但更不能忽视它的社会价值，因此微内容的生产和文化传播就显得尤为重要。

微内容作为网络文化的重要组成部分，必然也是社会文化中的重要构成。微内容以其独特的生产方式和传播特性，比其他任何一种文化类型的传播速度都要快，传播范围都更广。微内容的生产方式更凸显了它的信息来源广泛、生产过程个性化、娱乐性、迎合性强等特点，它所带来的“蝴蝶效应”和“长尾效应”是任何一种文化资源所无可比拟的。因此，微内容自身的文化传播功能既是网络文化本身发展的重要力量，也是构建和谐社会的必要途径。当然，微内容的生产和文化传播活动必须有国家的法律法规进行规制，以使其健康有序的发展。除了微内容本身的文化传播功能外，社会主义核心价值观也可以通过微内容进行传播。总之，无论是微内容的经济效益还是社会效益的实现，都必须依仗微内容的文化生产活动，微内容生产是实现自媒体效益的根本动力。

以组织机构为主体的文化内容，网络生产活动的目的比较明确，要么是通过文化内容商品直接获利，要么是通过网络传播提升内容本身或生产主体的品牌影响力和点击率，并借此进一步实现市场价值开发。相对而言，网民的微内容生产活动则没有明确的功利性目标，人们在互联网平台上创作文化内容往往是出于自身的倾诉、表达、分享或发泄等情感需求，在其微内容商业价值转化的过程中，创作者是处于“被动”地位的，只有那些微内容获得高点击率和关注度的自媒体人才能获利。事实上，任何一种微内容获得效益的方式都不是单一的，更多时候同一自媒体平台、微内容获取效益的来源是多样的，在区分的时候我们也只能说它是哪种方式为主而不能过于绝对化。无论以个人还是组织机构为文化内容生产的主体，无论是否以获取利润和知名度为生产初衷，也无论将互联网作为传播工具还是生产平台，网络平台上的文化内容生产活动正在发生着激烈的变革。它正以传统文化生产方式为基础，突破着传统生产方式在网络时代的局限性。

第三章　互联网与文化推广变革

这里的"推广"特指文化内容的传播和推广，"营销"是市场经济中一个重要的关键词，本章将以营销为主线探索互联网为文化推广带来的变革。很多人认为，市场营销仅仅是销售和广告，但实际上，它们只是市场营销的冰山一角。世界著名营销大师菲利普·科特勒认为："市场营销是个人或集体通过创造并同别人交换产品和价值以获得其所需所欲之物质的一种社会过程。"[①]市场营销并不仅仅是一种市场行为，而是由一系列市场行为构成的动态过程。互联网的兴起和普及应用，对全球市场环境、文化内容、个人生活、媒介发展和市场营销等各个方面都带来了巨大的影响，网络营销是互联网市场、电子商务、受众需求和网络媒介发展的必然。营销者借助互联网上的资源和技术手段开展营销活动，营销活动的空间可以是线上也可以是线下，还有可能是线上线下融合交替。作为市场经济的产物，文化产业遵循一般的市场规律。文化营销就是文化产业市场营销，也称文化市场营销。文化市场营销是指文化企业站在卖方的立场上，根据营销环境的变化，通过变潜在交换为现实交换，满足消费者的需要，从而实现企业任务与目标所进

---

① ［美］菲利普·科特勒、［美］凯文·莱恩·凯勒：《营销管理》（第14版·全球版），王永贵等译，中国人民大学出版社2012年版，第6页。

行的与市场有关的一系列管理活动与业务活动的过程。[1]文化市场营销不同于传统的市场营销，主要表现在（如表3-1[2]所示）：

表3-1　　传统的市场营销与文化营销的4P比较

营销战略	传统的市场营销	文化市场营销
Product（产品）	强调便利、技能性	强调形象、梦幻、感觉
Price（价格）	合理的价格或优惠价格战略	原价加上文化附加价值
Place（场所）	大型商场、专卖店等场所	活用文化空间
Promotion（促销）	媒体广告、口传等	参与文化节目、体验营销等

文化市场营销是实现文化内容商品交换价值的桥梁，对文化产业的发展具有至关重要的作用。网络技术和网络营销促使文化内容商品营销有了新的工具、渠道和空间，互联网推动了文化推广的演进。

第一节　传统文化推广的实施

本书将网络营销出现之前的文化产业营销活动界定为传统文化营销。传统文化营销是在传统市场营销理论的基础上，由文化经济主体在市场活动中形成的文化营销理念和实践。

一、文化市场细分

文化市场有广义和狭义之分。广义的文化市场，是指文化产品或文化服务交换过程中所反映的各种经济关系的总和，它不仅包括文化产品或文化服务交换的场所，而且涉及文化产品生产者或文化服务提供者与其他产品生产者或服务提供者之间的经济关系；狭义的文化市场，则仅指文化产

① 赵泽润、蒋昀婯、许瑶编著：《文化市场营销学》，第13页。
② 朴世镇：《文化营销的战略及模式探究》，《商业时代》2007第8期。

品或服务交换的场所。[①]本书中的文化市场指的是广义的文化市场，它综合了一切与文化生产、营销和消费相关的经济主体和经济行为。1956年，美国著名市场营销学者温德尔·斯密（Wendell R. Smith）提出了“市场细分”的概念。文化市场细分是指文化企业在市场调研的基础上，依据文化消费者的需求特征、购买行为和购买习惯等方面的差异，将整个市场划分为若干不同的购买群体，以便锁定目标消费群的市场分类过程。[②]传统的市场调研主要包括发放纸质问卷调研、电话调研、实地调研等方式，通过这些方式可以协助研究者获取第一手资料，但也耗时耗力，涉猎样本的数量有限。随着互联网技术的发展和普及，市场调研的方式也有所革新并逐步扩大样本数量，克服传统调研方法存在的不足。文化市场细分有利于文化企业发现最好的市场机会，形成竞争优势，最终实现最大的经济效益。

依据前文对文化生产主体的分析，从文化创新生产的定位来看，广义的文化市场可以细分为三个层面：

（1）文化产品的个体创造活动，主要是为了满足个人需求，生产活动是自发的。这类文化市场多适用于艺术品的创作，虽然部分会流入市场，但不是文化产业市场中的主流。

（2）同一行业或领域的“专家”进行的以市场需求为导向的创造活动，如游戏开发者、软件开发者、评论家等，他们的创作活动首先要在同行内得到认同，然后才会在市场上推出。

（3）大众文化商品的生产和消费市场，是文化产业市场的主流。它多数依托于前两类市场的创作成果，通过市场化运作实现利润。个体创作除了可以当作艺术品进入艺术品市场实现价值外，还可以成为大量复制的蓝本。“专家”从事创作的作品，多数为文化企业研制批量生产的配方，是文化产业赖以发展的基础。行业评论者则为行业发展诊症，提出问题并和

---

① 阳光宁、张军占主编《文化市场调查与分析》，中国科学技术大学出版社2014年版，第3页。

② 蔡嘉清：《文化产业营销》（第2版），第157页。

从业者一起找出解决问题的对策。本书中所谓的“文化营销”适用于文化内容商品的生产和消费市场，即文化产业的主流市场。

除了地理因素，人口年龄、性别、受教育程度、收入等社会因素之外，文化市场细分主要依据以下几个因素：

（1）消费者、潜在消费者和非消费者，对社会大众进行区分，是最简单有效的市场细分方法。文化营销的作用在于巩固消费者的忠诚度，发掘潜在消费者的购买潜力，以及尽可能地将非消费者转化为潜在消费者或消费者。

（2）购买率或购买频率，购买率是指一定样本数量的大众对某类文化产品进行购买事实的比率，购买频率是在一定周期内购买某种或某类文化产品的频率。依据购买率或购买频率进行的市场细分，能够有效发掘忠诚消费者和开发潜在市场。

（3）文化品牌忠诚度，是消费者对某一文化品牌表现出的强烈的消费欲望和消费习惯。对文化品牌忠诚度进行由强到弱的市场区分，有利于精准确定目标市场。

（4）消费心理和动机，根据消费者进行文化消费的心理动机对文化市场进行细分，有利于实现文化营销信息的准确投放。

总之，对文化市场进行细分的基础是市场调研，目的是帮助文化企业进行准确的市场定位。

二、文化市场定位

市场定位是根据竞争者现有产品在市场上所处的位置，针对消费者或用户对该产品某种特征或属性的重视程度，强有力地塑造出本企业产品与众不同、印象鲜明的个性或形象，并把这种形象生动地传递给顾客，从而使该产品在市场上确定适当的位置。[①]文化产业具有精神性、文化性、创造

① 纪宝成主编《市场营销学教程》（修订本），中国人民大学出版社1995年版，第150页。

性、无形性、共生性等特征，与传统市场定位有所区别。文化产业市场定位是以文化消费市场为基础，以文化产品的特征为出发点，以消费者的需要和喜好进行进一步市场细分为手段，并最终在这些细分的文化市场中找到文化内容商品目标市场的过程。因此从根本上说，文化市场定位的过程就是通过对消费者市场的分析寻找目标消费者的过程。

根据文化产业发展要素来看，文化产业市场定位主要包括文化产品或服务的市场定位、文化品牌的市场定位和企业文化的市场定位三个层面。文化产品或服务的市场定位是文化产业中应用最广泛的，是文化企业实现经济效益的根本保障，也是建设文化品牌和企业文化的基础。通过对文化产品或服务的市场定位活动，可以锁定并稳固目标消费者群体，以实现有效营销。文化品牌是文化企业市场定位的形象化描述，是文化产品或服务的重要组成部分，是其在市场中运营的标识，良好的文化品牌形象可以增加文化企业和文化产品及服务的附加值。同时，文化品牌的市场定位是文化产品或服务市场定位的主要依据。企业文化是由文化企业的原则、宗旨、价值观、符号、信念等组成的，综合反映了一个文化企业的形象和市场定位。企业文化的市场定位一般与文化企业所从事的具体文化行业和经营理念有关。企业文化的市场定位是文化企业生存的法宝，也是文化品牌和文化产品、服务市场定位的指导思想。

文化市场定位的基础是细分的文化市场，因此，在差异化中凸显独特优势是文化企业实现利益最大化的首要原则。这种独特的优势主要表现为：

（1）独有的消费者群，这种优势主要表现为某种产品或服务的市场垄断性，是文化市场中最有竞争力的优势，但这种优势往往不会存续太久。

（2）文化产品或服务的竞争优势，它是指相对于竞争者而言，文化企业在某种文化产品或服务上具有成本、渠道、环境或物流方面的优势。

（3）文化企业优势，主要包括文化企业的规模优势和专业优势两种。其中，规模优势体现为文化企业拥有某种文化产品或服务及其相关衍生产品或服务的生产、营销和销售整个生产链条；专业优势则指在同类文化产品或服务中，文化企业表现出的水平更加专业、品质更好、更容易得到认可。

依据上述三种优势所进行的文化市场定位模式，可以分别被称为文化消费者定位模式、文化产品或服务的竞争定位模式和文化企业优势定位模式。但市场环境是复杂多变的，文化产业的市场定位不能仅依靠一种定位模式，多数时候需要融合两种或三种模式的要素进行SWOT整合分析定位，以规避单一模式所带来的不足，以及更精准地确定目标市场。

三、推广计划的实施和评估

根据市场定位，文化企业需要制订具体的市场营销计划。完整的文化营销计划应当包括：

（1）文化产品或服务在市场中的现状，包括市场份额、价格、销售量、利润率、文化企业在市场中的竞争状况等。

（2）明确销售目标，是指通过文化营销活动，文化企业要达到的销售量、利润、市场占有率等目标，但这个目标必须切合文化企业的实际情况。

（3）明确营销方针和策略，从文化企业的实际出发，选择适合文化产品或服务的营销策略和手段。传统文化营销主要是通过在平面媒体上投放广告、体验营销、促销等手段进行。文化营销策略主要包括产品策略、价格策略、促销策略、渠道策略等。

（4）预算营销收支，即文化营销的成本核算，目的是有效利用投入资源，提高效益。

（5）处理反馈信息，传统文化营销的信息反馈主要通过问卷调查、抽样调查等方法获得，对文化消费者反馈信息的处理，便于动态监督、调整和把握营销计划的实施，更有利于下一次的文化营销计划的制订。

营销计划的制订是将企业目标和市场现状进行整合统筹的过程，计划的实施则需要将文化营销计划逐一分解，并有针对性地实践。在这个过程中，需要随时对计划实施的情况进行监测，以评估计划实施过程中是否发挥了该计划的竞争优势，该计划是否有改进的余地等。同时，在计划实施的过程中，应当加强与消费者之间的即时沟通和联系，这有利于追踪消费者的反馈信息。根据这些反馈信息，文化企业可以适时做出文化营销策略上的改善，以迎合消费者的需求。更重要的是，这种对反馈信息的处理，有利于文化企业在今后的文化生产和经营活动中调整方向，以适应市场变化。在一整套营销计划的实施结束之后，企业要对整个文化营销计划进行综合评估，这是对一定时期内文化营销活动的总结，也可以为制订下一阶段的营销计划和策略提供参考借鉴。

总之，传统的文化营销活动在互联网诞生之前的文化产业发展中起了重要的作用。但由于其受地域、时间、文化差异等因素的制约，不能充分展示出文化内容商品的独特价值，文化营销目标的实现也常有诸多障碍。这些在网络营销时代都将发生巨大的变化，网络营销为文化内容推广带来了新的活力。

第二节　互联网为文化推广带来的变革

互联网的兴起对全球化、文化传播、市场营销、个人生活等各个方面都产生了重要的影响，为传统行业、文化产业创造了革命性的发展机遇。正如菲利普·科特勒所言：“新经济的发展带来了新的营销法则，网络营销是21世纪的营销。”网络营销是一切电子商务成功的核心，对于文化内容推广而言也不例外。网络文化市场中的文化受众和文化市场是碎片化的，在“长尾效应”的驱动下，网络文化市场和网络营销手段都是文化产业发展的新阵地。

一、网络推广简史

随着互联网的普及，网络营销已成为商品推广常用的营销方式之一，对消费者也已经产生了超越传统营销方式的影响力。网络营销是随着互联网进入商业应用而逐渐诞生的，1994年网络广告以及雅虎、Infoseek、Lycos等搜索引擎的出现，标志着网络营销的诞生，尤其是万维网、电子邮件、搜索引擎等得到广泛应用后，网络营销的价值才越来越明显。[1]互联网的发展经历了Web1.0——Web2.0——Web3.0的发展历程，在这个过程中，网络营销经历了概念和方法不明确——人们对网络营销的认识由感性上升到理性——人性化营销等三个阶段。

第一代从事电子商务的企业在经历了网络经济泡沫之后，实现了优胜劣汰，那些熬过困境的企业在随后的电子商务市场中大多获得了盈利。在Web1.0时代，网络营销的实质就是营销信息的网上播报。随着对电子商务认识的加深，人们开始探索互联网技术对营销的意义。笔者认为网络营销在我国起源于1994年网络广告的诞生，1996年才有商家开始尝试网络营销，但当时多数商家对网络营销一无所知。1997年以后互联网迅速发展，电子商务网站（如亚马逊等）、电子邮件和网络广告在中国大地开始逐渐普及开来。相对于传统营销，互联网营销的无时空限制性，能够加快营销的工作流程；互联网的全球化，有助于企业开辟新的市场；互联网的延伸性和公开性，可以使企业与大众进行有效沟通，互惠互利；互联网技术的自动性，有效降低了企业营销运营的成本，如此等等。在Web1.0时代，网络营销只是营销信息的电子化，人们对网络营销的认识也多停留在感性阶段，但通过对互联网认识的增强，人们逐步认识到网络营销的巨大发展空间。

博客等交互技术的发展推动了第一代互联网（Web1.0）发展为第二代互联网（Web2.0）。2001年网络泡沫破灭，我国网络营销进入实质性的应用和发展阶段。2004年，“Web2.0”的概念产生于出版社经营者O’Reilly和MediaLive International之间的一场头脑风暴论坛，在随后短短半年时间内该概念就已经深入人心。Web2.0时代是网络营销的主战场，主要表现在：首先，网络营销市场初步形成，网络营销环境日渐成熟；其次，网络销售和宣传网站建设日益健全，依靠互联网销售和吸引受众的商业观念开始深入人心；再次，网络营销从理论到实践都得到长

① 冯英健编著：《网络营销基础与实践》（第2版），清华大学出版社2004年版，第2页。

足发展。理论方面，在依托于已有的经典市场营销理论基础上发展出整合营销、关系营销、软营销、直复营销、服务营销、高科技营销、定制营销和全球化营销理论；实践方面，随着网络技术的进步，网络营销的手段和方式日益丰富，营销信息发布更加精准，与受众间的关系更密切，营销效果评估更容易，网络营销已成为商家营销推广的首选。如果说Web1.0技术将人与电脑联系到一起，那么Web2.0技术不仅加强了人与电脑的联系，更将人的日常工作和生活网络化。人的生活网络化的直接结果就是人的社交网络化。Web2.0更注重受众之间的交互，受众既是文化内容的接收者、消费者，也是网站内容的生产者。因此，基于Web2.0的网络媒体也可以称为“受众参与制作的媒体”，Web2.0时代是受众参与的时代。网络经济的长尾效应逐渐突显，网络市场的力量由卖家主导转为买家主导。网络营销由传统填鸭式的“硬营销”发展为受众喜闻乐见的“软营销”，受众参与的特性在网络营销中得到了很好的利用。受众参与制作网络内容是Web2.0时代的特色，也是网络营销优势的根本所在。受众的参与不仅能够增强“软营销”，能够通过受众的参与扩大营销信息的传播和影响力，更能够通过受众的口碑效应形成病毒营销。在这个“共同参与和合作创新的时代”[①]，企业和受众之间的参与性互动显得尤为重要，这种参与已经成为企业成功的关键。

当前的多数网络营销处于Web2.0阶段，并且伴随着网络经济的日趋成熟，发展出多种多样的网络营销模式和方法。在未来，电信网、广播电视网、互联网高度融合，传统的广播、电视媒体和电脑、手机等终端高度融合，传统媒体和网络媒体高度融合，无线网络提速并普及，信息对于用户而言更加精准化、人性化和个性化……谷歌公司前首席执行官施密特（Eric Schmidt）认为“Web3.0就是互联网应用的整合，它将表现出如下特

① 美国Nielsen媒体调研公司的说法，转引自［美］朱迪·斯特劳斯、［美］雷蒙德·弗罗斯特：《网络营销》（第5版），时启亮、孙相云、刘芯愈译，中国人民大学出版社2010年版，第15页。

征：网络应用比较简单，有着海量的信息，可以使用各种接收装置，互联网应用快捷而且个性化程度很高”。因此，Web3.0时代的网络营销可以更加个性化，甚至可以真正实现一对一的营销策略，网络营销的精准性和效率将会得到很大的提升，Web3.0时代经由技术创新使营销走向用户核心的理念。当然，Web3.0时代仅仅是我们对互联网发展方向的探讨和期待，人类真正进入Web3.0时代，还需要相当过硬的网络技术来支撑。

网络营销始于Web1.0技术的普及，发展和成熟于Web2.0的发展和广泛应用，并且正在为我国市场经济、网络经济的发展贡献着力量。在技术更加优越的未来，Web3.0将逐步优化并占据人们的网络生活主流。Web3.0时代的网络营销是以受众的个性化和人性化为主导的定制网络营销，它依托于受众的网络数据分析，以每一位受众作为一个细分市场，提供全方位的、精准的商业营销信息，是真正意义上的个人定制营销。当前我国正处于由Web2.0时代向Web3.0时代过渡的时期，受众地位日益凸显，只待网络技术中的关键突破就可以使网络营销迈上一个新的台阶。

二、网络文化推广的基础

在我国网络文化经济大力发展的前提下，网络文化营销遵循网络营销的一般规律和基础理论。但基于文化产业的“内涵解构性”，在应用这些理论的营销实践中，网络文化营销也有其独特之处。

（一）理论基础

营销传播理论就是有关营销的信息流的理论，所谓“信息流”是指信息的传播与流动，它可以分为三个环节：采集、传递和加工处理。网络营销的理论基础除了网络传播理论之外，主要包括整合营销理论、软营销理论、直复营销理论和关系营销理论。

1.整合营销传播理论

整合营销传播理论（Integrated Marketing Communication，IMC）又被简称为“整合营销理论”，是指为达到品牌塑造目的进行沟通的所有传播元素的整合，以及建立与消费者、利益相关者、内部员工乃至社会受众互利关系的全过程。[1]它有四个方面的含义：（1）以消费者为中心；（2）“用同一个声音说话”，消费者无论从哪种媒体所获得的信息都是一致的；（3）互动性和反馈性，即企业与消费者之间展开富有意义的交流，能够迅速、准确、个性化地获得信息和反馈信息；（4）目标营销，即企业的一切营销活动都应围绕企业目标来进行，实现全程营销。[2]有整合营销之父之称的美国市场营销学者唐·E. 舒尔茨（Don E. Schultz）教授将与顾客的沟通作为整合营销的出发点，把发展顾客和相关利益者的关系作为自己的价值核心。网络传播的即时性和消费者需求的个性化，要求企业必须把消费者整合到营销过程中。从理论上来看，网络整合营销理论已经偏离了传统营销理论中占中心地位的4P理论，而转向强调4C[3]理论。这主要是因为4P理论以企业为出发点追求利润最大化，是一条单向的链条；而4C理论则是以受众为出发点以扩大受众满意度为渠道获取最大利润，是多条多向的链条。文化产业的网络整合营销可以整合网络营销的长尾手段和长尾平台，通过线上线下几乎每个接触点向受众传播，能够最大限度地保证文化营销的效益。

2.软营销理论

“软营销”是相对于强势营销方式的一种新的营销方式理论，指企业以受众（或潜在消费者）的需求为出发点，以强化与受众（或潜在消费者）的感情和文化交流为内容，以吸引受众注意力为手段，而从事的一系列服务于文化企业经营目标的经营活动。它强调企业在进行市场营销活动时，必须尊重受众的体验和感受，让受众乐意地、主动地接受商品的营销信息。它与强势营销的一个根本区别就在于软营销的主动方是消费者而强

---

① 蔡嘉清：《文化产业营销》（第2版），第319页。

② 刘建昌主编《网络营销——理论·方法·应用》，清华大学出版社、北京交通大学出版社2010年版，第25页。

③ 4C：Customer（顾客的需求和期望）、Cost（顾客的费用）、Convenience（顾客购买的方便性）、Communication（顾客与企业的沟通）。

势营销的主动方是企业。[①]在传统广告和人员推销等硬营销中，营销者根本不考虑受众是否需要和愿意而进行强硬的乃至轰炸式的商品推广活动。软营销在改善受众体验的同时，有效地将传统营销中明显的销售意图隐藏起来，让受众充分感受到服务、尊重和满足。互联网的发展和消费者的个性化需求是软营销发展的根本动力。网络营销是一种软营销，不仅因为网民对强势营销的反感，还因为在网络上提供信息必须遵循一定的规则，就是“网络礼仪”[②]，即网络营销“遵守网络礼仪的同时，通过对网络礼仪的巧妙运用以获得一种微妙的营销效果”[③]。传统的强势营销在网络经济中更容易带来受众的反感，但强势营销和软营销都是文化内容商品推广中的重要方式，二者巧妙搭配往往能收到意想不到的营销效果。

3.直复营销理论

直复营销即“直接回复的营销”，也有人将其称为“直销”。“直”即“直接”，指不借助中间分销渠道而直接通过媒体连接文化内容商品经营者和消费者。网络销售和网络营销可以完全省去企业和消费者之间的中间环节。“复”即“回复”，指经营者与顾客之间通过交互、即时的信息传递和沟通，所带来的对营销信息的明确回复。网络销售和网络营销的流量和订单数据是网络营销中最直接的回复，交互评价更形成了网络营销的有效测评机制。美国直复营销协会（ADMA）认为直复营销是使用一种或多种广告媒体在任何地点达成交易或者可以度量的回复的一个互动的营销系统。直复营销的核心是“信息的双向交互交流”，通过这种交流将营销者与目标顾客联结成一个有机整体，即时的信息沟通和反馈有助于提高营销效率。根据这个定义，直复营销还具有地点限定消失（可发生在任何地点）和效果的可度量性（能够精准测量反馈）两个特征。电视营销、电话

① 方美琪、胡翼亮编著：《网络营销》，清华大学出版社2003年版，第13页。

② 网络礼仪：指互联网使用者在网上对其他人应有的礼仪，主要包括尊重他人、维护自己和他人的信息安全、遵纪守法等，其最重要的基本原则就是不请自到的信息不受欢迎。

③ 石晓军、李恒金：《网络营销理论框架刍议》，《中国流通经济》1999年第2期。

营销、目录营销等都是其典型形式。网络营销具备互动性、即时性、个性化、跨时空及其独有的数据库系统等特点，是典型的直复营销模式。

4.关系营销理论

关系营销起源于20世纪70年代对服务营销和B2B营销的研究。20世纪80年代，美国营销专家巴巴拉·本德·杰克逊（Barbara B. Jackson）提出了关系营销，是指获得、建立和维持与产业用户紧密、长期和持久的关系。[①]这种“关系”主要包括企业与客户的关系，与上游企业的关系，企业内部关系以及与竞争者、社会组织和政府之间的关系。[②]关系营销的核心是与消费者建立长期有价值的关系，通过提供购物折扣、客户交流和特别服务等方式培养客户的忠诚度，以保证交易关系能够持续不断地确立和发生，故而关系营销的重心是维系受众的忠诚度。研究表明，争取一个新消费者的营销费用是保留一个老消费者费用的几倍，因此，加强与消费者的关系是非常必要的。网络关系营销常用的方式有两种：（1）互动栏目设计，通过吸引访问者参与，建立买卖双方的人际关系，充分了解访问其特征和喜好，以便更直接地掌握第一手市场资料；（2）会员关系管理，主要依托于会员数据库的建设，利用数据库寻找目标顾客并留住顾客。因此，关系营销可以分为企业网营销、互动营销和数据库营销。[③]互联网是最便捷的沟通渠道，它可以在节约成本的前提下为文化企业维护好“关系”。

除了这四种基本理论外，近年来服务营销、高科技营销、定制营销和全球化营销等方式和理论也逐渐走入公众的视野。其中服务营销理论初创于20世纪六七十年代，它将传统营销的4P组合发展为7P（增加了人、服务过程和有形证据）组合，突出了无形性、不可分离性、差异性和不可存储性等特征。随着网络技术、数字技术和终端技术的发展，高科技产品令人们目不暇接，电脑、手机等科技设备正在高速地更新换代，高科技营销正

---

① Barbara B. Jackson, *Winning and Keeping Industrial Customers* (Lexington, MA: Lexington Books, 1985).

② 刘建昌主编《网络营销——理论·方法·应用》，第27页。

③ 同上。

是迎合了受众对高新科技的好奇和需求。相对于传统的标准化生产和销售而言，定制营销可以被称为零起点营销，它生产、推广和销售的一切起点都源自消费者的需求和信息传达。根据消费者在定制过程中的参与程度高低可以将定制分为：合作型定制（消费者不知道哪种商品更适合自己时采用）、适应型定制（消费者参与度较低只能根据有限的受众需求为其定制）、选择型定制（消费者根据不同需求对产品进行调整或变换组合满足需求）和消费型定制（消费者高度参与所需产品的设计）等。1983年西奥多·莱维特（Theodore Levitt）提出了全球营销理论，互联网从技术、时间和空间上解决了全球化营销的难题，为高效率的全球化营销提供了可能。在实施全球化营销策略时，必须注意文化的因素，一般与文化传统无关的产品、区域特色产品、全球标准化产品和高科技产品采用全球化营销策略更容易获得成功。文化内容商品的灵魂在于文化内涵，因此在借助互联网实施全球化营销策略时应当注意文化传统是否冲突、是否代表了某一领域的特色以及高科技因素的有效融入等几个方面。只有在心理上对文化内涵不抗拒的情况下，才能通过文化特色、技术和科技含量等吸引受众的注意力并形成消费。

（二）现实基础

文化产品和网络经济的“长尾”属性是发展文化产业网络营销的现实基础。文化产品的低复制成本、供应和需求的个性化扩大了文化市场的长尾效益；互联网是最主要的长尾市场，也是文化产业发挥长尾效益的主要平台。

1.文化产业、网络经济的“长尾”属性

科技和生产力的进步、经济的发展，使人们的闲暇时间和空置资源增多，这就为文化产业的“长尾”发展提供了可能。互联网经济是典型的“长尾经济”，低复制成本和低边际成本为互联网发展“长尾经济”提供了可能。文化需求的“长尾”属性主要表现在：文化内容市场规模扩大，文化内容商品种类日益丰富和个性化，高度的个性化导致文化需求的多样性等。在网络世界里，交易壁垒完全瓦解，商家进行营销活动的固定成本和边际成本降低，网络文化需求和供给也极大丰富。互联网加速了商业壁垒的瓦解，文化市场的商业活动得以突破传统文化经济的时空局限性。文化经济、网络经济是“长尾经济”的典范，文化经济因其内涵解构的差异性而呈现出需求和供给的多样性、丰富性，网络经济因其低廉的储存及分享成本、无时空局限性和受众的广泛性而发展为“万物联网”。在网络世界中文化内容商品市场的规模正在逐步扩大，日益张扬的个性正在突破传统文化内容商品的类别，长尾还将继续延伸，互联网为这个“长尾”文化市场铺设了一条康庄大道。

2.网络营销技术是基础支撑

技术是网络经济发展的第一生产力，它为人们的互联网生活提供便利、保驾护航。技术的更新和发展为网络文化增添了生命力，是互联网时代文化生产、传播和消费的基石。网络技术在网络营销中的应用主要表现为市场调研技术（如数据分析等）、网络营销组织技术、电子邮件营销技术、网络广告营销技术、网站营销技术、网络社区营销技术、移动营销技术以及营销效果评估技术等方面。其中对目标市场进行细分和市场调研技术是网络营销活动的起点，网络技术使调研者能够以最快的速度搜集到尽可能全面的信息，计算机的数据统计、分类和分析功能可在短时间内对资源进行量化分析。网络营销组织技术是指根据营销环境的变换通过互联网即时地对参与网络营销的各要素进行统筹安排的技术，这其中有预先设定目标值而由系统自动完成的统筹，也有人工根据数据统计信息进行的统筹。基于网站营销技术（网站商品展示技术、网上商店营销技术、数据库技术、信息推技术和拉技术等）、电子邮件营销技术、网络广告技术（软文技术、窄告技术、广告设计技术、投放技术、问答式广告技术和搜索引擎技术等）、网络社区营销技术、移动营销技术、营销效果评估技术等的发展，当前网络营销在各行各业都得到了重视。但无论技术如何发展，其最终目的是服务于人，因此未来的网络技术也必将更加人性化、个性化，网络营销将逐步演变成为网络信息服务的一种。

3.网络营销是当前最适合文化内容商品营销的模式

借助传统大众媒介（如电视、广播、报纸等）发布的营销信息对受众的影响越来越有限，受众的信息接受呈现出长尾化趋势。越来越激烈的文化市场竞争使成本更低、精准度更高的网络营销逐渐成为文化内容商品营销的主流。当前文化市场规模的扩大和市场竞争新环境的核心就是互联网。要应对这种新的竞争环境，在扩大的文化市场中获取效益，最有效的文化内容商品推广手段就是网络营销。消费者的主观能动性得到充分重视和发挥，是网络文化内容营销的一大优势。“意义解构”是文化消费区别于其他商品消费的根本。传统的文化内容商品解构主要是源于受众对文化内涵的个人理解。在网络环境中，任何人在任何地方只需要一台连接互联网的终端设备，都可以查询到任何他/她想知道的信息，因此，对已有相关内容的获取和借鉴，使受众对文化内容的解构也变得更加全面。但基于不同受众不同的理解力和成长环境，这种解构依旧存在着较大的差异性。在当前这个商品种类繁多的文化市场环境中，如何针对不同受众的解构特色推广不同的文化内容商品是文化市场营销成功的关键。综上所述，网络营销技术能够实现精准的信息搜集、分析和推送，并可以根据不同受众不同的网络生活习惯采用不同的手段实现文化内容商品推广营销。

文化内容市场和网络市场的“长尾”特色，为文化市场拓展了经营范围。网络营销技术的发展可以使文化内容商品推广更加人性化和个性化。因此，网络营销是最适合充满主观性、个性化的文化内容商品营销活动的推广方式。

三、网络文化推广与传统文化推广对比分析

传统文化营销主要是平面媒体对受众进行营销信息推广的运作模式。随着文化经济的发展，人与文化产品或服务零距离接触的体验营销得到了广泛的应用。网络文化营销是以互联网为主要手段，以新的方式、方法和理念，通过一系列营销策划的制定和实施，从而促成影响力的扩大或交易实现的文化内容商品营销活动。它是文化企业整体营销战略中的重要组成部分，是以文化企业的品牌形象、整体规划为宗旨，以提高销售业绩或品牌影响力为直接目标的一系列依托于网络平台的文化营销推广活动。网络文化营销不仅包括文化产业的网络“硬营销”，还包括文化产品或服务的

网络“软营销”，“软营销”是网络文化营销的特色。营销信息逐渐成为人们生活的一部分，互联网为文化产业带来了新的推广渠道、受众式传播者，使传统意义上的文化消费者、网民借助互联网这个平台和渠道更多地参与文化活动。相对于传统文化市场营销，互联网文化营销活动显示出其独特的优势（如表3-2所示）。网络文化市场营销最大的特点在于它的互动性和创新性。

表3-2　　传统文化市场营销与网络文化内容营销的区别

	传统文化市场营销	网络文化内容营销
营销内容	文化产品或服务本身	文化产品或服务、企业文化、文化理念、文化内涵、文化体验等
营销理念	满足消费者需求	满足+引导+创造消费需求
营销定位	大众文化市场	大众文化市场+分众、小众市场+碎片化文化市场
营销方式	人员推销、广告促销、电话促销	传统营销方式+网络营销（数据库、社交媒体、搜索引擎等互联网方式）+精准营销、移动营销
营销媒介	传统媒体（平面媒体、电视、电台）+促销人员	传统媒体+促销人员+互联网媒体+网民+手机+IPTV
调研过程	电话、调查问卷、数据统计分析	传统调研+网络调研+大数据分析
营销效果	文化产品或服务获得利润	传统效果+文化企业、文化内容品牌、形象提升
营销范围	时空限制性强	无时空限制，跨区域、跨文化
营销信息传播方向	单向性+有限的双向性	较强的互动性+高精准性的信息传递

互联网时代，文化产业形态有了新的构成，文化市场得到扩充，文化内容营销的手段也趋于多样化。例如基于互联网的电影营销，就完全突破了海报宣传、新闻发布、落地活动、户外广告等常规的营销模式，而代之以“运营粉丝、建立口碑、形成社群、创造话题、输出内容、与受众互动”的电影互联网营销模式。[①]但究其根本，获取利润依旧是文化市场营销

① 陈少峰、赵磊、王建平主编《中国互联网文化产业报告2015》，第70页。

的最终目标。互联网环境下的文化市场营销不仅包括传统文化市场营销还包括文化内容网络营销，对比文化市场传统营销与网络营销有助于在文化内容营销实践中选取合适的营销方式。

（一）营销内容无形化

与传统文化市场营销内容以文化内容商品本身为推广核心相比，互联网环境下的文化营销活动更趋向于无形化、“软”化，实体的文化产品或服务往往需要借助无形的文化内容、文化情怀、文化理念、企业文化、文化体验等获取受众的注意，并以受众的注意力为契机实现文化内容商品的销售。电影《美人鱼》就像一部票房收割机，“仅用了19天，累计票房就达到30.05亿元”[①]，它的营销正是抓住了“情怀”要素。对于“80后”“90后”而言周星驰这个名字深入他们的记忆、陪伴他们的成长，当年偶像执导的电影对于受众有着很强的黏附力，会勾起他们记忆中的情愫；同时，由莫文蔚和郑少秋主唱的电影主题曲更加强了情怀唤醒的力度。这种营销内容上的无形化使文化内容的内涵、意境成为营销的重点，彰显出文化内容商品与其他产品、服务最大的不同，也使得营销过程中营销主体的主导地位逐渐丧失，甚至在网络营销过程中文化内涵会有趋同或异化的改变。受众对文化内容的创新得到体现，某种程度上看，受众对文化内容的关注、创新和再生产程度决定了文化内容营销的成败。不管文化内容产品、服务还是文化内容本身，如果从营销开始到营销活动结束，文化内容丝毫没有被受众演绎、改变或创新，那就说明这次文化营销是失败的。这里的文化是精神性的，有某种内涵的，如果获取到网民的关注，个体网民的个性化特性和个性化活动就必然会在文化内容延续中留下痕迹。值得注意的是，在注重信息分享的网络空间中，受众的文化体验同样是网络营销中的重心，这些体验的主要价值在于它不是来自官方而是来自平民，来自万千受众中一些已经消费过、体验过或关注过文化内容商品本身或文化内涵的

① 新华社：《上映19天豪取30亿？给周星驰〈美人鱼〉票房算算账》，http://news.xinhuanet.com/fortune/2016-02/29/c_128761345.htm。

受众，他们的相关分享、发布往往比官方语言更有说服力，也更能代表受众对文化内容或文化内容商品的认同程度。将正面、积极的文化体验分享和发布作为重要推广内容，可以对潜在受众构成较强的吸引力。

（二）营销方式多元化

传统文化市场营销活动以文化企业的品牌广告、经销商和分销商的促销活动等为主。营销的主体都是经营主体，采用的渠道主要是实体商店、卖场，营销活动的主体是促销人员，采用的方式多为广告、优惠促销、现场体验促销等，这种营销方式的目的性（达成购买）非常明显。随着经济的发展、文化的繁荣，市场上文化产品或服务的数量不断扩大，与此对应的是消费者有限的注意力，注意力不能到达的地方，就无法形成购买力。因此，传统文化市场营销活动对于文化消费者而言，无法精确地满足消费需求且容易造成精力浪费。互联网的交互传播特性，使网民与文化企业之间、网民之间的沟通变得更容易，对大数据的处理技术，使文化营销信息能够更精准地到达有需求的消费者视野中，更容易实现文化企业与消费者的共赢。同时，消费者之间在网络平台上的沟通对文化内容商品而言也是一种软营销。除了传统的电话、广告和促销等营销方式，互联网环境中的数据库营销、搜索引擎营销、门户网站营销和E-mail营销等都能为促成受众主动消费推送精准的文化内容商品相关信息。社交媒体营销是通过话题讨论制造口碑效应实现营销推广，受众参与社交媒体中的话题讨论会无限增强受众对于文化内容商品的渴望和相关话题的参与，在社交网络中饥饿营销经常能获得意想不到的结果。《美人鱼》的饥饿营销就获得了巨大成功，自2014年7月至电影播出之前的一年多时间里不断有相关信息传出，从主角甄选赛到排期再到三段预告片的播出、海报投放等就为这部作品吸引了无数受众关注、参与和追踪。同时，以虚拟现实眼镜、头盔等为代表的虚拟现实（VR）和增强现实（AR）技术在体验营销（如视频游戏、虚拟旅游等）中的应用为受众带来了身临其境的体验。移动终端和网络技术使营销信息得以进入受众的时间碎片，精准营销更成了大势所趋。因此，受众的参与性、自发性、精准性以及“软营销”手段是文化内容互联网营销的制胜关键。

（三）营销定位的精准性

传统文化市场是大众文化产业化形成的，传统文化市场营销也多定位于由大多数人构成的大众文化市场。大众文化市场具有消费者和潜在消费者数量巨大、消费者需求高度相似且聚集密度大等特点。面向大众文化消费者的营销方式以在各种大众媒介上发布广告为主，营销的重点是抓住大众在需求和兴趣上的共性。针对共性进行营销活动往往更容易获取受众的注意力，并最终形成购买力，完成文化营销的目标。随着互联网的普及应用，海量信息迎面而来，分众、小众市场的文化需求逐渐显现并得到关注，互联网传播信息的低成本性使受众的碎片化文化需求更容易满足。因此，互联网时代，文化市场由大众文化市场、分众文化市场、小众文化市场和碎片化的文化市场构成。驱使这一市场构成形成最主要的因素是长尾经济效应，同时互联网传播和复制信息的便利、低成本乃至零成本，都为通过满足受众的碎片化文化需求获取利润成为可能。故而，文化内容商品的互联网营销不仅面向大众文化市场，更重要的是它善于和致力于捕获分众、小众和碎片化的文化市场。

（四）调研的便捷性、数据化

传统文化市场调研的方法主要有以往市场数据的统计分析、调查问卷和电话抽访等。数据统计分析法是指根据过去一定时间段内文化市场交易、文化消费增长、生产量增长等数据变化，来预测未来文化市场的发展规律。这种方式一定程度上能反映出市场变化，但由于数据统计有延迟性，且对未来文化市场行为的指导性并不是很精准，这种调研方法有比较明显的局限性。传统的电话抽访和调查问卷法较多地占用调研人员的时间和精力，样本量和样本范围确定的主观性容易导致市场调研结果不客观。文化市场网络调研克服了传统调研方式的耗时耗力性等问题，互联网的交互性和便捷性增强了网络文化市场调研的可操作性。大数据是互联网市场调研的一大亮点，网络技术使即时数据统计分析成为可能，信息流推广[①]、

① 根据用户的网络使用痕迹，向用户推送符合其喜好的信息，意在发掘所推广产品或内容的潜在消费者。

Hadoop[1]、云计算[2]为文化企业发掘潜在消费者提供了技术支持。大数据分析可以突破传统数据分析样本容量的限制，而在有限的时间内处理所有数据，这不仅克服了传统经济学分析中的滞后性，更彻底改变了传统经济学分析的工具、手段，为获取更全面的宏观和微观市场数据提供了支撑。

（五）营销效果的延伸性

传统文化营销的目的和直接效果是实现文化内容产品或服务的商品价值，营销活动是有终点的。由于互联网环境下的文化内容营销的无形化，营销主体并不直接将文化内容产品或服务的价值呈现在消费者面前，商品价值需要消费者去主动发现并完成交换。换句话说，文化内容商品的网络营销是一种全程营销，表面看来文化内涵和文化信息的传递甚至超出了文化内容商品推广本身。受众首先接触到的是给其留下深刻印象的文化内容，出于对文化内容的兴趣，受众会主动搜索甚至消费文化内容商品。因此，可以说，文化内容的网络营销效果就是通过文化内容和文化信息的传播获取足够多的受众注意力，而这些注意力最终成为文化企业获利的关键。与传统文化营销之间的另一个不同是，文化内容商品的网络营销不仅能通过营销活动获取经济效益，还能在营销过程中塑造文化品牌形象，并且品牌塑造和形象提升越来越成为文化企业网络营销活动的重点。这是因为，基于受众对于“硬营销”有明显的抵触心理，网络营销的“软营销”、关系营销特色更容易使受众对文化内容商品相关信息有明确的辨识和忠诚度。只有通过品牌形象维系文化企业与受众之间忠诚而稳固的桥梁，才能够在保证客源的基础上实现文化内容商品的营销活动。DSP（Demand-Side Platform）平台的出现和应用真正实现了以用户为中心的营销信息投放，它可以让营销者在毫秒内锁定目标受众、优化竞价策略并投

① Hadoop：目前较为流行的大数据处理平台，已经发展成为包括文件系统（HDFS）、数据库（HBase、Cassandra）、数据处理（Map Reduce）等功能模块在内的完整生态系统。某种程度上，可以说Hadoop已经成为大数据处理工具事实上的标准。

② 云计算：基于互联网的相关服务的增加、使用和交付模式，通常涉及通过互联网来提供动态易扩展且经常是虚拟化的资源。

放商品营销信息，这使营销者对文化内容商品的推广效果和受众信息接受率都得到大幅度提升。

（六）营销信息传递的交互性和广泛性

传统文化营销受到媒介形态的时间、空间限制，很多时候受众只有在固定的时间、地点才能获取到自己感兴趣的文化营销信息，错过这个时空点，要想获取信息需要耗费大量的精力。互联网的无界限多媒体传播在突破了这一时空局限的同时，海量的信息存储量和即时更新特性更使得任何个人都可以利用互联网轻松获得任何感兴趣的文化内容信息。传统媒介的“播式”信息传播特点，传统文化营销信息的流动是单向的，即便在少有的互动环节中，所收到的信息反馈也是有限的、滞后的。传统媒介的单向传播方式带来的市场营销活动属于“硬营销”，并且由于必须在固定成本下、有限的时间和空间内通过营销信息传递达成营销目的——销售，营销者往往容易忽视受众关系的维护。互联网时代，通过便捷的网络终端设备，受众可以实时参与到无论传统媒体还是网络媒体传播的营销信息生成和传播活动中，信息流动不再是单向的，而是变成双向乃至多向的。这种双向或多向传播，对于营销者而言，不仅能够使他们及时、即时地和受众建立互动联系，还可以帮助营销者利用受众自身的内容生产力（分享、转发、口碑等）推广营销信息。根据上文关于受众体验和分享信息对于营销效果的影响这一问题的简单分析，受众更容易接受来自受众的文化内容营销信息推广。同时，基于网络营销信息流的多向性和网络技术的支持，网络营销信息的流动具有更强的精准度。无论受众参与互动、受众分享传播信息还是精准推广都能大大促进营销效果的达成。

综上，相对而言，文化内容商品的网络营销比传统文化市场营销更有优势，充分认识这种优势对文化内容商品的营销推广有重要意义。但我们也应当清楚，网络营销也有缺陷，比如网络营销内容的虚拟性使受众难辨真假、社交媒体文化内容营销中谣言的产生和传播对文化企业造成不利影响等。在文化市场营销中，应当根据文化内容商品的特性选择适当的媒体实施推广活动，并加强营销推广过程的监控和引导。

第三节　文化内容网络推广分析

优质的、有吸引力的文化内容产品或服务是文化产业网络营销的基础。文化内容商品的网络营销模式、文化市场调研、方式和战略选择及效果评估等构成了文化内容商品网络营销的四个主要环节。

一、文化内容的网络推广模式

我们一般认为，把解决某类问题的方法总结归纳到理论高度就是模式。但不能简单地将模式与方式等同。经过一定时期的发展，网络营销形成了较为成熟的营销模式，这些模式多数也适用于文化营销活动。文化市场中的主体包括文化企业、文化消费者、文化机构、政府部门等。根据各主体在文化营销活动中主动性的不同，可以将网络文化营销模式分为B2C、B2B、B2G、C2B、C2C、C2G、G2B、G2C、G2G九种（如表3-3所示）；根据营销空间的不同，可以将网络营销分为线上营销和O2O营销两种。

表3-3　　网络文化推广模式

	文化企业	文化消费者	政府机构
文化企业	企业与企业（B2B）	企业与消费者（B2C）	企业与政府（B2G）
文化消费者	消费者与企业（C2B）	消费者与消费者（C2C）	消费者与政府（C2G）
政府机构	政府与企业（G2B）	政府与消费者（G2C）	政府与政府（G2G）

无论在传统的文化市场还是在新兴的文化市场中，长期占主导地位的文化推广模式都是文化企业与文化消费者模式（B2C）。互联网时代的到来，使文化营销和推广活动所采用的模式逐渐多样化。随着文化经济的发展，各主体在文化市场中的地位和角色也在不断发生着变化。

首先，从文化主体的地位来看，文化推广和营销的主体性被有意识地"隐藏"起来。文化企业从事文化推广和营销活动的目的是经济效益。在传统的文化经济环境中，文化企业往往是直观地、大张旗鼓地进行推销色彩鲜明的文化内容商品营销活动，所采取的营销方式以各种类型的广告为主，通过这些广告，公众能明显地感受出营销主体的目的性。在互联网环境中，网民是一切信息的受众，也是信息的生产者和传播者。互联网的交互性、开放性等特征，决定了网民网络行为的个性化、主动性，人们对赤裸裸的营销推广越来越反感，“硬营销”推广形式逐渐由主导地位退居辅助地位。相比之下，网民更容易接受广告意图较为“隐蔽”的推广方式，比如社区论坛中的口碑效应、微博推广等。由文化消费者主导的文化推广和营销活动，从根本上避免了鲜明的广告意图这一弊端。受众在互联网上的文化内容商品相关信息分享，往往源于其亲身体验或间接体验，其动机多为经验分享的心理满足。同时，作为文化内容商品的消费者，其推广和营销活动更具有说服力。文化消费者的网络文化推广和营销活动所形成的就是众多企业所期盼的“口碑效应”。作为文化市场的把关人，政府文化推广活动的目的公益性更强，更倾向于文化传承。因此，从文化推广目的来看，消费者和政府主导的文化推广活动，不以经济利益为宗旨，消费者注重文化内容商品的经验分享；政府注重的是文化宣传的长远目标，二者的营销主体的地位更容易被“隐藏”。文化企业迫于网民信息接受习惯的改变和突出的个性化，需要采用更亲民的方式，有意识地隐藏其主体地位，以便其营销信息的扩散和经济效益的获取。

其次，就各主体在文化市场中的角色而言，生产者、推广者、消费者以及政府决策和监督者之间的身份相互转化，各主体不再有明显的身份界限。文化企业作为文化产品和服务的提供者，其文化生产者的身份不再具有排他性。传统文化市场中消费者作为文化内容商品的接受者，只能被动接受文化企业的营销信息以及文化产品和服务。在网络经济环境下，网民既是文化产品和服务的接受者、消费者，也是文化产品和服务的生产者和传播者。网民这一群体在文化市场中不再具有固定的身份，文化生产者、传播者和消费者同作为网民的身份的界限并不鲜明，并且这三种身份在同一网民身上是可以相互转化的。文化企业作为传统的文化生产者和传播者，在网络经济环境下，能够及时获取文化消费者的反馈信息，与消费者"零距离"互动，并依此进行文化产业经营的改进，也正是这种互动性，给予了文化企业新的商机。同时，文化企业生产一种文化内容商品时往往需要以消费另一种文化内容商品作为基础，这样文化企业也就成为文化消费者。政府机构作为传统文化市场的监管者，在网络环境中，也时常积极参与文化生产、推广和消费活动。随着文化产业的发展，各级政府对于文化软实力的认识逐渐加深。多数时候，政府以服务公众为宗旨从事文化生产、推广和消费等文化活动的目的是进行文化形象塑造和宣传，以构建和提升区域文化品牌。当然，政府在实现文化宣传的同时，也为人们带来了文化享受。总之，文化企业、文化消费者、政府机构文化经济主体，兼有生产者、推广者和消费者等角色，且依市场环境的不同，同一主体可在不同身份间自由转换。

网络经济的繁荣给传统文化经济带来了冲击，也为文化经济的繁荣提供了机遇。移动互联网技术使线上线下之间的交互转换成为可能，并催生了O2O等新营销范式的普及。O2O就是在移动互联网时代，生活消费领域通过线上（虚拟世界）和线下（现实世界）互动的一种新型商业模式。[①]O2O模式包括"线上—线下""线下—线上""线上—线下—线上"和"线下—线上—线下"四种经营方式。线上线下互动的文化推广模式融合了线上推广的便捷性和线下推广的直观性，线上文化营销具有低成本、无边界、交互性、指向性强等特征，线下文化营销则具有直观性、体验性强的特征，O2O模式正在持续改变着受众的消费习惯。文化营销的线上线下互动模式，可以将网上营销的效应带到线下实体体验和消费中，可以将线上的无限性推广扩展到线下，可以更方便快捷地统计文化营销的各项数据，可以将文化内容及其商品广泛呈现在线上线下的各类受众面前，并且可以将受众体验即时直接地反馈给消费者。这种模式整合线上、线下营销的优势，对于扩大文化内容商品的效果有显著作用，电影票的线上销售

① 张波：《O2O：移动互联网时代的商业革命》，机械工业出版社2013年版，第11页。

（微信电影票销售、猫眼电影、淘宝电影、时光网、格瓦拉等）就是对线上线下两个平台整合应用的典型。线上线下互动的文化推广模式的应用越来越广泛，也预示着未来经济发展的新方向。

总之，根据参与主体身份的不同，文化产业营销推广有三个主体组成的九种模式；根据营销空间的不同可以分为线上营销、线下营销和O2O整合营销。网络经济发展的今天，文化产业营销推广的主体在身份和地位上都有所改变。互联网营销和线下营销的交互使用，扩大了新时代文化产品和服务营销推广的覆盖范围，增强了推广信息的到达率，也是未来文化营销发展的大势所趋。

二、文化市场的网络调研

文化市场调研与分析是文化内容生产、传播得以成功持续发展的基础。在文化市场调研基础上进行的文化内容生产活动是目的明确的、有针对性的，相应的文化营销活动也往往能够达到事半功倍的效果。相对于国内有关市场调研的理论及实践发展，国外市场调查无论理论、方法还是营销实践都处于领先地位。1993年美国学者马尔霍特拉（Naresh K. Malhotra）就提出市场调查是指个人和组织对有关其经济、社会、政治和日常活动范围内的行为、需要、态度、意见、动机等情况的系统收集、客观记录、分类、分析和提出数据资料。[①]市场调查也有广义和狭义之分，广义的市场调查包含了与企业、组织相关的一切市场信息的搜集、整理和分析，为企业的市场定位、市场行为提供指导，本章特指针对文化内容商品的市场调研；狭义的市场调查主要是针对消费者的消费需求进行信息收集和分析，侧重于指引企业的特定市场项目运作。

综合上文，文化市场调研是指采用适当的、科学的方法系统地、全面地搜集和整理与文化内容市场活动相关的信息，并对其进行科学判断、数

① Naresh K. Malhotra, *Marketing Research: An Applied Orientation, Sixth Edition* (NewYork: Pearson Education, 2009).

据分析以总结出相关文化市场的现状、行业竞争、市场规律和发展趋势等定性或定量指标，为文化企业的文化内容营销推广活动提供帮助。

一般认为，有效的文化市场调研需要包含五个步骤：确定研究问题——进行研究设计——搜集信息——分析信息——展示研究结果。其中确定研究问题是文化市场调研的第一步，应当注意研究问题不宜过于宏观也不宜过于微观。过于宏观的问题设定会导致对文化市场活动细节指导作用小，过于微观的问题设定则容易导致对市场把握不全面、不精确，影响市场定位和市场竞争活动。研究设计就相当于建筑图纸，所有的调研活动都依托于研究设计，它包括为解决某一问题所指定的数据搜集而制定的资料获取、调研方法、调研工具、样本选择及数据分析等内容的设计。搜集信息包括一手信息和二手信息的搜集，一手信息是为了调研目标而重新进行的访问、问卷调查等直接从市场获取的资料，二手信息则是在前人研究或调研中已经得到证实的信息资源。分析信息的方法包括定性和定量分析两种，两种方法各有利弊。对于可以量化的信息资源进行定量分析能够更加直观地通过数据呈现出文化市场的变化规律；对于无法定量的信息，则需要通过归纳、分类、对比和案例分析等方法进行定性研究。作为市场调研活动的集中呈现，研究报告综合了调研活动的全部信息，对文化市场活动具有重要的指导作用。网络调研使文化市场调研过程更加简单、省时和低成本，网络环境对调研中的任何一个阶段都产生了重要的影响，但究其根本网络文化市场调研的核心是无限的资源共享。通过共享的资源、共享的文本和方案、共享的方法等，文化内容商品市场调研活动能够获取更全面、更精准的市场资料，调研问题的设定更具针对性，分析方法和工具更加先进，调研结果的完成和分享也更加便捷。

根据调研内容、调研方法与文化内容商品调研的匹配程度，可以将网络调研分为直接的网络调研和间接的网络调研。直接的网络调研是指利用网络平台就研究问题直接进行意见、观点、数据等的征询和搜集活动，包括在线焦点小组座谈、网上观察、电子邮件调查和在线问卷调查四种类型。其中，在线焦点小组座谈是以定性调研为主，在网络环境中这种方式已经延伸到网络社区（博客、即时聊天、论坛等），因为网络社区参与者的草根性，它将大有发展为网络调研主阵地的趋势。间接的网络调研主要依靠专用数据库、RSS[①]搜索工具、搜索引擎和内容网站来查找已经存在的相关信息，针对预先设定的研究问题，结合搜集到的资料和信息，对文化内容市场进行分析，以找到预设问题的营销对策。

当前，进行文化市场调研的方法主要有文献分析法、问卷调查法、访谈法、市场观察法、实验法以及网络调查法。与传统文化市场调研的实地性、亲历性相比，媒介的发展使信息量扩大，信息获取更加便利，市场调研的方法也更加多样、灵活。文献分析法是指利用文化企业内部资料或已发表公布的文献资料收集、整理和分析相关文化市场的现状和趋势的方法。其中，文化企业内部资料主要是指各种业绩报表、数据库，已公开发表的资料则主要来源于已出版发行的图书、报纸、杂志，以及从互联网报道、讨论中获取的相关信息。文献分析法不受时间和地域的限制、成本低且获取信息广泛，但因获取文献的广泛程度的难衡量性、出版信息的延时性以及互联网信息的缺乏考证性都为文献分析法带来了不可避免的弊端。问卷调查法是一种相对成熟且被广泛应用于市场调研中的方法，它最大的优点是统一的问卷设计避免了受访者的主观性、答案的多样化等问题，便于对市场行为进行量化处理。网络调研克服了传统问卷调查的时空限制，但网络空间的不可控性导致样本选择难以明确，也为问卷调查带来了难以规避、难以衡量的受众选择层面的主观性。访谈法是指文化企业的市场调研人员对调研对象通过问答访谈的方式获取调研对象对当前文化市场的评价、文化内容消费的动态等信息。该方法有助于文化企业获取第一手的市场资料，但受访对象数量、结构上的限制性以及时间成本、定量或定性上的困难等均导致该方法不能全面地反

① RSS（Really Simple Syndication）：是一种描述和同步网站内容的格式，具有“聚合”来源多样的个性化内容、时效性强、成本低、信息有用性强、本地内容管理等特征。

映市场动态。观察法是指市场调研人员根据自己的双眼所见、双耳所听以及音视频录制工具的记录信息等文化市场原始资料，对文化市场的现状和发展趋势进行分析。它的优点是可以获取一手资料，成本低廉，但受调研人员的综合素质影响较大，客观性和准确性有限。实验法是指调研人员根据预先的实验假设，通过改变文化市场影响因素并测验、记录和分析文化市场活动的变化，以获取文化市场的发展规律。实验法获得的信息是市场的真实反映，对文化企业的市场行为具有重要指导意义，但它带来的成本、时效性和适用性等问题，终使其没有被广泛应用于文化市场调研活动。

互联网作为新型媒介的一种，网络调研被越来越多的调研活动所热衷。网络调研不仅包含了传统调研方法的互联网实现（比如网络问卷调查、网络访谈、网络观察法等），还包括了互联网独有的调研方式（网络讨论、分享等）。可以说，网络调研是一种集大成的市场调研方法，它规避了传统问卷调查的时空限制、人力限制和统计分析方法上的限制，增强了文献获取的便利性，并能最大规模地扩大调研样本的容量，为文化市场调研最大限度地节约成本，更快速地获取调研结果，网络分享的交互性更有助于增强市场调研的深度。但同时，因为调研对象多为虚拟的人或未经证实的文献信息，对调研真实性的把握就显得尤为重要。大数据分析最能集中真实地体现网络调研的便捷性和精准性。通过云计算和大数据分析可以快速寻找到文化内容商品的受众，同时根据受众浏览习惯、浏览历史、消费记录、喜好等个人信息，能够实现营销信息的精准推送。

综上，每种文化市场调研方法都有自己的优势，网络调研和大数据分析在网络营销中的应用势必越来越广泛。在具体的文化市场调研操作中，应根据调研内容、目的的不同，结合各调研方法的优劣势，选择适用的调研方法以保证调研结果的科学性、客观性、全面性和深入性。

三、文化内容网络推广的方式选择

截至2014年12月，全国利用互联网开展营销推广活动的企业比例为24.2%（如图3-1所示）。[①]

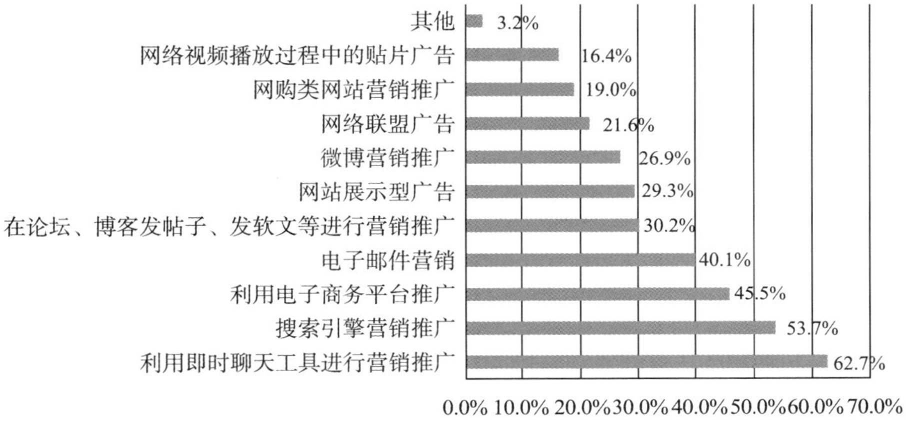

图3-1　CNNIC调查各种网络营销方式的使用率

在受众碎片化的时代，大众媒体、分众媒体只是品牌传播的一个端口，根据AISAS法则[②]，这些端口只是引发受众的好奇心，激励他们参与品牌的营销传播活动之中，或主动访问进行品牌营销活动的网站。[③]互联网是整合传统媒体与新媒体平台进行文化产品或服务的品牌推广和营销活动的最有力途径。由于文化产业具有精神性、文化性、时尚潮流性和个性化等特点，网络文化营销将成为一定时期内文化营销的主要途径。大数据是互联网文化内容商品营销的基础，通过大数据的搜集和分析，可以实现文化内容商品信息的精准推送和效果反馈。基于现有的网络营销方式，根据

① 中国互联网络信息中心：《第35次中国互联网络发展状况统计报告》。

② AISAS法则：由电通公司针对互联网与无线应用时代消费者生活形态的变化，而提出的一种全新的消费者行为分析模型。AISAS分别是：Attention——引起注意；Interest——引起兴趣；Search——进行搜索；Action——购买行动；Share——人人分享。

③ 曹芳华编著：《聚合营销：网络整合营销传播》，人民邮电出版社2010年版，第6页。

文化产业的特性，在网络环境中文化内容商品营销方式主要可以分为以下几种：

（一）数据库、大数据营销

数据库营销是1985年前后开始的一种直接营销方式。通过消费者数据库可以分析客户特征和购买习惯，并与消费者保持长时间、互动的联系，这样不仅可以在经营中补充和巩固数据库信息，还可以根据数据信息及时了解经营现状、预测消费者的需求动向。因此，计算机数据库在寻找目标市场和细分市场方面的精确度，远远超过简单的邮购目录或普通广告。①数据库的建立主要依托于会员制度，相对于传统营销方式，数据库营销的优势主要体现在以下四个方面：其一，数据库可以帮助文化企业更精准地找到目标受众；其二，通过数据库信息的变动规律能够及时把握市场变化，发现新的市场机会并有助于维护固定受众群体；其三，数据库营销注重与受众长期联系的建立，是关系营销的一种，同时基于数据库营销的交互性，它又是直复营销的一种；最后，根据建立起的数据库信息，可以针对不同类型的受众实施定制营销。

数据库营销是大数据营销的雏形，它强调文化企业对其商品受众信息的掌握和利用。大数据营销有更广泛的平台数据乃至全体网民的网络活动数据分析作为基础，它的核心价值在于受众行为分析，能够帮助文化企业完善文化内容商品的市场调研、市场定位、营销、销售和信息反馈等一系列活动。通过分析大数据能够全面归纳受众的行为特征，引导文化内容商品的相关营销活动迎合特定受众群体的喜好，以选择适当的营销方式实施精准的内容推广。同时，大数据在营销活动中不仅可以帮助文化企业调整市场定位，还可以对业内竞争对手的文化内容商品及其经营推广信息有比较全面、准确的把握。对于文化企业而言，大数据营销是一个获得市场份额的利器；对于文化受众而言，大数据可以改善其获得文化内容商品信息

① 孙锐、周宁、张红雨等：《网络营销：网商成功之道》（第3版），电子工业出版社2011年版，第109页。

的体验。但同时大数据分析还隐藏着个人网络隐私被泄露的风险，这就需要借助道德和法律手段加以规制和引导。

（二）搜索引擎营销

搜索引擎营销是指根据用户使用搜索引擎的方式，利用用户检索信息的机会尽可能将营销信息传递给目标用户。[①]搜索引擎对于网络营销而言有着重要意义：第一，如前文所述，搜索引擎是网络调研中的重要工具和手段；第二，搜索引擎对文化企业品牌、网站及商品有着不可忽视的推广作用。搜索引擎的发展历程也见证着搜索引擎营销由无到有，由简单检索到精准、全面的内容呈现，由免费到付费的过程：第一阶段（1994—1997年）将网站链接免费提供到搜索引擎，如Yahoo；第二阶段（1997—2000年）技术型搜索引擎崛起，如Google；第三阶段（2001—2003年）搜索引擎由免费向付费转变；第四阶段（2003年至今）从关键词定位到网页内容定位的搜索引擎营销方式，如Google AdSense。因此，真正的商业意义上的搜索引擎营销始于2001年，营销方式主要有三种：一是搜索引擎广告，即关键词竞价排名；二是搜索引擎优化，即关键词的自然排名；三是使用自动搜索匹配技术的网站联盟广告的投放。[②]

（三）社交媒体营销

"社交媒体"也称社会化媒体，是指依托于特定的网络技术，并允许用户创作、评论、分享、讨论沟通等交往活动的网站，该名词最早出现于2006年的电子书《什么是社交化媒体》中。社交化媒体的建立依托于"六度分割理论"[③]。1994年曙光BBS站的建立标志着社会化媒体在我国的诞生，之后几年间博客、音视频分享网站、百科、SNS（Social Network Site，如开心网、天涯论坛、人人网、即时通信群组等）、新闻组、微博、LBS（Location

① 冯英健编著：《网络营销基础与实践》（第2版），第113页。

② 孙锐、周宁、张红雨等：《网络营销——网商成功之道》（第3版），第166页。

③ 六度分割理论（Six Degrees of Separation）：它又称六度空间理论或小世界理论，其指出：你和任何一个陌生人之间所间隔的人不会超过六个，也就是说，最多通过五个中间人你就能够认识任何一个陌生人。

Based Service）、团购网站（如大众点评、美团等）、微信等形式的媒体形式如雨后春笋般快速发展。社交媒体生存的基础是大批网民自发的创作、交流和传播活动。网民根据自己的喜好和兴趣进入社交平台进行交流。社交媒体上的文化营销活动，就是依托于社交平台，由用户制作并在一定范围内共享的与文化产品或服务相关的文本、图片、音视频等内容，并由此对文化内容商品市场营销活动产生直接或间接的影响。社交媒体营销往往能够带来意想不到的收益，如电影《失恋33天》作为成本只有900万元的电影，获得“2100万的首日票房，上映首周票房就达到2亿以上”[①]的佳绩，应当首先归功于对微博“转发”分享的充分利用。社会化媒体分销信息的速度是异常迅速的，50%的受众都是在前6.5个小时内看到推荐再阅读文章的。[②]需要强调的是，社交媒体的文化营销活动多属于受众无意识的分享和点击行为。它与其他形式文化营销的主要不同在于，社交媒体的网络营销除了基本营销信息的发布外，还可以通过主题引导、信息植入等方式，引导网民的自发讨论和参与，在实现营销信息传播的同时，也更容易吸引消费者或潜在消费者的注意力。由于社交媒体营销的整个过程都是网民自发、主动参与的，它有比其他营销方式更加深入的营销效果。社交媒体是网上社交的主流媒体，文化内容商品包含着丰富的精神文化内容，这就使其更容易成为网民进行精神交流的话题。因此，口碑营销和“病毒营销”是文化内容商品社交媒体营销的典型形式。其中，口碑营销是指在营销活动中通过客户间的相互交流将自己体验过的产品或者品牌的信息传播开来；“病毒营销”是指让营销信息（信息病原体）在受众之间自发地、主动地像病毒一样快速传播和蔓延，是一种相对快速、高效的传播方式和营销手段。

（四）E-mail营销

电子邮件被用于营销可以追溯到1994年4月劳伦斯·坎特（Laurence

---

① 邵盈、徐旭：《从传播学角度探讨电影的网络营销新道路——以〈失恋33天〉为例》，《东南传播》2012年第3期。

② 陈少峰、赵磊、王建平主编《中国互联网文化产业报告2015》，第48页。

A. Canter）和玛莎·西格尔（Martha S. Siegel）的垃圾邮件营销，也被称为“许可式邮件营销”。E-mail营销必须同时具备三个条件：用户许可、E-mail传输、传输的信息对用户有用。基于用户许可的E-mail营销比传统方式具有明显优势，它可以减少硬广告给消费者带来的不适感，受众许可使其对信息的认可、接受度较高，并且能增加消费者和潜在消费者定位的准确度，便于加强与消费者之间的联系等。实现E-mail营销的前提是拥有用户的E-mail地址，这些地址可以是文化企业从消费者或潜在消费者的资料整理中获得，也可以是获取许可的第三方资源。同时，文化企业还可以根据用户的信息定制、邮箱注册记录等信息分析其喜好，实现个性化营销的策略。许可邮件营销不仅可以以低成本传输营销信息，增加销售量，还可以维护与受众的关系，建立受众数据库并分析受众数据。根据用户电子邮件地址资源的所有形式可以将许可E-mail营销分为内部列表营销和外部列表营销。[①]其中，内部列表营销是指利用网站的注册用户资料开展营销的方式，如新闻邮件、会员邮件、电子刊物等；外部列表营销是指利用专业服务商的电子邮件地址开展营销（即发送广告）。但在实施E-mail营销的过程中应当尽可能避免垃圾邮件，因为垃圾邮件会破坏营销内容和主体的形象。垃圾信息不仅不能够有效吸引受众吸引力，还可能会带来反感，致使受众采取屏蔽措施拒绝再次接收信息，更有甚者，垃圾邮件容易被黑客或不法分子利用而给受众带来精神和财产上的损失。

（五）文化内容网络体验营销

正如前文对体验经济的描述那样，体验是指企业以服务为舞台，以商品为道具，以消费者为中心，创造能够使消费者参与、值得消费者回味的活动。[②]体验营销是一种充分重视目标消费者群体人性化、个性化的文化内容需求的营销模式，它强调消费者的主观性。文化内容商品的消费过程也

---

① 李志刚、余蓉：《内部列表与外部列表E-mail营销的对比分析》，《企业经济》2006年第10期。

② 周志民、刘世雄主编《文化市场营销——体验的视角》，大连理工大学出版社2013年版，第17页。

可简单概括为文化体验。互联网普及之前的文化体验活动需要耗费大量的时间、金钱和精力，人们需要利用交通工具到达文化场所（如图书馆、书店、博物馆、旅游景区等），多数人在非必要的情况下常会因为成本（时间、金钱、精力等）原因而放弃或推迟到达这种文化场所。互联网实现了文化内容获得的时空便利，并且在获得内容的同时能够得到很好的自我满足体验。比如在哔哩哔哩网站上观看视频，不仅可以克服传统文化体验的时空局限性，还可以通过实时参与弹幕评论而使受众获得前所未有的观赏自由、参与"再创作"的成就感，即时交流还可以答疑解惑并消除观看视频的孤独感。这种体验性分享活动能够有效消除营销信息的违和感。虚拟现实技术和增强现实技术的进步，使足不出户的实景文化体验活动成为可能。当前，虚拟数字图书（馆）、博物馆、展览馆、景区等正在逐步发展和完善。人们通过互联网不仅能够获取实体文化场所的基本信息，还可以通过虚拟3D空间提前感受其中的文化魅力，形成营销信息对目标受众的吸引力。例如，传统文化旅游景区的推广只是通过各种形式的广告宣传，如果在互联网上能够见到其虚拟的3D实景，让消费者在决定到达景区之前，虚拟体验感受其秀丽的景色和深厚的文化底蕴，将有助于推动消费者做出消费决定，这不论是对于景区发展还是相关衍生文化内容商品开发而言，都具有重要的营销推广意义。

（六）门户网站营销

互联网是人们日常生活中必不可少的工具，许多人尤其是年轻人在做消费决策前都会到互联网上去查询相关信息。文化内容多数积淀了浓厚的传统文化内容，属于精神文明的范畴，有文化消费需求的人往往更有事先查询的需要，这就要求文化企业或某文化内容商品应当拥有自己的门户网站。作为商品的文化内容要实现营销的目标，需要借助网络平台为受众提供全面的文化服务，帮助消费者进入其文化需求者的角色。同时，门户网站是文化内容推广和营销的重要手段，也是其他网络营销方式得以持续的基础。门户网站营销中应当注意以下几个方面：首先，网站的设计和建设应当以服务特定受众群体为目标；其次，对营销信息内容的文案写作和设计应采取吸引受众的表达方式；再次，通过网页布局、按钮设置、文案、图像等信息吸引浏览者重复关注和消费；最后，购买流程十分便利，这包括购买步骤尽可能简化、支付方式便捷安全、物流快捷等。例如，演出票务网上会实时更新各剧团的演出信息（包括演出内容、背景、票价、地点及交通方式等），信息的全面性和便捷易取性往往决定了这种静态信息公告的营销效果。在成功吸引购买票务的同时，企业应尽可能提供较安全的、全面的、主流的支付途径和快捷的物流配送手段。这些门户网站也是文化内容实施搜索引擎、电子邮件、体验营销等其他类别网络营销的基础，受众要了解文化内容商品的详情主要还是借助门户网站。

（七）植入营销

网络植入营销主要包括影视植入营销、网络游戏植入营销和综艺娱乐节目植入营销三种。其中，影视作品植入营销是指将文化内容商品本身或品牌标志或可被识别的标识直接融入影视剧情中的隐形营销方式。这种方式起源于好莱坞，近年来被越来越广泛地应用于各类影视作品中。目前比较流行的影视作品植入营销方式主要包括：道具植入、场景植入、台词植入和主题定制植入营销等。当前各类商家对影视作品中的植入营销十分热衷，植入的方式也不再僵硬，而是融合性越来越强，商品、品牌与剧情发展存在着密切的联系，甚至成功的植入营销能达到“你中有我我中有你”的境界。网络游戏植入营销就是在网络游戏中植入营销信息，以实现营销推广的目的。网络游戏植入广告主要有三类：一是游戏场景植入，将广告嵌入游戏环境；二是道具植入，把文化产品或服务制作成进行游戏必不可少的道具嵌入游戏，通过潜移默化的影响，提高受众对文化品牌的认可；三是将文化产品或服务本身或相关信息作为游戏中某一关卡的情节或主题植入网络游戏，可以在互动性和娱乐性中减少受众对广告的抵触情绪。目前，网络游戏植入营销主要以IGA（In Game Advertise）——游戏内置广告的形式实现，也就是通过网络技术手段将文化产品或文化企业品牌信息植入网络游戏内部，在不影响游戏正常进行的情况下，以体验式、互动式的信息传播方式让目标受众在游戏的过程中接触广告信息或体验广告产品[①]，从而达到预期营销效果。娱乐节目营销始于影视作品的植入营销且发展迅速，一般认为2008年中央春节联欢晚会中的广告植入是娱乐节目植入营销在我国的正式开端。娱乐节目的植入营销主要通过品牌冠名、名人代言等形式进行，以道具、场景、台词、节目包装等方式呈现，让受众在愉悦地观看综艺娱乐节目的同时，以不骚扰受众娱乐兴致为前提，尽可能多地将品牌、商品或关联信息呈现在受众的视野范围内，以引起受众的注意力和关注，并最终形成深刻的品牌或商品印象，达到营销目的。以江苏卫视的《非诚勿扰》节目为例，据不完全统计，它的广告商有步步高VIVO智能手机、京东商城、伊利牛奶、新浪微博、百合网、奥康鞋业、雅格丽白、珍爱网和QQ家园等，分别以冠名播出、主持人口述、舞台背景设计、宣传片设计等方式实现植入营销。实践中，娱乐节目中的植入营销以冠名植入、背景设计植入和主持人重复口述植入三种方式发展最快，效果最直接。

上述七种网络营销方式，在文化内容推广和营销活动中都占有重要地位。大数据是文化内容商品网络营销的基石，作为数据库营销的无限拓展，它使数据分析的容量无限扩大、精准度大幅提高，实现了数据的即时分析和营销信息的精准推送。2014年用户网购时，遇到或者察觉到平台根据自己的浏览痕迹推荐商品的人群占57.6%，依据网民浏览痕迹的大数据营销已经获得了多数人的注意和认可。[②]隶属于阿里巴巴集团的阿里妈妈，可称得上是中国真正的享有大数据的数字营销平台，掌握着阿里巴巴集团核心商业数据。2015年8月，阿里妈妈推出全域大数据品牌营销产品——达摩剑，它可以将跨屏、跨屏设备、CRM（Customer Relationship Management），用户ID全打通，实现真正的真人识别，再加上用户的跨媒体行为、LBS位置识别、电商消费数据等，可还原用户的真正消费偏好，以及跨屏的全网行为轨迹，从根本上重新定义了目标受众网络广告的

① 曹芳华编著：《聚合营销：网络整合营销传播》，第119页。

② 中国互联网络信息中心：《2014年中国网络购物市场研究报告》。

主战场，微博和视频网站依旧是网络广告的常规投放。[①]但是值得注意的是，大数据分析依靠的是服务器，数据与社交的人不同，它无法分析一些难以量化的变量。除此之外，众筹[②]作为一种互联网融资方式，在具备风险小、融资便捷等优势的同时，也有助于扩大文化内容项目的知名度、有效地吸引潜在长期受众等营销作用。以文化内容本身和消费者体验的个性化为主旨的网络体验营销和大数据营销将是未来最有效的文化推广方式，也是文化经济和网络经济发展的主流。但无论哪种营销方式，都离不开网络技术革新的支持。需要强调的是，互联网时代文化内容商品的网络营销方式固然重要并日益占据核心地位，但这并不意味着对传统文化市场营销方式的完全摒弃。根据不同的文化内容商品、不同的受众群体的特性，传统营销方式和网络营销方式应各展所长。

四、文化内容网络推广的策略选择

营销方式是文化内容网络营销的桥梁，营销策略则是网络营销的行动指南。一般情况下，网络营销战略主要包括产品策略、定价策略、渠道策略、服务策略、沟通策略等，这些策略对所有商品具有普适性，也适用于文化内容商品的网络营销。究其根本，网络营销的核心是用户和平台，关键是连接（即连用户、连平台、连商家等）。针对文化内容商品的推广，首先，应当强调文化内容、内涵，有灵魂的文化内容商品才更容易吸引受众的注意力；其次，互联网信息的广泛性、高时效性和大数据分析的精确性又可以为文化内容商品的推广提供有效的支持；再次，依据文化市场竞争因素的变化和文化内容的市场价值实现方式的不同，对不同的文化内容商品可以通过实行不同的定价策略吸引注意力实现推广；最后，通过明确文化内容商品本身的特质，挖掘出其核心竞争力，并以此为中心实践营销推广。

① 陈少峰、赵磊、王建平主编《中国互联网文化产业报告2015》，第12页。

② 众筹：人人都可以成为投资者，用团购或预购的形式向网友募集项目资金并向网友提供一定收益和福利，如优先探班剧组、明星见面会等。

（一）文化内容产品策略

与其他商品一样，文化内容商品也分为核心产品、形式产品和延伸产品三个层次。文化内容商品的核心产品是能满足消费者文化需求的根本所在，这里可以将之理解为文化内涵、文化创意，它们是文化内容商品的灵魂；文化内容商品的形式产品是指文化内涵、文化创意经由物质介质承载的实物、实体或实地表现形式，如电影、电视、唱片等；延伸产品是与核心产品、形式产品相关的，为消费者提供文化消费附加体验和附加价值的产品形态，在核心产品和形式产品有较大影响力的前提下，延伸产品往往能借此影响力获得较大利益，比如由动漫形象开发出的玩具、游戏等皆属此类文化内容商品。从文化内容产品的这三个层次的划分可以看出，文化内容产业同样遵循产业链发展规律，文化企业要想成功，要把握好文化内容产品由创作到生产、流通、消费和再生产的各个阶段，根据不同的市场需求和文化内容商品发展动态，选择适宜的发展策略对文化企业尤为重要。同样，从产品自身的属性来看，影响文化内容商品的推广和消费行为的因素包括产品的内容、形式和生命周期等。

文化内容商品区别于一般商品的本质在于其文化内容属性。因此，文化内容产品策略首先应当强调文化内容。创新性文化内容商品的研发是文化企业保持企业持续发展竞争力的重要手段。文化产业发展的初始阶段，文化生产的目的是满足受众一般性、大众性的文化需求，因此可以将其称为大众文化产业。互联网经济时期，受众的个性被极大释放，分众和小众文化市场的长尾效益得到重视，文化内容商品的开发和设计还需要满足受众的个性化需求。文化内容商品所特有的文化内涵，无论是其形成的社会背景，还是文化内容的演绎过程都具有不可复制、不可逆的特性，同时参与文化内容演绎的人的差异性更是无法忽视的。因此，文化内涵是文化产业的灵魂。在网络营销中，通过互联网可以为任何文化内容商品找到有需求的受众，受众对文化内容商品的内容解读也可以通过互联网延续文化内容商品的生命。因此，文化内容商品的内容独特性和受欢迎程度决定了文化内容商品的质量和市场占有率。

文化内容商品要在商业化浪潮中脱颖而出，不仅应当依托于其独特的文化内容，商品介质的高科技性同样重要。创作和生产出具有吸引力故事内容的文化内容商品固然重要，但在科技发达的今天，人们的文化消费习惯已呈现高科技化趋势。电脑、手机等网络终端的智能性越来越强，占据人们的生活时间和空间越来越多，这种现象必然为广大从事网络营销的企业所看重。可以说电脑和手机，尤其是手机、平板电脑等移动终端将同样是文化内容商品市场营销的主阵地。同时，任何文化内容要成为文化内容商品，载体和传播介质都同样重要。要迎合受众对高科技的窥探、体验意愿，文化内容商品也需要高科技作为载体，比如3D、4D视频呈现和高山流水典故的现代科技工艺品等。文化内容载体的高科技性可以从产品本身属性的角度为其吸引更多的注意力，是文化内容商品网络营销产品策略的重点之一。目前，该属性更多地被应用于新的文化内容商品研发、工艺品开发和经典文化内容的再生产中。

产品在市场上的销售和盈利会随着时间的推移而不断变化。这种变化过程与自然界生物的生命历程一样，会经历出生、成长、成熟和衰退的周期，文化产品也是如此。[①]品牌是生命周期的延续，是文化内容竞争力的集中表现。值得注意的是，这里的品牌不仅是指文化内容本身形成品牌影响力，如“喜羊羊与灰太狼”“大闹天宫”等故事及形象本身，还包括网络营销中文化企业、文化内容商品乃至内容形象的影响力及互联网域名的注册，这些都是品牌的重要构成。文化品牌是文化内容商品生命力的象征，好的文化品牌有着经久不衰的影响力，域名的注册是品牌的标志。在域名的注册中应当注意：首先，所注册的域名应当有与文化企业或文化内容相关的深意，最好是可以体现文化内容影响力的深意；其次，域名的选择应当容易记并且能带给人深刻印象；最后，选择域名应当在遵循传统文化习惯的前提下进行，应避免不必要的文化冲突。

文化内容商品网络营销的产品策略与其他行业商品的产品策略不同，

① 杨东篱编著：《文化市场营销学》，福建人民出版社2014年版，第210页。

它需要突出表现文化内容的独特性和精神性。文化市场营销中，主要通过产品质量、大众需求、产业链经营、产品组合等方式实施产品策略。在这个过程中，营销者往往会根据文化内容商品的生命周期分段和市场规模采取不同的产品策略。在探索和起步阶段，文化企业会以强势推广手段将文化内容商品带入市场，并以培养受众信任和品牌形象为主，商品在文化市场中往往呈现质优价廉或高质高价。在文化内容商品发展时期，由于文化企业通过先期经营已经有一定的市场，在这一时期往往会以低价格和促销尽可能开拓更多的市场份额，在完成量的销售的同时，也为文化企业树立品牌。同时，文化内容商品的创新和改良也是这一时期的重要任务，这样可以保证企业商品与市场和潮流接轨，开拓新发展空间。成熟期的文化企业在保证市场份额和盈利的前提下，往往以文化内容商品内容和形式上的创新为主要经营内容。传统的产品策略无论是在技术、渠道、平台还是受众上，都无法与网络营销的产品策略相比，在具体的操作中，其对产品“质”与“量”的把握难度比较大，但网络技术、网络平台和网络受众的全民化为文化内容商品营销解决了这些难题。

（二）服务、沟通策略

网络营销服务就是以国际网络为基础，利用数字化的信息和网络媒体的交互性来辅助营销目标实现的一种新的市场营销服务方式。[①]出于对受众获取的便捷性和形成“回头客”环境的考虑，营销者应当充分重视文化内容商品的特性、卖点和优势在互联网环境中的呈现方式，并尽可能满足受众的个性化需求。在传统文化市场营销中，营销的主体多是文化企业或其委托的第三方机构，且多以组织的形式存在。而如前文所述，互联网使每一位网民都成为内容的生产者、推广者和消费者，网络营销行为的主体除了上述的营销机构外，还包括一些个人，如影迷、歌迷对偶像的作品的网络宣传和推广活动。文化内容商品的网络营销具有时效性强、低成本、整合性、成长性和个性化的特点。

① 李光明主编《网络营销》，人民邮电出版社2014年版，第164页。

首先，文化内容网络营销的形式具有多媒体色彩。互联网本身就是多媒体平台，文字、图片、音频、视频等形式的信息随处可见。网络营销中的信息服务也呈现出多媒体色彩。同时，这种信息的多媒体呈现，还可延伸为文化内容营销服务的多媒体互动，主要包括：不同网站之间的链接关联或称为互惠链接，传统媒体与网络媒体之间的信息互动，受众根据便利性原则在传统媒体和互联网上的多种信息形式交互传播等。文化内容商品的营销方式除了具备视觉、听觉上的多媒体性外，信息服务的形式也包含了多种媒介服务，如E-mail电子邮件、门户网站、社交软件服务、网络社区话题讨论等。其中，以社交软件和网络社区两种媒介在文化传播中的应用效率最高。这是因为两种媒介中的受众对信息的介入都是主动的，具有较强的针对性。门户网站的信息虽然全面，但是如何让受众主动进入网站页面是个问题。邮件推送虽然能使信息精准到达受众视野，但受众的“被动性接受”难以达到营销效果。

其次，文化内容网络营销服务具有时效性强和成本低的特点。因为互联网可以突破传统信息传递在时间和空间上的局限性，网络信息传播是即时性的、全球范围的，因此网络营销的信息服务具有时效性强的特征。这种高时效性有助于全球任何角落的文化内容商品受众在第一时间更加全面地了解相关信息。同时，这种时效性还表现在即时的、及时的、不同频次的文化内容和商品服务信息更新，有助于文化内容商品在互联网信息大潮中不至于被淹埋，信息更替的时效性同样有利于文化内容商品的信息服务。低成本是互联网信息传播独有的特征，它源于信息传播的高扩散性、受众的自发性、复制和传送的简易性和便捷性。网络文化内容营销服务能够在空间、人工、设备、通信费用和推广费用等方面为营销主体节约成本。

再次，网络营销信息的整合性强，且随着网络传播具备成长性。网络信息量大，种类繁多，针对同一种文化内容商品的信息服务不仅有营销推广者的推广活动，还有媒体和受众的自觉发掘、整合和传播。媒体常根据新闻热点的关注程度自发地选择目标进行报道，以提升自身的点击量、阅读量和关注度。文化内容商品的受众出于对文化内容商品的喜爱、兴趣，主动发布对文化内容商品的体验感受和经验，这在无形中有助于为文化内容商品及其品牌形成口碑效应。同时，在不同互联网社交网站上的来自受众的文化内容商品信息，还可能形成“病毒营销”的效果，这是传统文化营销模式难以企及的。文化内容因其话题性和故事性而对社区话题讨论有较强的适应性，更适宜于通过营造口碑效应和病毒效应实现文化内容商品的推广，且这种自发的“口口相传”更容易取得受众的信任。因此，文化内容商品的网络营销的成长性主要表现为媒介上相关信息的更新——营销主体根据商品、市场和销售情况所做的服务更新、受众的评价信息更新等。

此外，网络营销服务的个性化，表现为服务主体和受众的双重个性化——个性化的服务提供给个性化的受众，这是网络经济长尾属性的具体表现之一。

（三）定价策略

传统的商品定价依据是商品的生产成本和市场竞争环境。文化内容商品的物质成本一般较低，其市场定价主要呈现的是文化内容价值和市场竞争价值。文化内容商品因其文化内容的独特性，与其他商品的相似度低，市场竞争环境相对简单。互联网对商品定价的影响主要表现在互联网突破了传统商品的地域限制，也减少了商品销售的中间环节，改变了商品价格的构成。互联网市场充分体现了消费者的主导地位，同一市场环境中相同或相似的文化内容商品，消费者有权选择较低的价格进行消费。通过定价上的策略也可以达到文化市场营销的效果，如网络低价策略、定制生产定价策略、使用定价策略、拍卖定价策略和免费定价策略。

相同或相似的商品在互联网上有千千万万的卖家，在品质相近的前提下，受众往往倾向于选择较低价格的商品来消费。因为互联网信息的开放性和受众选择的自主性，网上商品的定价相对于实体经营而言多数是趋低的。基于利己原则，消费者进行网上消费一方面是因为其便捷性，另一方面是因为消费者可以通过对比全面的商品信息而选择购买性价比最高的商品。文化内容商品的低价策略主要表现为直接低价、折扣低价和促销低价三种。其中直接低价是指文化内容商品在网上直接以低价销售；针对会员或特定时期的折扣定价，能够将降价幅度直接呈现给消费者，让消费者感受到这种消费是“省钱”；促销低价一般以附赠赠品的形式实行，如购买电影票赠送冰激凌、爆米花或优惠券等。

定制生产的对象包括组织和个人。面向组织的定制生产虽然不如以往面向大众的大众化生产受众广，但其特点在于文化生产需要满足组织机构的特定需求。这种定制生产从生产过程到定价都是需要和定制方洽商的，在尽可能确保满足需求的情况下完成定制生产，并根据成本、利润额度与定制方协商价格，如宣传片的定制，应当在表达主旨、场景、时长、呈现方式等方面进行双方协商，定价则由生产部门的投入、盈利和定制方的承受力共同决定。面向个人的定制生产则比较具体，它只需要满足个人或一小部分人的需求，属于小众的文化内容生产。这种文化内容商品的定价主要由成本（人工、智力、时间、空间、设备等）、市场空间、市场潜力等决定。无论是哪种文化内容商品的定制生产，都离不开与定制方的协商，这不仅有利于文化内容商品提供者更清晰地了解消费者需求，而且精准的定价能保证买卖双方的利益，同时有助于稳定长期客户。互联网为文化内容商品的定制减少了许多中间环节，这种优势为定制生产厂商和消费提供了便利，但在定制生产定价时应当实施基本定价，同时保证清晰定价和协商定价。

使用定价策略的典型案例包括各大视频网站（如优酷、搜狐视频、爱奇艺等）提供的收费收视服务、社交网站的VIP服务、内容网站的下载服务和中国知网的收费查阅服务等。这种交易方式颠覆了传统的产权交易方式，主要通过对观看或下载的流量、次数或一定时限收费等方式获取利益。可以采取使用定价策略的文化内容多具有独特性，它一定是不能轻易通过其他方式免费获得的，并且对部分受众有较大的吸引力。互联网为这种以资源、信息服务收费的文化内容经营模式提供了便利。文化内容的独有性、不免费公开性、全面性、优质性等是采用这种定价方式的必备条件。

拍卖定价多针对稀有文化内容商品，如名家的艺术作品、限量版的卡通形象等。互联网普及后，人们可以通过团购的方式与供应商进行集体议价，这种新的定价方式也可以看作定制定价或参与性定价的一种。

互联网的发展使免费成为可能，价格免费是指文化内容商品以零价格的方式提供给消费者，其盈利点是吸引更多的注意力，主要包括两种方式：一种是文化内容商品或服务以完全免费的方式提供给受众，如受众并不需要为观看凤凰视频支付费用；另一种是部分免费，如视频网站对新上映的电影采取免费观看六分钟，但继续观看则需要支付费用。可以采用免费定价策略的文化内容商品往往具有数字化、无实质物质载体、具备长期收益等特征，可以通过以注意力为卖点获取间接效益。本书第五章将把“免费”作为一种商业模式进行详细分析。

价格是消费者在购买行为中最关注的因素之一，但并不是所有文化内容商品都适用于同一种定价策略。作为营销手段的低价策略固然可以获取一定的销量，但因成本和发展性的限制，它并不一定适用于每种文化内容商品；定制经济的发展要求文化内容商品的定价不能过于死板，文化生产和定价行为应当让消费者参与进来；使用定价适用于文化服务；拍卖定价则适用于稀有文化内容商品；鉴于文化服务的无形性，免费定价在未来的文化市场中有巨大的发展潜力。相对于传统产业，文化内容商品本身是有差异性的，即便是拥有相似使用价值的大众文化内容商品，其文化价值都是独有的，同时，受众对同一文化内涵的解读各有不同。对于文化内容商品而言，不存在无差异的市场，每种文化内容商品都是有差异的。因此，在保证文化内容商品独有内涵和生命力的同时，沟通和服务、价格都是绑定消费者的关键手段。

五、推广效果评估的关键

网络营销的绩效评价是指依据统一的评价标准，按照一定的程序，借助一套定量化和定性化的指标体系[1]，对文化企业网站和营销信息网站的

① 王挺：《网络营销绩效评价体系的研究评述》，《现代物业》（中旬刊）2010年第5期。

访问量、顾客服务、商品价格、实际形成的购买力以及由此带来的潜在购买力等进行综合评价，以达到总结和促进文化企业网络营销目的的动态过程。对网络营销效果的评价关系到文化企业营销策略的调整，影响营销主体改善营销服务，不同营销方式的评估方法也不尽相同。

文化内容商品的网络营销评估必须遵循以下原则：首先，目的性原则，评估的目的是准确、科学、客观和全面地反映文化内容网络营销的成效，这里的成效又可分为经济效益成效和影响力成效，针对不同成效目标的评估标准是不同的，经济效益成效更多关注的是通过网络营销形成的对文化内容商品的购买力和潜在购买力，而影响力成效则更侧重于营销信息的扩散程度，人们对文化内容或文化企业的熟知程度，以及品牌的曝光率等。其次，定性与定量分析相结合的原则，应尽可能地将评估指标量化，实在难以量化的指标要进行相对客观的定性分析。定量分析能够清晰直观地以数据的方式呈现网络营销的效果，对比起来比较容易，且定量分析得出的数据是客观的，评估者的主观性难以影响评估结果。定性分析的基础虽然是网络营销的客观现实，但难免在定性评估的过程中掺入评估者的喜好、观点等主观因素。在文化内容商品网络营销的效果评估中，受众的点击率、购买率、回头率、分享率等指标是可以通过统计实现量化的，而受众对文化内容商品的喜好程度则很难用统一的标准进行衡量，只能通过定性分析获得相对客观的评判。再次，客观性和科学性是网络营销效果评估的根本原则，只有尊重事实的分析评估才是科学的、客观的、有效的。这不仅包括所获取的评估对象——文化内容商品营销现状是真实的、可靠的，还包括评估所指定的指标和所使用的方法是科学的。文化内容商品网络营销的评估指标并不是一成不变的，拥有实物载体的文化内容产品和无形的文化内容服务从属性上具有根本差异，对待这两类文化内容商品的网络营销评估指标也应有所不同。

文化内容商品可以分为有形文化产品和无形文化服务，从评估的目的性出发，评估角度主要包括定性评估和定量评估两个部分。对文化内容商品网络营销定量评估的指标主要包括检索次数、因网络广告而形成的购买率、资讯服务成本、每千名顾客的广告成本、顾客增加比例、信息转载率、受众在线参与讨论或转载的次数、主题讨论组的订阅数、收益增长率和受众体验次数和体验率等。定性指标则是指受众对信息服务的满意程度等难以量化的指标因素。根据网络营销目标的不同，应对文化企业的网络营销评估的指标选择也应当不同。如果文化企业实施网络营销的目标是品牌影响力和知名度，对营销效果评估的指标应当包括：（1）受众对文化企业官方网站的访问数量和访问率；（2）受众对文化企业的文化内容商品的购买率；（3）文化企业的网络营销信息在社交媒体中的传播率、转载率等，其中社交媒体的传播率和转载率是该类网络营销效果评估中最重要的指标。如果文化企业实施网络营销的目标是促进销售，那么评估指标则应当选择定量性的指标，如购买率、销售量增长率、单位成本、利润增长率等。如果文化企业实施网络营销的目标是巩固顾客关系，则应当考虑的指标包括：顾客回头率、顾客的购买次数、金额以及顾客对文化内容商品喜好的侧重、顾客社交群体性行为的频率等。由此可以看出，除了以增加销售额为目的的网络营销评估指标中定量指标占主导外，另外两种评估指标兼顾了定性和定量指标。文化企业网络营销评估体系构建的基础是评估指标的选择，对于定量指标而言，能明确地体现出网络营销评估的效果；而定性指标则需要在分层级的基础上进行权重分配，进而实现量化评估。

网络营销效果评估还应当对营销过程进行跟踪评估、控制、修正和再评估。这就要求营销效果评估与网络营销同时进行，且不间断地根据上述评估指标做实事实时的效果考量，达到预期目标或超出预期目标效果的网络营销规划和实施方式、方法可以保留并继续应用，而未达到预期效果的营销手段则需要根据文化市场现实进行调整、修正后再次投入网络营销实践，同时应当跟踪修正后的网络营销方案的实施效果。需要注意的是，无论是否达到预期营销目标，对文化内容商品网络营销方案的定期或实时评估都需要持续进行，评估本身是一个过程而不是网络营销的终结。对营销方案的调整要立足于文化市场中文化需求的现状和市场竞争环境，评估本身不是目的，网络营销效果评估的根本目的是如何通过评估分辨出营销方案的好坏、利弊，并根据实际情况对营销方案做出调整和优化。说到底，网络营销和效果评估的目标是一致的，都是为了实现好的营销效果——扩大销售量或文化影响力。

目前，市场上常见的文化营销手段主要有文化企业自营和营销外包两种。企业自营是指文化企业有自己的文化营销团队、方法、手段和资源，根据需要实施营销并做出评估；营销外包是指文化企业以“雇佣”的方式，以绩效考核为标准聘用专业的营销团队实施文化营销，如《捉妖记》《美人鱼》聘用联瑞影业全权负责所有与发行有关的工作等。文化内容企业根据企业实力、营销能力和市场竞争情况等选择适当的营销主体，对于文化内容商品网络营销的成功有重要的影响。对文化企业网络营销的效果评估而言，流量统计分析是最重要的评估方法，评估体系的构建则应以层次分析法和权重赋予为主。因此，文化企业应当坚持科学的评估原则，选取适当的评估指标构建出层次鲜明的、量化呈现的评估体系，为文化企业的网络营销行为保驾护航。

内容营销、自动化营销、程序化营销等曾被认为是营销发展的“大趋势”，但转眼间这些营销趋势已经降格为营销工具。网络世界中的文化内容营销，不应该纠结于具体的营销手段或工具，而应该更加注重速度（创新和对受众需求响应的速度）、适应性（对转瞬即逝的变化的适应能力）、相似性（抵御相邻产业、相近领域等非竞争对手的颠覆性创新的能力）、规模化（整合资源的能力）和精准性（基于大数据分析的营销决策准确度）等几个方面能力的开发和完善。尤其是大数据分析下自动化定制营销系统的开发和应用，将逐渐占据文化内容商品网络营销的主流，大数据将成为文化企业决策的核心依据，虚拟营销助手和个人虚拟助手将被广泛推广和升级。无论对于生产、推广主体而言，还是对个体、群体文化内容消费者而言，虚拟助手将成为工作、生活中的重要组成部分。

第四章　互联网与文化消费变革

“消费”，英文为consume，从14世纪起，这一词在英文里就已出现。[①]在早期以生产为主导的社会中，该词的含义是“耗尽、浪费或毁灭”的意思，直到20世纪中叶，这个词才从负面意涵转为广泛应用的一般用法[②]，即消费是指使用商品和劳务以满足当前需要的活动[③]。它通常包括两种：一种是生产消费，一种是生活消费。“前者指生产过程中工具、原料和燃料等生产资料和活劳动的消耗，”[④]这种生产客体和主体的使用和消耗属于生产行为和生产过程本身，故而被包含在生产之中。生活消费指人们为满足个人生活需要而使用各种物质资料与精神产品的行为。[⑤]从历史发展的角度，由于在不同的历史土壤中萌芽、发展和成熟，并随着不同区域、不同时期经济、

① ［英］雷蒙·威廉斯:《关键词：文化与社会的词汇》，刘建基译，生活·读书·新知三联书店2005年版，第85—86页。

② 杨魁、董雅丽:《消费文化理论研究——基于全球化的视野和历史的维度》，人民出版社2013年版，第4页。

③ ［英］戴维·W. 皮尔斯主编《现代经济学辞典》，宋承先、寿进文、唐雄俊等译，上海译文出版社1988年版，第111页。

④ 欧阳卫民:《中国消费经济思想史·绪论》，中共中央党校出版社1994年版，第3页。

⑤ 文启湘主编《中国消费经济学》，西北大学出版社1990年版，第1页。

社会和文化的发展、变迁而变化，中国和西方在消费观念上也会不同（如表4-1所示）。

表4-1　　中西方主流消费观的发展历史与特征比较[①]

<table>
<tr><th rowspan="2">时间</th><th colspan="2">消费状况</th></tr>
<tr><th>中国</th><th>西方</th></tr>
<tr><td>公元前21世纪～前12世纪、11世纪</td><td>感性消费观：消费活跃，重仪式消费</td><td>感性消费观：消费活跃，重世俗消费</td></tr>
<tr><td>公元前12世纪、前11世纪～前9世纪、前8世纪</td><td>理性消费观萌芽：“奢侈一亡国”的政治认识逐渐成熟，开始人为限制消费活动，等级消费观深入人心</td><td>感性消费观：由于社会动乱、经济衰退，消费活动有所节制</td></tr>
<tr><td>公元前9世纪、前8世纪～前4世纪</td><td rowspan="2">理性消费观在理论上成熟</td><td>理性消费观：轻日常生活消费、重公共消费</td></tr>
<tr><td>公元前3世纪～前2世纪</td><td>感性消费：日常生活消费和公共消费都比较奢侈</td></tr>
<tr><td>公元前2世纪～5世纪</td><td rowspan="3">保守的理性消费观念获得主流地位：以黜奢崇俭为核心和主线，积蓄占据很重要的一部分；实行严格的等级消费，奉行上层消费与下层消费、仪式消费与世俗消费的双重标准</td><td rowspan="2">理性消费观：禁欲主义</td></tr>
<tr><td>4世纪～16世纪晚期</td></tr>
<tr><td>16世纪晚期～19世纪中叶</td><td>理性消费观：一方面，生活水平提高，消费活动活跃起来；另一方面，处于资本主义的原始积累时期，提倡节俭的消费观</td></tr>
<tr><td>19世纪中叶～20世纪中叶</td><td>传统的保守消费观受到冲击，被动接受西方消费方式</td><td>主动的理性消费观：大众化消费时代，形成以私人享受、提高生活水平为目标的主流消费观</td></tr>
<tr><td>20世纪中叶～20世纪70年代末</td><td>节俭的平均主义消费观念：严格抑制消费</td><td rowspan="2">后现代的理性消费观：由大众消费向充满审美和文化意义的消费过渡，从各个分割的区域性消费走向融合的全球性消费</td></tr>
<tr><td>20世纪80年代至今</td><td>保守的理性消费观念再次受到冲击：在全球化的语境下，物质消费呈上升趋势</td></tr>
</table>

① 杨魁、董雅丽：《消费文化理论研究——基于全球化的视野和历史的维度》，第81页。

文化消费有广义和狭义之分。广义的文化消费是指人的一切精神心理满足的社会实践；狭义的文化消费主要是指人们对一切关于以文字和其他表达形式为载体的意义符号的消费，包括对一切文化消费品和文化劳务的满足和享受。[①]本书所论是狭义的文化消费概念，属于消费中的生活消费。但归根结底，文化消费是物质消费的社会化转移。20世纪50年代末到60年代初，随着二战的结束，西方国家经济复苏，物质经济繁荣，受主动理性消费观的影响，人们的消费中心开始向以私人享受、充满审美意义的全球性文化领域转移。而我国的文化经济则是在改革开放之后才开始兴起的，经济的发展、文化需求的增长、文化内容产品和服务种类的增多，以及传播媒介的变革，逐渐带来了我国文化消费的繁盛。

第一节　传统文化消费的特征

本书中的传统文化消费，特指互联网普遍介入文化产业运营之前的文化消费。正如前文所述，文化消费作为生活消费的一种，是伴随着物质剩余的日益增多而逐渐发展起来的，主要是指人们为了满足自己的精神文化生活需要，而采取不同的方式来消费精神文化内容商品的行为。本书中的传统文化消费时期亦特指新中国成立以来至互联网在我国普及应用之前，也就是20世纪四五十年代至20世纪末。本章试图在对比传统文化消费和网络文化消费的基础上，通过对文化消费特征的概括和传统文化消费构成等的分析，剖析互联网为文化消费带来的变革。基于文化内涵作为文化消费与物质消费的本质区别，文化消费普遍具备共享性、重复性、隐匿性和传承性等特征。其中，文化消费的共享性是指消费者对文化内容商品的消费不具有排他性，任何一个消费者对某文化内容商品的消费行为不会影响其他消费者对该文化内容商品的占有和再消费；文化消费的重复性是指文

① 胡惠林:《文化经济学》(第2版)，第120页。

化内容商品可以被重复消费，并且因为文化消费者自身能动性的发挥，重复消费不仅不会消耗文化内容商品的价值，而且有利于实现商品价值的增值；文化消费的隐匿性主要包括两个方面，其一是指文化内容商品的载体可能并非实物性质的，其二是指文化消费对消费者的影响是潜移默化的；文化消费的传承性则是指消费者的文化消费行为本身就是文化传承的过程，让文化内容为更多人所知晓本就是文化传承的本质，文化消费过程中个体对文化内容的创新性生产有助于增强文化内容的生命力。

一、传统文化消费的目的性

任何时期，对于文化内容商品的提供者而言，吸引足够多受众关注和消费的目的性都是很强的。文化内容商品的提供者包括生产者和推广者，文化内容生产者根据受众的喜好对文化内容商品进行定位式生产，这就产生了大众文化内容生产和分众、小众文化内容生产活动。大众文化内容生产者针对社会上大多数人的喜好创作文化内容，生产文化内容商品，比如电影、电视剧、综艺娱乐节目，它们适用于社会上多数人的文化审美标准和接受能力，容易成为适合大众消费的文化内容商品类型。分众和小众文化内容生产多数针对少数受众进行内容设计和生产。其中绘画、雕刻工艺等孤本高雅艺术作品属于小众文化内容，这类文化内容商品的价值主要在于其艺术性和收藏性，它的受众也应当具备一定的艺术修养、经济实力、收藏眼光和消费意愿，这就缩小了这类文化内容商品的受众范围和市场空间，最终仅有极少数人可以达成此类文化消费。高雅歌剧、音乐剧、艺术电影等文化内容作品面向的是小于大众群体但大于小众群体的受众，这类文化内容商品多是针对拥有高雅艺术修养和消费意愿的艺术欣赏者设计的，它们生而为这类受众提供精神享受，大众中仅有部分人会对这类文化内容商品感兴趣并实施消费，但它的群体性明显要高于绘画、雕刻等孤本艺术品的受众。因此，根据这种大众、分众和小众的文化市场需求，文化内容商品的生产者往往会首先对其文化内容商品进行市场定位，然后根据不同市场群体的喜好生产出迎合市场需求的商品；文化内容商品推广者更是渴望达到精准推广的目标以期获得好的市场效益。

根据受众消费文化内容商品的目的不同，当前我国的文化消费可分为生存型消费、适度型消费与奢侈型消费三种消费类型。生存型文化消费是人们生活中满足最基本文化需求的消费，比如教育消费，它是人们在成长过程中寻求进步的必要途径，是生活中必不可少的文化消费，其目的就是获得知识和信息，使自己的学业或事业更进一步。适度型消费是指在满足必要文化消费的同时，适量地消费其他类型的文化内容商品。这类文化消费者往往具备一定的经济实力，在满足生活必要开支外，还有剩余的可用来支付部分娱乐消遣的经济能力，比如看电影、听音乐会等文化消费可以达到娱乐身心、舒缓压力的目的。奢侈型文化消费主要是指将生活中多数的精力和财力都用于文化消费，这类消费者有较强的经济保障，不必为生计发愁，他们生活的重要目标就是通过文化消费获取娱乐享受和文化内涵。由此看来，娱乐消遣性是除了教育消费外多数文化消费的主要目的。

所以说，从文化消费的角度来看，无论文化内容商品的生产者、推广者还是消费者都具有明确的目的性，他们根据各自出于教育或娱乐的目的进行文化消费。

二、传统文化消费的被动性

受计划经济和文化市场活力匮乏的影响，传统文化内容商品类型单一，消费者的主观能动性不能得到充分发挥，被动性较强。传统的文化内容商品经营主体主要是文化事业单位和部分私营文化机构，经营活动要接受层层审核，受众接受文化内容商品的途径和范围有限，商品的种类较少，只有国产的宣传电影、革命电影以及广播、电视和报纸杂志等几个类别。在这种千篇一律的文化内容面前，消费者的文化需求也是单一的。改革开放以来，随着文化体制改革的不断推进，私营文化机构进入文化内容行业，电影制片公司、音乐公司、经纪公司、艺术团体、演艺集团等私营文化企业如雨后春笋般出现在文化市场中。但受计划体制的限制，文化内容商品从内容到形式，从文化创作到文化经营依然存在着诸多缺陷。文化内容商品在形式和种类上虽然有所扩展，但是政策体制的限制使我国的文化内容商品的类型和经营渠道较之国外还显得比较单一。

更重要的是，在这种文化市场环境中，消费者在接受文化内容商品中依然扮演着被动者的角色。在计划经济主导的改革开放之前，文化消费者的这种被动性更加明显。因为没有太多的选择余地，全国的文化消费者通过相同的媒介（如人民日报、中央人民广播电台等）消费着几乎相同的文化内容。改革开放之后，随着文化市场逐渐繁荣，文化内容生产机构开始以关注消费者需求为己任，但由于文化体制的局限，文化内容商品单一；消费者的选择余地虽然有所扩大，但是由于媒介的时空局限性和文化内容提供上的地域差异性，消费者的被动接受性依然很突出。比如，剧团演出的地域限制，就使许多其他区域的消费者不能及时欣赏到精彩的演出内容；媒介信息传递的延时性，也增强了消费的被动性。同时，消费者的被动性还表现在传统文化消费对消费者主观能动性的限制，文化内容从生产到推广再到文化消费是一个单向的过程，在这个过程中消费者仅有的能动性就表现在消费后的信息反馈上，如受众调查和受众的主动意见反馈等。由于信息传输的延迟性和信息分析技术的限制，消费者的反馈信息往往不能有效地改善文化内容商品的经营，有效性较低。

可以说，受传统文化体制、文化市场和媒介信息传播等的局限，传统文化内容商品的生产、推广到消费都具有被动性特征，这种被动性带给文化消费者的是文化消费的单一性和文化需求的简单化。

三、传统文化消费的结构层次

我国传统文化消费的结构层次低，主要表现在文化消费地域不均衡、文化消费品位和观念落后以及消费内容单一三个方面。

一个国家或地区的人口结构，包括性别结构、年龄结构、城乡结构、收入结构等，都影响文化消费的数量和档次，使之呈现出高低不同的层次性。[1]

---

① 张谨：《关于文化消费的理性思考》，《理论与现代化》2009年第6期。

我国东部地区居民的文化消费意愿、消费水平均比中部和西部地区居民高，这在传统文化消费时期表现得更加明显。由于地理环境、气候环境等自然因素的差异，近代以来东部地区的经济水平和发展速度都明显高于西部地区。而这种物质条件的差异，又导致了文化消费基础设施、居民教育水平、年龄结构、收入结构等都有了较大的区别。从一定程度上可以这样理解，区域文化消费的水平与该区域对我国GDP贡献份额的大小是成正比的。东部省份和城市借助其沿海的资源和交通优势，与外界交流较多、经济较发达，居民的教育环境好，受教育程度较高，他们的物质生活较之西部地区居民更早也更好地得到了满足。按照国际经验，当人均生产总值接近或超过5000美元时，会出现文化消费的倍增态势。[①]因此，东部居民拥有更多的时间和金钱去追求文化需求，开放的交流环境也使东部居民的文化需求更多元化，这也促进了东部地区文化市场的繁荣。无论东部还是西部，早些时候，相对于城镇居民而言，农村居民更多的追求的是物质生活，文化消费比较薄弱，且多为生存型文化消费，如教育消费。

传统时期文化消费品位和观念落后也是导致文化市场比较萧条的主要原因。消费者的文化背景是文化消费品位形成的基础，文化消费经历是消费者文化品位的积淀。消费者的文化背景主要是通过学习获得，教育是获得这种资本的主要方式，拥有一定的文化资本才能产生对应的文化消费需求。但对于特定的文化内容商品而言，消费者拥有的文化资本还需要与商品的文化内涵相关，才能巩固消费者的文化消费品位。与人生阅历相同，文化品位的形成也需要一个积累的过程——文化消费经历。这里的文化消费经历不仅是指消费者亲身参与的文化消费过程，还包括对他人文化消费过程的了解、理解和评价，这就是文化品位形成中的借鉴。在经历了两次世界大战之后，我国的经济发展水平较低，人民的温饱是必须解决的首要问题，国民教育相对落后，民族实用主义、对物质贫乏的恐惧以及对健康生活保障的渴望，都带来了经济发展和收入增加背景下文化消费的疲软，

① 赵卫东：《什么因素制约了我国文化消费增长》，《人民日报》2009年7月6日。

文化享受更是无从谈起。长期的物质匮乏和精神生活的空虚，逐渐养成了传统文化消费时期人们重物质、轻精神的消费习惯。

文化内容商品供给的不丰富导致了传统文化消费内容比较单一。对于贫困中难以温饱的人们而言，文化消费是没有生存空间的，人们忙于从事生产实现温饱，文化内容的创作是被搁置的，文化生产、推广和消费也几乎是停滞的。在温饱实现之后，部分文人开始从事文化内容创作，但在新中国成立初期的三十年，文化创作的数量和质量是比较有限的。改革开放以后，经济开始复苏，文化内容商品的生产、营销和消费也获得了新的生机。但生产力水平较低，体制的限制性依然存在，再加之人们的文化水平有限，文化内容商品类型单一，主要包括电影、图书、报纸、剧院演出和歌舞厅等形式；文化内容商品的内容在这一时期也呈现出单一的趋同性。随着电视机在我国的普及，电视节目开始成为人们生活中必不可少的文化消费。但无论哪种形式的文化消费，内容传递都具有延时性，在严格的内容审查机制下媒介传递的文化内容都是一致的、大众化的和主流性的。

四、传统文化消费的制约因素

马斯洛（Abraham Harold Maslow）的需要层次理论和奥德费（C. P. Alderfer）的ERG论[①]认为，人的需要层次建立在满足上升的基础上，表现为一个从低层次到高层次的渐进过程。在基本需要得到满足后，必然追求身心健康、精神充实、自我完善等高层次的精神需要。[②]根据恩格尔定律，在一个家庭或国家中，食物支出所占的比例会随着收入的增加而减少，文化及其他消费的比例就会随之增高。文化需求属于较高层次的需求，传统文化需求是在满足了生存需求之后，为获得社会需求和尊重

① ERG论：美国行为激励学派心理学家奥德费于1969年在《人类需要新理论的经验测试》一文中，对需要层次进行了补充，把人的需求按照其性质压缩为三种：生存需要（Existence Wants）、相互关系的需要（Relatedness Wants）和成长发展的需要（Growth Wants）。

② 贾小玫、文启湘：《文化消费：国民实现幸福的上佳途径》，《消费经济》2007年第5期。

需求而产生的。

制约传统文化消费的因素主要包括生产力发展水平、文化体制、居民文化水平和居民收入水平四个方面。生产力决定生产关系和上层建筑，是一个国家发展的基础；受计划体制影响颇深的文化体制是指导我国一切文化活动的总纲，它渗透在文化内容创作，商品生产、推广和消费的方方面面，文化体制改革需要不断深化才能适应文化市场经济的发展；“居民”作为文化内容商品的受众，需要具备一定的文化素养才能参与文化活动，文化品位塑造的基础就是受众接受文化教育的水平，国民接受教育的水平则受国民经济发展的约束；居民的收入水平和支配观念是直接影响文化消费行为的因素，说到底要实现消费就要求受众具备支付能力和支付意愿。由此可以看出，制约传统文化消费的因素主要是客观因素（经济水平和文化体制），经济实力是国民接受教育和产生文化消费需求的物质基础，文化体制改革是文化市场繁荣发展的保障。

综上，传统文化消费时期，受文化体制、经济水平和国民文化消费观念的影响，我国文化内容商品从供给到消费都呈现出目的性、被动性强的特征。传统文化消费在文化内容商品的内容和形式上都比较单一，在有限的文化内容商品供给下，文化消费发展缓慢。传统文化消费是大众文化产业的重要环节。

第二节　互联网为文化消费带来的变革

传统文化消费的主体趋同性明显，信息传播的媒介种类有限。虽然大众传播媒介在一定程度上突破了文化内容传播的时空限制，但其传播的文化内容类型单一。在这种环境中，受众可接收到的文化内容的数量和质量都很有限，受众文化需求的个性化、差异性并不明显。互联网充分尊重受众的个性需求，并能以万物联网的方式尽可能地满足人们的个性化消费需求。网络文化内容商品的浏览、调研、获取、支付和分享评价等的便利性、即时性更推动了文化内容商品市场的无限拓展。

一、中国网络消费简史

根据自互联网在我国诞生以来电子商务界的大事记，可以将我国的网络消费划分为三个阶段：

（一）孕育期（1995—2002年）

如第一章所述，我国互联网自1994年起步之初，主要致力于纸质信息的网络化转移。1996—1997年夏天，“连邦三剑客”之一的王峻涛建立了国内第一个电子商务网页——“软件港”，中国的网络消费就此拉开帷幕。1998年3月，当时中央电视台的王珂平通过网络购买了10小时的上网机时，完成了我国第一笔网络消费。1999年，在马云的带领下18位创始人成立了阿里巴巴集团；2000年，马云为阿里巴巴引进第二轮2500万美元的投资。[①]但这些并没有为我国的电子商务带来真正触动和大发展。这主要是因为这一时期我国互联网发展尚处于起步阶段，社会各界对网络这种新兴事物还保持着观望的态度。更重要的是，网络受众数量和人群的限制、高昂的硬件和网络费用等因素，使许多人包括商家都望而却步，网络文化市场并不足以形成一定的市场规模。

（二）成长期（2003—2006年）

2002年，阿里巴巴B2B公司开始盈利，2003年淘宝网成立。据艾瑞市场咨询的报告显示，2004年中国网上拍卖市场规模实现了217.8%的增长，全年成交金额从2003年的10.7亿元增至2004年的34亿元。[②]截至2003年6月30日，我国上网的人数达到6800万，并且有44.5%的用户自发现“非典型肺炎”病例以来平均每周上网的时间增加了，这为网络

---

① 俞少栋：《互联网企业风险投资退出机制的研究》，载《第十届中国软科学学术年会论文集》，中国软科学杂志社2015年版，第342页。

② 艾瑞咨询：《中国网上拍卖研究报告2004年简版》，上海艾瑞市场咨询有限公司，2005年。

消费提供了一个发展契机。[①]“SARS开辟了中国网上购物的新纪元。面对“非典”的袭击，多数人被困在屋内，而要想不出门就买到自己所需的东西只能依赖网络，许多防范意识很强的人也试着网上购物。”[②]2003年4月，在“非典”肆虐之时，当当网持续运营，满足着人们的精神需求，被文化部等四家政府部门首推为“网上购物”优秀网站。2005年，当当实现了全年营业额4.4亿元，5月当当网开启送货上门、货到付款的服务，并承诺将免费上门收取退换货的服务扩展到全国66个城市。[③]当当网、淘宝网、卓越网、易趣网等开创了个人网络消费的新渠道，网民数量的增长（到2006年底，中国网民的数量达到了2001年数量的十几倍），网络购物的需求和热情促使更多的商家进入网络市场，越来越多的人加入网络消费的行列。

（三）快速增长期（2007年至今）

截至2007年12月，中国网民网络购物比例为22.1%，购物人数规模达到4640万。[④]2007年11月，阿里巴巴网络有限公司在香港联交所挂牌上市。之所以选择2007年作为分期的时间节点，不仅因为网民数量剧增，购物人数大幅扩大，更是因为2007年中国网络购物达到爆发式增长，规模达到561亿元，同比增长117.4%。[⑤]这是2002年总量的43倍多，是2006年的两倍多。（如图4-1[⑥]所示）由此可以看出，2007年是我国网络消费大幅增长的开端，在此之后我国网络消费开始大基数成倍增长。2009年起，每年的11月11日，以天猫、淘宝、京东为代表的大型电子

① 中国互联网络中心：《第12次中国互联网络发展报告》。

② 刘娜：《我国网络购物的发展及现状》，《中国商界》2008年第5期。

③ 中国报告大厅：《网购行业的发展历史》，http://www.chinabgao.com/k/wanggou/16319.html。

④ 中国互联网络中心：《第21次中国互联网络发展状况调查统计报告》。

⑤ 艾瑞咨询：《2007年中国网络购物爆发式增长 规模达561亿元》，http://ec.iresearch.cn/shopping/20080130/76085.shtml。

⑥ 艾瑞咨询：《2007年中国网络购物爆发式增长 规模达561亿元》。

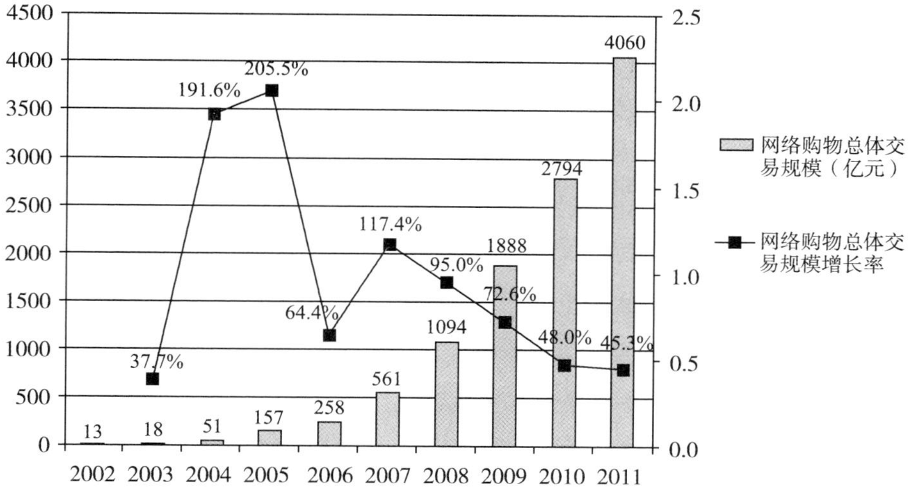

图4-1　2002—2011年中国网络购物市场交易规模

商务网站会进行一些大规模的打折促销活动，2014年11月11日，阿里双十一全天交易额571亿元，[①]2015年全天交易额912.17亿元[②]，2019年天猫双十一交易总额突破2684亿元[③]。随着支付宝的普及应用，快捷支付功能为居民的网络消费提供了极大的便利。在这一阶段，网络购物商品的种类已覆盖人们生活、工作、学习、休闲娱乐等领域，家居用品、电子产品、娱乐休闲产品等成了购物网站的常设消费品项目。艾瑞统计数据显示，2014年中国电子商务市场交易规模12.3万亿元，增长21.3%，预计未来几年将保持平稳快速增长，2018年电子商务市场规模将达到24.2万亿元（如表4-2所示）。[④]艾瑞分析认为，未来几年，移动购物和O2O

① 新浪科技：《阿里双十一全天交易额571亿元　移动端达243亿》，http://tech.sina.com.cn/i/2014-11-12/doc-icczmvum9787727.shtml。

② 李文瑶：《2015天猫双11全球狂欢节：全天交易额破912.17亿》，http://tech.huanqiu.com/original/2015-11/7960521.html。

③ 《2019年天猫双十一交易总额突破2684亿元，去年为2135亿元》，《北京商报》2019年11月12日。

④ 艾瑞咨询：《2014年中国电子商务市场交易规模12.3万亿元　增长21.3%》，http://www.askci.com/news/chanye/2015/02/02/93042mt66_3.shtml。

将成为电子商务市场中发展最快的细分领域。[1]这一时期，网络消费平台不断增多（旅游网、票务网以及各大企业的官方网站等都具备网络购物的功能），网络消费形式不断推陈出新（如团购、定制消费等）。

表4-2　　中国电子商务主要细分市场的未来发展预期

大类别	小类型	2014年规模（亿元）	2018年规模（亿元）	CAGR（2014—2018年）
B2B电子商务	中小企业B2B电子商务	61358.6	116627.3	17.4%
	规模以上企业B2B电子商务	28782.6	42140.1	10.0%
网络购物	网络购物（移动+PC）	28145.1	73000.0	26.9%
	移动网络购物	9297.1	45039.7	48.4%
	PC网络购物	18848.0	27960.7	10.4%
在线旅游	在线机票	1607.3	3250.0	19.2%
	在线酒店	636.1	1620.0	26.3%
	在线度假	426.5	1286.7	31.8%
O2O	餐饮O2O	941.9	2127.3	22.6%
	休闲娱乐O2O	660.0	1521.5	23.2%
	婚庆O2O	45.2	227.1	49.7%
	亲子O2O	55.7	135.9	25.0%
	美容护肤O2O	54.1	88.7	13.2%

网络消费是居民消费的大趋势，网络技术和终端技术使移动消费和O2O消费成为新的潮流。文化产业作为满足人们精神文化需求的产业，应当向个性化、专业化、便利化的方向发展。

① 艾瑞咨询：《2014年中国电子商务市场保持平稳快速增长》，http://report.iresearch.cn/html/20150201/245910.shtml。

二、网络文化消费的基础

互联网高效率的信息传播整合着受众的时间碎片，由网络购物、网络体验、在线支付等要素构成的网络消费生态系统业已形成。对互联网与文化消费的拓展研究，离不开对文化消费、网络消费的基础理论分析和现实基础的梳理。

（一）理论基础

从文化产业发展的角度来看，文化消费的理论研究始于文化工业、文化产业的发展和学术讨论，网络消费是网络经济的重要社会呈现，对文化消费和网络消费基础理论的探讨，有助于我们厘清网络经济与文化经济融合中的文化消费行为。

1.消费者的角色理论

从法兰克福学派提出“文化工业”理论开始，大众文化消费逐渐进入人们的视线。法兰克福学派的文化消费理论是基于对大众文化、科学技术、意识形态和现代性等的批判而提出的，主要思想包括：阿多诺（Theodor Wiesengrund Adorno）的文化工业批判理论、马尔库塞（Herbert Marcuse）的单向度消费者理论和“虚假需要”理论、弗洛姆（Erich Fromm）的消费异化理论、本雅明（Walter Benjamin）的机械复制艺术理论和洛文塔尔（Leo Lowenthal）的消费偶像理论（社会由生产偶像转向消费偶像阶段，消费成为人们生活兴趣的中心）等。整体上看，法兰克福学派从对大众文化消费的批判角度入手，认为在看似面向大众量身定做的文化内容商品面前，消费者只是充当着被动的符号接收者的角色而被标准化的文化所控制。在他们看来，文化工业和大众文化消费将既有物质需求又有精神需求的双面人转变为完全接受物质欲望控制的单面人。但随着文化工业实践的进步和对人们生活带来的影响的扩散，该学派逐步拨开迷雾开始认识文化消费对于人们生活的积极意义。

二战后伯明翰学派在英国崛起，他们的文化消费思想主要包括：大众文化在消费实践过程中实现意义解构，文化消费需要借助大众媒介来进行，大众文化的受众就是大众文化消费者等。代表人物及理论有：霍尔（Stuart Hall）的消费者编码和解码思想，约翰·费斯克（John Fiske）的生产性受众和文化经济理论，戴维·莫利（David Morley）的媒体消费（电视文化消费）等。在伯明翰学派这里消费者是能动的，他们认为“大众文化不是消费，而是文化——是在社会体制内部，创造并流通意义与快感的积极过程”[①]。文化内容商品之所以能够被不同的消费者接受，就在于它带给消费者的文化快感。费斯克更是以电视为例，探讨了文化内容商品的金融经济和文化经济理论。在金融经济中文化内容商品与其他商品一样流通于市场交换中，在文化经济中流通的则是文化内容商品为消费者带来的意义和快感，文化经济中效益的来源和交换的对象不再是单一的文化内容商品，而是以注意力为核心资源的观众被“卖给”广告商。在这种意义上，文化内容商品也可以成为消费者表达自己意识的资源和材料。[②]因此，在费斯克等人的理论中，消费者从来不是被动地接受文化符号和文化内容，他们可以参与符号意义的生产，并使之符合自身的利益和意愿。

葛兰西（Antonio Gramsci）的文化霸权理论是20世纪70年代以来文化研究的焦点，也是文化软实力理论发展的源泉之一，该理论的主旨是文化领域既是支配的，又是对抗的。葛兰西的文化霸权文化消费理论中，文化消费者对文化内容商品的态度是顺从与对抗并存的，是由文化统治阶级为获取霸权的努力和被统治阶级对霸权行为的抵抗共同构成的。根据“文化主导权”的研究，大众文化既不是一种真实的劳动者阶级文化，也不是文化工业中的控制文化，而是一种介于“抵制”和“甘愿被同化”之间的文化，在抗争中进步、理性选择是该理论在文化消费领域中的真实写照。

2.文化消费作为一种社会区分

凡勃伦（Thorstein B Veblen）、齐奥尔格·齐美尔（Georg Simmel）和

---

① ［美］约翰·费斯克：《理解大众文化》，王晓珏、宋伟杰译，中央编译出版社2001年版，第28页。

② 莫少群：《20世纪西方消费社会理论研究》，社会科学文献出版社2006年版，第56页。

皮埃尔·布迪厄等人的文化消费理论将文化消费看作社会区分的一种标示：（1）凡伦勃依据社会仿效理论建立有闲阶级炫耀性消费理论，指出新休闲阶级巩固与展示其新社会地位的方式和策略之一，“每个阶级所羡慕的、所要争取列入的总是刚好比它高一级的那个阶级”[①]，休闲成为一种阶级权利的象征，文化消费作为休闲的主要特征就成为一种阶级划分的方式；（2）齐美尔认为新兴城市阶级利用时尚消费来表现自己与所认同的某个社会价值的一致性，同时显示出与其他社会阶层的差异性，“凭借时尚总是具有等级性这样一个事实，社会较高阶层的时尚把他们自己和较低阶层区分开来，而当较低阶层开始模仿较高阶层的时尚时，较高阶层就会抛弃这种时尚，重新制造另外的时尚”[②]；（3）布迪厄继承了凡勃伦、齐美尔等人关于文化消费是身份地位区分的观点，认为文化消费偏好是由阶级背景决定的。布迪厄明确提出不同阶级拥有的经济、社会和文化资本的不同会导致不同阶级有不同的文化消费模式，文化消费是社会区分的独特模式，社会差异和社会权利区分从经济领域转向文化消费领域。

符号产品是通过一系列市场活动而形成的一种拥有认知度和客户忠诚度的产品，品牌是符号主体一切无形资产总和的全息浓缩，符号是主体与客体、主体与社会、企业与消费者相互作用的产物。[③]鲍德里亚（Jean Baudrillard）发展了马克思关于使用价值和交换价值的学说，指出“消费者们消费的并不是商品本身，而是商品所包含的意义和所代表的符号”[④]。符号意义是符号消费的核心内涵。消费主体进行特定方式的文化消费，是需要具有相应的文化体验能力的。消费者的习性、嗜好、品位，也会影响

① ［美］托斯丹·邦德·凡勃伦：《有闲阶级论——关于制度的经济研究》，蔡受百译，商务印书馆1964年版，第77页。

② ［德］齐奥尔格·西美尔：《时尚的哲学》，费勇、吴謇译，文化艺术出版社2001年版，第72页。

③ 向勇、刘静主编《文化产业应用理论》，第67页。

④ ［法］让·波德里亚：《消费社会》，刘成富、全志钢译，南京大学出版社2000年版，第48页。

他/她的鉴赏能力和价值选择。一般而言，商品的符号价值表现在两方面：第一是商品的独特性符号，即通过设计、造型、口号、品牌与形象等而显示与其他商品的独特性；第二是商品本身的社会象征性，商品成为表征某种社会地位、生活品位和社会认同等的符号。[①]这与凡勃伦、齐美尔和布迪厄等人的文化消费是社会地位、生活方式等的认同和区分的理念是相同的，因此符号消费可以被归为文化消费社会区分理论的一种。后现代时期商品的价值开始取决于交换体系中作为文化功能的符码[②]，人们不再满足于商品的使用价值，而是转向意义消费，消费行为更多的是满足彰显自我个性和自我情感归属的需求，这种消费行为的范围由有闲阶级向普通大众扩大，概念化消费和个性化消费是这个时期的主要特征。

3.文化消费的经济学基础理论

从经济学角度，收入假说理论、边际效用理论、技术接受模型等也是文化消费、网络消费的理论基础。

收入假说理论主要包括凯恩斯（John Maynard Keynes）的绝对收入假说、詹姆斯·S.杜森贝里（James Stemble Duesenberry）的相对收入假说、米尔顿·弗里德曼（Milton Friedman）的持久收入假说以及莫迪尼安尼（Franco Modigliani）的生命周期假说等。

1949年，美国著名经济学家杜森贝里在《收入、储蓄和消费者行为理论》中提出了相对收入假说：消费支出不仅受自身收入的影响，还要受到他人消费支出的影响，即消费的“示范效用”。[③]这是因为消费行为不只是个人行为，它还是一种重要的社会行为，尤其是高收入阶层对中低收入阶层的影响显得明显而重要。

---

① 左鹏：《中国城市居民文化产品消费行为研究》，上海财经大学出版社2010年版，第24页。

② 喻锎：《后现代广告的恋物符码——以中兴百货意识形态广告为例析后现代广告》，《理论界》2007年第3期。

③ 苏娟、苏惠：《收入分配差距对消费需求影响的文献综述》，《商业时代》2011年第7期。

边际效用，是指消费者每多消费一个单位的文化内容产品或服务给消费者带来的效用增加量的大小。根据西方微观经济学的假设，边际消费具有效用递减规律，即每增加一个单位的产品的消费所给消费者带来的效用增量是不断下降的。边际递减效用理论在文化消费中被彻底打破，并衍生出边际递增效用——消费者每消费一个单位的文化内容商品其所收到的效益是递增的。边际效用是阐释文化消费行为的一个重要概念。

技术接受理论由戴维斯（Kenneth Culp Davis）于1989年提出，认为个体使用某个信息系统的意向在他最终的消费行为中是主导因素。戴维斯所指的感知系统包括两个主要构件：一是感知有用，一是感知方便，二者合称为“信念因素”。所谓“感知有用”，是指使用者感知在使用信息系统后将给自己的工作带来成果，提高工作效率；“感知方便”，是指通过使用信息系统将减少自身的努力而同样甚至可以更出色地完成工作。技术接受理论在网络消费中得到了实践，尤其是在消费调研阶段体现得尤为明显。

网络消费是体验消费的一种，也是生产互补性消费，是生产与消费相统一的一种消费方式，它对消费者的约束和控制并不是强硬的，而是软化的。在网络经济中，知识的互补性和技术积累机制是边际效用递增规律的内在根源。[①]边际效用递增是网络消费理论中的核心，网络信息传播的无边界性、无时空限制等特征，使文化消费突破时间和地域的限制，消费者之间、消费者与生产者和推广者之间的交互反馈畅通无阻。网络消费中收入和地域等要素对消费者的限制性减弱，知识和注意力成为对文化消费者的主要约束。因此，文化消费理论发展到网络消费时代，为传统消费理论带来了巨大的挑战。本章探讨的网络消费对文化消费实践的影响，也正是以网络消费实践为传统文化消费理论带来的这些变革为出发点的。

（二）现实基础

在网络经济的繁荣和文化产业进一步发展的大背景下，以产业经济发

---

① 楚尔鸣、何恒远：《基于网络经济的消费理论创新》，《中南大学学报》（社会科学版）2003年第2期。

展为基础，以网络技术平台为支撑，以消费者体验为宗旨，网络环境下的文化消费正在大步拓展。

首先，文化产业、网络文化产业正在逐步成为国家综合实力的中坚力量，互联网助推我国文化产业发展成为大势所趋。2011年，我国文化产业增加值占GDP的比重首次突破3%，并在2012年又提高了0.2个百分点，达到3.48%。①2013年，文化产业增加值进一步的增加，占GDP达到3.63%。②2014年，我国文化产业增加值占GDP的比重为3.76%。③根据国家统计局核算，2017年，我国文化及相关产业增加值占GDP的比重为4.2%。由此可见，文化产业在我国GDP中所占的份额是稳健上升的态势，文化产业对我国的经济增长贡献更是不可小觑。随着互联网的普及，网络文化产业成为网络新经济的代表之一。笔者认为通过互联网从事文化内容生产、推广和消费文化内容产品或服务活动的集合就是网络文化产业，主要包括网络音乐、网络电视、网络游戏、网络文学、网络出版、网络视频、网络动漫、网络文化内容资讯服务等类别。根据艾瑞咨询发布的数据显示，2014年中国网络游戏市场规模达到1108.1亿元，同比增长24.3%，其中移动游戏占比24.9%，首次超过页游；中国搜索引擎市场规模599.6亿元，移动增长贡献过半；在线旅游市场交易规模达2772.9亿元，比2013年增长27.1%；在线视频市场规模为239.7亿元，同比增长76.4%，高于2013年的48.0%；整体网络广告市场达到1540亿元，同比增长40.0%。④随着移动终端的发展，网络音乐、网络游戏、网络电视、网络文学等通过平板电脑或智能手机等终端设备持续填充人们的时间碎片，最大限度地发

---

① 叶朗主编《中国文化产业年度发展报告（2014）》，第3页。

② 统计局：《2013年中国文化及相关产业增加值超2万亿》，http://www.chinanews.com/gn/2015/01-23/6998025.shtml。

③ 国家统计局：《2014年文化产业增加值占GDP比重为3.76%》，http://finance.sina.com.cn/roll/20151126/153823861044.shtml。

④ 艾瑞咨询：《2014年度中国互联网经济核心数据发布》，http://news.iresearch.cn/zt/247017.shtml。

挥网络文化产业占据受众注意力的长尾属性。同时，“高新技术催生了大批新兴文化产业的出现和形成，创新了文化产业的运行模式”[①]，新的文化产业业态层出不穷，为文化经济发展提供了新的增长点和活力。

其次，网络技术的进步为文化消费提供了渠道和手段。网络技术将互联网上分散的信息整合为一个有机生态系统，通过信息共享和受众交互协作，使每位网民都可以在互联网环境中公平、开放地实现信息的按需获取。与文化消费相关的网络技术主要包括：网络支付技术、网络安全技术、网络即时通信技术、网络音视频技术、文化内容的终端转换技术、网络社交平台技术，以及网络监测、统计和反馈技术等。其中，网络支付和安全防护技术是受众最终实现交换消费的基础，便捷而又安全的支付渠道是吸引受众达成消费意愿的重要指标。网络社交平台和即时通信工具技术可以在保障互联网开放性、自由性等特征的同时，为生产者、推广者和受众之间架起一座畅通无阻的沟通桥梁，这种沟通桥梁也可以为文化内容商品积累口碑效应，为受众提供消费指引，为文化内容生产者、推广者提供改进建议。网络音视频技术能够以最真实、最炫彩、最引人注意的方式将文化内容通过互联网快速呈现在受众的眼前，为受众带来充分的文化享受并达到吸引更多受众注意力的目的。文化内容的终端转换技术的主要功能是使文化内容商品适应当前网络终端的移动化、便携性等特征，AR技术、4K电视、智能手机、平板电脑、可穿戴智能设备等技术，将文化内容商品以最佳状态同时呈现在PC终端和移动终端上供受众体验，文化内容的高科技呈现和内容创新已经成为文化产业各领域争相竞争的主要战场。网络监测、统计和反馈技术能够通过流量监测和大数据统计分析，准确地分析出市场变化、受众需求等信息，为文化内容经营者提供数据指导，快速的反馈机制有助于决策者适时改变市场策略，以赢取更多的市场注意力。

再次，受众体验是文化消费和网络消费的共同目标。根据前文的分析，在互联网时代，受众的身份已经不再是泾渭分明的，本章中的“受

① 熊澄宇：《科技融合创新拓展文化产业空间》，《瞭望新闻周刊》2005年第7—8期。

众”多特指网民的文化消费者身份。文化消费与物质消费最大的不同就是受众体验，物质消费多是满足受众的使用需求，文化消费则是满足其精神体验需求。在传统消费关系中，商品信息传播一般是“推”式的，即将产品推销给消费者，此时，尽管厂商高喊着“消费者就是上帝”的口号，但是消费者仍处于被动地位；在网络消费中，商品信息传播改变为“拉”式传播，即消费者通过网络检索商品信息并选择厂商，然后再把定制好的消费品“拉”到手上；此时，消费者实际上有意或无意地参与了商品的设计和制作，因而处于完全主动的地位。[①]受众的文化享受和体验对于文化内容商品受众群的稳固有至关重要的影响。

艾瑞咨询数据显示，2014年中国网络购物市场中B2C交易规模达12882亿元，占整体网络购物市场交易规模的比重达到45.8%，较2013年的40.4%增长了5.4个百分点。[②]我国网民具有强大的消费潜力，网络消费逐渐侵蚀传统实体消费的主导地位。文化内容商品和文化内容的网络传播和消费对于受众需求的满足、文化产业的发展乃至国民经济的增长都有巨大的推动作用。

三、网络文化消费与传统文化消费对比分析

作为一种经济行为，“消费”既包括虚拟消费，也包括物质形态的现实消费行为。消费超越了时空的限制，在提前和延后的时空中进行就是虚拟享用。[③]文化消费的生态要素包括消费主体、消费行为过程、消费对象和消费结果。正如前文所述，传统文化消费具有目的性强、被动性强等特征。网络文化产业和文化行业的网络化经营为文化内容商品的网络消费打下了产业基础，基于文化内容商品的内容性、信息性等特征，网络消费使受众对文化内容商品的获取更便利。借助网络消费，消费者可以在节约时

① 何明升、李一军：《网络消费的基本特点及其对传统经济理论的突破》，《学术交流》2001年第2期。

② 艾瑞咨询：《2014年度中国互联网经济核心数据发布》。

③ 晏辉：《资本的运行逻辑与消费主义》，《中国人民大学学报》2005年第6期。

间、精力和金钱成本的同时，通过调研获取大量的、全面或专业细分的有关文化内容及其商品的相关信息。同时，由于这个过程包含有信息的再生产并对消费实现有直接的影响，我们一般将网络调研也归为网络文化消费的一部分。因此，本书所谓网络文化消费是指受众通过网络信息的调研、过滤和选择而产生的，符合自身兴趣需求的，对文化内容商品的交互性消费行为。在这个概念中，应当注意以下几点：

首先，在网络环境中信息是最基本的文化内容；

其次，受众在网络消费中可以是先产生特定文化需求，再从事网络调研和网络消费过程，也可以是在网络浏览过程中，由信息刺激而产生调研和消费的文化需求；

第三，在受众对海量网络文化信息的获取过程中，检索、浏览、归类和过滤是主要的调研手段；

第四，多数网络文化消费行为的基础都是网络信息调研，它不仅仅是价格的对比，也是对文化内容商品相关信息的全面获取；

最后，网络文化消费行为是一个动态的交互过程，从网络信息调研到文化消费完成之后的很长一段时间，这种交互的网络发布、分享和交流行为一直存在，并促成了受众对文化内容商品消费的信息“再生产”过程。对比分析传统文化消费与网络文化消费的不同（如表4-3所示），有助于我们深入探析互联网环境中的文化消费行为。

表4-3　　传统文化消费与网络文化消费对比分析

	传统文化消费	网络文化消费
经济属性	遵循传统经济规律	遵循网络经济规律，属于分享经济
方向和时效	单向、延时消费	交互、多向、即时消费
消费者	文化消费者	网民
消费对象	大众化文化内容产品或服务	信息化、大众化、个性化的文化内容商品或服务
边际效用	边际成本递增、边际效用递减	边际成本递减、边际效用递增
消费环境	实体场所	网络平台

（续表）

	传统文化消费	网络文化消费
消费结果	精神需求满足	精神需求满足、解构性生产
受收入水平限制	强	弱
主动性	弱	强
支付方式	现金	虚拟货币
时空限制	强	无

（一）分享消费的属性

在传统文化消费活动中，生产者、推广者、消费者的角色和任务分配是泾渭分明的。传播文化消费受传统经济规律制约，商品的价值量是由生产该商品的社会必要劳动时间决定的，商品交换以价值为基础实行等价交换。在传统文化消费中，由于文化供给的贫乏和文化生产占据的劳动时间、场地成本较高，文化内容商品价格较高，且只适用于部分剩余价值较多的受众享用。此外，传统文化消费受文化供给的限制比较明显，是卖方市场，也是导致商品价格较高的一个原因。网络消费是网络经济的重要组成部分，它遵循网络经济规律，是效益递增的经济形态。同时，网络消费还符合"分享经济"的特征。"分享经济"一词最早出现于20世纪中期。分享经济的实践者，The People Who Share的创始人，Benita Matofska女士，从事推动分享经济多年，她对分享经济的定义如下：分享经济，也被称为点对点经济、协作经济、协同消费，是一个建立在人与物质资料分享基础上的社会经济生态系统。它包括不同人或组织之间对生产资料、产品、分销渠道、处于交易或消费过程中的商品和服务的分享。[①]网络文化消费就是在"分享"中完成的：首先，消费者在进行文化消费之前，会通过网民的分享信息进行前期的市场调研；其次，消费过程在互联网上的呈现本身就

① 艾瑞咨询：《什么是分享经济》，http://report.iresearch.cn/html/20141222/243895.shtml。

是分享；再次，消费后的网络评价对于供给方而言是信息反馈，对于其他网民而言就是体验分享。网络经济也正是因为分享过程得以低成本运营，网络消费更是借助分享的过程使文化消费者获得最优的网络文化消费体验，可以说，分享和效益递增是网络消费和网络经济的主旋律。

（二）消费的即时性和交互性

传统文化消费是单向的，时效性较差。这主要表现在：文化消费是传统文化产业营运的终点，文化内容商品遵循生产、推广和消费这一单向的线性方向，在文化内容商品生产出来之前，消费者难以获得较多的相关信息。这主要是因为信息传播具有单向性和闭塞性，从而使消费者的信息获取能动性较差。传统文化消费时期，文化内容商品相关信息的主要来源是生产方和推广方，信息获取的渠道是电视、报纸、杂志和广播等传统媒介，而这些媒介的信息传输是单向的，甚至是延时的。在这种情况下，文化内容商品的生产决定了文化消费，任何文化内容商品都是完成所有的生产和后期制作过程之后才呈现到受众的面前，所以消费者的文化消费过程多是被动的、单向的和延时的，文化消费之后的信息反馈也是单向的、延时的。网络环境中的文化消费彻底改变了这种情况，这主要是因为网络传播的开放性、交互性和即时性等特征，为文化消费者带来了随时随地即时发布和获取信息的便利。即时性彻底改变了文化消费的延时性，交互性改变了传统文化消费的单向性，使网络文化消费成为交互性、多向性的消费形态。

（三）消费对象的多元化和即时解构性

由于文化水平和经济水平的限制，传统文化产品或服务的种类和水平都比较有限，种类上主要包括剧团演出、电影、电视剧、音像制品（磁带、光盘）等。网络环境下，文化消费的对象无论在范围还是质量上都有较大拓展，网络文化消费的对象不仅包括传统的大众文化内容商品，还包括个性化的文化内容商品及信息。顾名思义，大众文化内容商品满足着社会上大多数文化消费者的精神需求，比如电影、电视、流行音乐等文化内容商品致力于迎合更多、更广泛受众群体的消费需求以获得利益；个性化文化内容商品定位于分众、小众文化市场，致力于获取网络文化消费中的长尾效益，尽可能全面地满足稀有的、个性化的文化需求，比如艺术电影针对的是对艺术性有较高追求的电影受众等；信息是网络经济最重要的资本，网民上网的初衷就是获取信息，对信息的消费和分享构成了网络消费的主要内容之一。同时，开放的网络环境为文化内容商品提供了一个良性的竞争环境，点击率、购买率、分享率等是网络排名的主要关键词，文化内容商品的质量也在这种自由公平的竞争环境中得到了极大的提升。在互联网空间中的文化内容商品质量是参差不齐的，但能够占据排行榜前列的都是广泛迎合受众需求的文化内容商品。因此，与传统文化消费对象对比，网络消费的文化内容商品在侧重大众市场的同时，也很重视分众、小众和个性化的文化消费，并且在质量上要高于传统文化内容商品。网络环境大大释放了受众对文化内容商品的“解构”能力和手段，支付达成不再代表消费活动的结束，反而是“解构性”文化内容“再生产”的开始，如此周而复始。

（四）边际效用递增

边际效应原理，是经济行为的普遍规律。在传统文化消费中文化内容商品生产的边际成本是递增的，以艺术院团的文化演出为例，每增加一场演出其人力、物力、时间和财力等成本都是递增的。网络文化消费的消费空间是网络平台，由于网络传播的开放性，再加上数字技术和网络技术的进步，每复制和分享一次文化内容的成本只是搜索的时间成本。复制、传播和消费的次数越多，文化内容及其商品所需的受众的检索时间就越短，且这样的文化内容及其商品的增值率也随着受众的检索、参与和分享等活动而成倍增长，这就为网络经济带来了边际成本递减效益。在传统文化消费中，由于文化生产往往需要耗费大量的人力、物力、时间和财力，再加上传统文化消费的单向性和延时性，短时间内文化内容商品的升级调整难度较大，这就导致一定时期内对同一文化内容商品重复消费的需求较低。重复消费同样或同种类文化内容商品并不能为文化消费者带来新的体验和精神享受，“审美疲劳”就成为“边际效用递减”

规律的具体呈现，所以在传统文化消费中消费者获取的边际效用是递减的。但在网络文化消费中，由于网络技术、数字技术等技术更新的高速度，以及网络空间的激烈竞争环境带来的文化内容创新演绎层出不穷，即便是同一文化内容商品在不同的时间和空间也可以为文化消费者带来不同的体验，同一文化内容的不同角度演绎更能在第一时间为文化消费者带来全新的精神享受。同时，信息分享的即时性也为文化内容商品带来了增值的空间，信息分享是无时无刻不在进行的，这些信息就为消费者带来了新的乐趣。因此，在网络环境中，对同类型乃至同一文化内容商品进行重复消费的边际效用都是递增的。

（五）消费环境的虚拟化

从消费环境的角度对比，传统文化消费主要是在实体场所完成价值交换，比如剧院、电影院、书店、音像制品商店等。在这些文化内容的实体经营商店中，消费者与供给者达成“一手交钱一手交货”的传统买卖过程。网络空间的虚拟性以及文化消费的数字化特征，使文化消费在网络平台上进行成为可能。网络空间可以为任何受众找到适合他的文化内容商品，同时可以为任何边缘化的文化内容商品找到需要它的消费者，这就是网络经济的长尾属性，也是网络消费的便利性所在。由于网络技术和数字转换技术的进步，网络平台为文化消费带来了虚拟性特征，这种虚拟性不仅增加了文化消费的便利性，还扩充了文化消费者群体，增强了消费者的体验，也是边际效用递增的来源。因此，网络平台作为网络文化内容商品消费的主战场，比传统文化消费的实体场所拥有更多受众、成本、便捷性等方面的优势。

（六）受收入水平的限制较小

正如前文所述，在传统文化消费时期，文化内容商品消费深受消费者的经济水平、文化水平和闲暇时间等因素的影响。在传统文化消费中，受众的收入水平直接决定着文化消费的次数和档次。拥有较高收入水平的受众，在产生了文化消费欲望之后，会积极参与文化消费活动；而文化水平较高，但收入较低的人群，虽然会有强烈的文化需求，但是终因支付能力的限制而不能完成文化消费。在传统文化消费者的三个限制性因素中，收入水平的限制性是最基础的。在网络文化消费中，由于文化内容商品的价格优势，几乎所有网民都可以支付得起一项基本文化消费的费用，文化内容商品的价格占消费者收入的比例大大缩小，为全民文化消费提供了可能。因此，与传统文化消费中受收入水平的强限制性相比，网络文化消费受消费者收入水平影响较小。

（七）支付方式多元化、便捷化

由于传统文化消费环境的实体性，加上线上支付网络技术尚未广泛应用，在传统文化消费中，通常是用现金的方式实现价值交换。随着网络技术、支付技术和网络安全技术的进步，网络银行、支付宝、ApplePay、华为钱包等便捷的虚拟转账支付应用越来越普遍。与传统文化消费中的现金支付相比，网络虚拟货币支付大大节省了支付的时间、金钱和人力成本，消费者不再需要先从银行取出现金货币再去实现消费。同时，这种支付方式也为商家和银行节约了大量的人力、物力和财力。网络支付提升了网络文化消费的便捷性，这在无形中不仅为网上文化消费带来大量的消费者和潜在消费者，也为线上支付线下体验的文化消费模式带来了巨大的商机。

（八）无时空限制性

传统文化消费场所的实体性，使文化消费有很强的地域色彩，不同地域乃至相同地域的不同文化场所提供的文化内容商品会有或多或少的差异。消费者为获取一种文化内容商品，需要付出大量的时间、交通费用和精力成本，区域限制性使部分文化内容商品如剧院演出的受众范围大大缩小。同时，实体经营的局限性还表现在时间的局限性（经营时间的限制）。在网络文化消费中，这种时空限制不复存在。网络平台是全天候开放的，在一天中的任何一个时间点，消费者都可以在互联网上找到存在于世界另一个角落的文化内容商品，并完成支付、实现消费。

综上所述，网络文化经济突破了传统文化消费时空、支付手段和收入限制等弱点，颠覆了传统文化产业的经济规律，形成了边际成本递减、边际效用递增的新经济规律，为文化消费带来了更广泛的受众、更丰富的体验。

第三节　文化内容商品网络消费分析

互联网对文化产业的影响最明显的表现就是网络文化产业的兴起。“宅经济”[①]促使文化产业电商（文化娱乐电商如票务网等、文化出版电商如京东出版等、艺术品电商如在线艺术品交易网等）飞速发展，O2O文化商业模式日渐成熟。但无论是完全的线上支付、线上消费还是线上支付线下消费，获取文化内容信息和交际娱乐都是网络文化内容消费的主要动机。同时，文化内容商品的文化性、信息性、解构性、个性化等特征也更适合“宅”在网络空间中的受众的文化消费行为。本章主要探讨互联网为文化消费带来的变革，探析这些变化首先应当梳理我国文化消费和网络消费的现状。

一、我国文化消费现状

首先，我国文化消费支出总量持续增长（如图4-2[②]）且增长率小幅回升（如图4-3[③]）。2007—2012这六年间，我国文化消费支出总量增加了近一倍，文化消费总支出增长率在经历了2008年金融危机影响的下降后迅速反弹，并在2012年上升至2007年增长率的近一倍。

① “宅经济”一词起源于日本，主要是指以电子商务、在线娱乐、游戏等为代表的网上经济以及产业链上的关联行业。顾名思义，“宅经济”就是一种“足不出户”就可以完成消费的经济模式。

② 中央文化企业国有资产监督管理领导小组办公室、中国社会科学院文化研究中心编《中国文化消费报告（2014）》，社会科学文献出版社2014年版，第4页。

③ 《中国文化消费报告（2014）》，第5页。

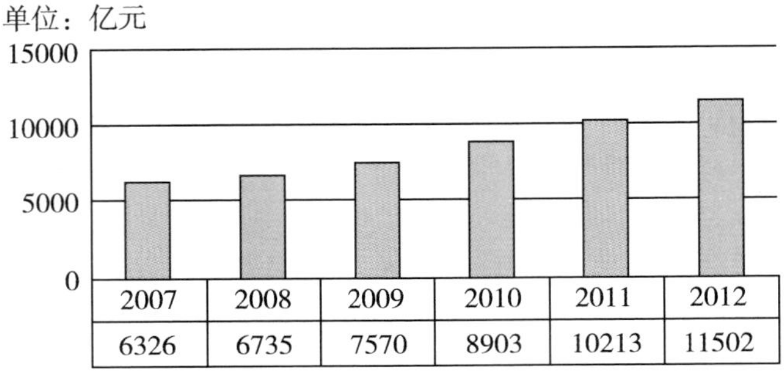

图4-2　2007—2012年居民文化消费总支出

数据来源：根据《中国统计年鉴》和《中国住户调查年鉴》资料整理而得

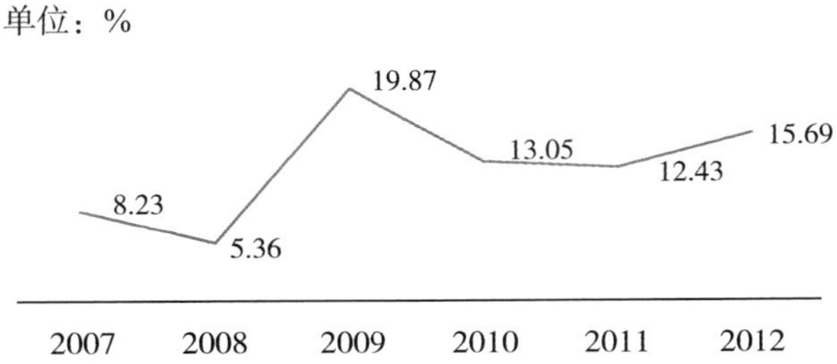

图4-3　2007—2012年居民文化消费总支出年增长率

数据来源：根据《中国统计年鉴》和《中国住户调查年鉴》资料整理而得

其次，我国城乡居民文化消费支出也在稳中回升（如图4-4、图4-5所示）。除了2003年受“非典”影响，2008年受全球金融危机影响外，我国文化消费支出所占的比重总体呈上升趋势。相对而言，城镇文化消费支出虽然比农村文化消费支出的比重要大，但是它对外在因素更加敏感，“非典”时期和金融危机时期的明显下滑就是力证。农村居民文化消费受外在因素影响较小，增幅相对平稳，近几年增长速度有加快的趋势。

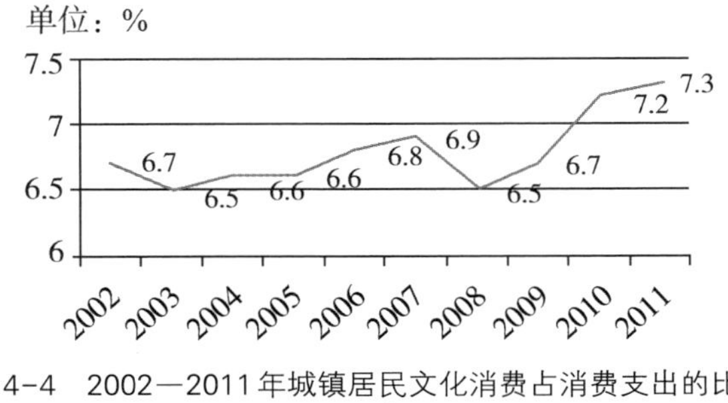

图4-4　2002—2011年城镇居民文化消费占消费支出的比重

数据来源：中华人民共和国文化和旅游部官网

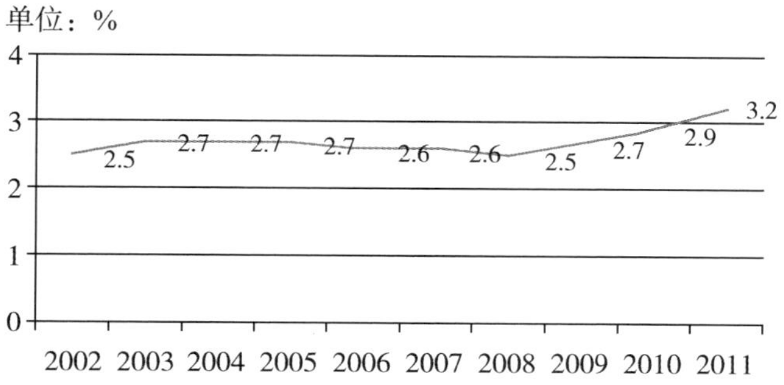

图4-5　2002—2011年农村居民文化消费占消费支出的比重

数据来源：中华人民共和国文化和旅游部官网

再次，我国不同地域文化消费发展不平衡的状况依然十分明显，但在国家政策支持下，西部地区和农村文化消费市场的潜力巨大。2013年东部地区居民人均年文化消费的金额为5197.3元，占可自由支配收入的比例为20.6%；中部地区居民人均年文化消费的金额为2490.5元，占可自由支配收入的比例为13.8%；西部地区居民人均年文化消费的金额为2990.8元，占可自由支配收入的比例为16.7%。[①]从表4-4[②]和图4-6[③]可以看出，2014年较之2013年虽然有小幅变动，东部地区凭借丰富的文化资源、资本以及人才投入，依然占据文化经济的主导地位，同时在政府的支持下中西部部分地区也展示出了巨大的文化消费的潜力。同时，这种文化消费的地域差异还表现在城乡分别上，城镇凭借其完善的文化设施和环境优势，文化消费相对便利，文化市场繁荣程度较高；农村居民虽然有一定的文化消费意愿，但是鉴于经济能力、消费环境、文化素养等因素，文化消费市场相对落后，农村文化市场却仍有巨大的消费潜力（如图4-7[④]所示）。

---

① 《中国文化消费指数首次发布》，http://www.ccdy.cn/zhuanti/2013zt/wenhuachina/redian/201311/t20131115_803627.htm。

② 《中国人民大学发布2014年度“中国省市文化产业指数”及“中国文化消费指数”》，http://news.ruc.edu.cn/archives/95064。

③ 同上。

④ 同上。

表4-4　　　　　　中国省市文化产业发展指数（2014）得分及排名情况

排名	综合指数		生产力指数		影响力指数		驱动力指数	
1	北京	82.1	广东	83.9	上海	84.7	北京	83.5
2	江苏	81.1	江苏	80.8	江苏	84.6	辽宁	81.5
3	浙江	79.7	山东	80.8	北京	83.6	青海	80.3
4	广东	79.6	北京	79.1	浙江	83.6	宁夏	80.1
5	上海	78.8	浙江	78.3	广东	79.7	西藏	78.9
6	山东	77.7	四川	76.8	湖南	79.0	江苏	78.0
7	辽宁	77.2	上海	76.1	山东	78.1	浙江	77.1
8	河北	75.2	河北	75.7	江西	77.6	山西	76.5
9	湖南	75.1	河南	74.9	辽宁	76.5	河北	76.5
10	江西	74.2	辽宁	73.8	安徽	76.3	上海	75.4

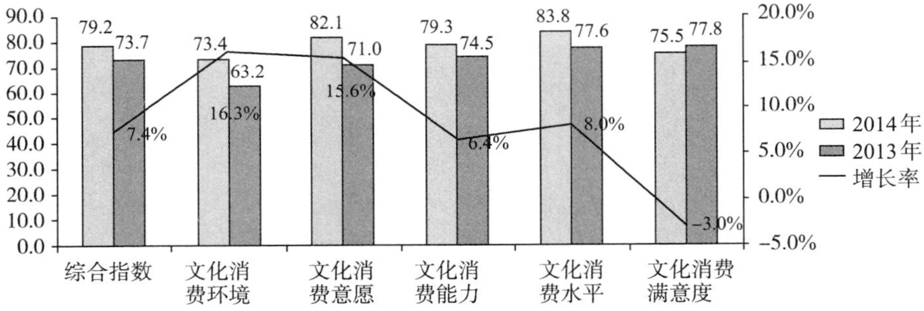

图4-6　2014年中国文化消费指数总体变动

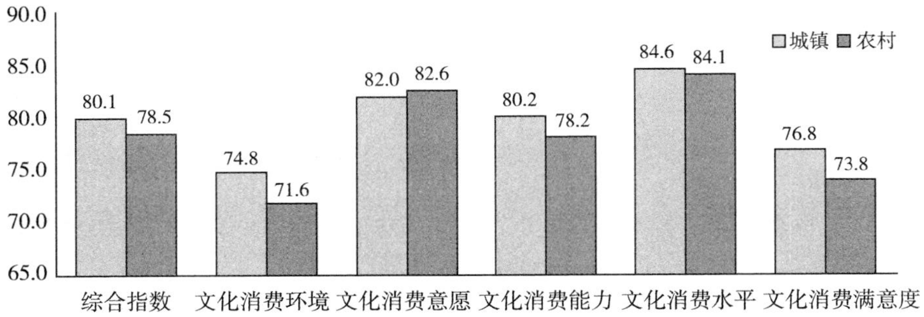

图4-7　2014年城乡文化消费指数

综上，我国文化消费正在稳健增长，西部地区和农村文化消费的潜力巨大。居民的文化消费需求也随着网络技术、终端技术的发展和普及而日渐多样，不同区域受众通过网络平台消费的文化内容商品的种类和品质等逐步趋同，文化消费支出在全国各地居民的日常生活中所占的比重将会越来越大。文化消费的现状梳理对于我们探究互联网对文化消费的深度影响具有重要的现实意义。

二、互联网与文化消费者行为

从20世纪50年代开始，中国就有学者开始了以购买动机为主题的消费者研究，并在随后的研究中逐渐形成消费者行为模式体系。消费者行为是指消费者为索取、使用、处置消费物品所采取的各种行动以及先于且决定这些行动的决策过程。[①]值得注意的是，消费者行为是一个过程而不是单一行动，它包括获取商品的需求或欲望、选择、购买、处置和分享体验等多个阶段，文化消费者行为也不例外。这里的消费者行为包括作为个体的消费者行为和作为群体（稳定的团体和不稳定的团体如团购）的消费者行为。互联网的介入使文化消费者的行为更加全球化、数据化、网络化和虚拟化，文化消费者行为模式由AIDMA[②]转为AISAS。相比之下，网络环境中的文化消费者行为模式最大的特点在于搜索和分享，搜索引擎技术的进步为文化消费者在认知和决策阶段提供了大量的、全面的、人性化的信息资讯，分享信息传播速度的成倍增长，为文化内容营销者和文化消费者决策都带来了便利。受众在网络文化内容商品消费中占据着主导位置，他们不仅决定了消费者行为过程，也影响着生产者和经营者的文化内容商品的类型、品质和潮流。基于网络传播和网络消费的特性，互联网为文化内容商品消费者行为带来以下四个方面的变革：

---

① 陈文汉主编《消费者行为学》，北京大学出版社2014年版，第4页。

② AIDMA：Attention引起注意——Interest激发兴趣——Desire产生欲望——Memory留下记忆——Action产生行动。

（一）从满足自我到实现自我的观念转变

消费观念是人们在日常消费生活中形成的有关消费决策的观念和看法，任何一种消费行为都是受消费者的消费观念所支配的，消费观念随着外部环境（生产力水平、市场环境、文化环境等）和内部环境（消费者的文化观念、教育水平、收入水平等）的变化不断地发展和完善。新中国成立之初，物质基础薄弱，我国民众普遍奉行勤俭节约的消费观念；随着生产力的进步，改革开放促使理性消费观念在国民生活中蔓延；市场经济的逐步繁荣，社会剩余的增多使原本被压抑的消费欲望得到解放，追求享乐的消费至上主义在20世纪90年代开始被大肆鼓吹；而金融风暴的侵袭使多数人的消费观念重归理性。在中国历史上很长一段时间，文化消费是由拥有物质剩余的阶级所独享的。近代以来，我国文化消费依旧遵循着这一物质丰富才会催生文化繁荣的固有定律，在改革开放之前，文化消费仍是专属特定群体的。市场经济带来的物质充裕，使大众文化产业在20世纪90年代逐步在中国发展起来，由此，我国的文化消费市场才开始形成规模。起初人们选择进电影院、歌舞厅等场所是为了娱乐身心抑或是“跟风”，文化内容商品在数量和质量上都有所提升之后，消费者可以选择性地消费文化内容商品，但其出发点——满足自身的精神需求是固定不变的。

互联网不仅拓展了文化消费对消费者文化需求的满足范围、程度和自由性，更促使消费者认清自己的文化追求、生活追求，从而通过互联网上的文化消费行为达到实现自我文化认同的目的。互联网是一个“只有你想不到”的世界，在这个世界里人们几乎可以找到任何想找到的信息，这就扩充了原本文化消费中信息获取和文化增值的范围。同时，这种自由的、高契合度的、便捷的、全面的信息获取也增强了消费者文化、信息需求的满足程度和参与或实施“文化再生产”的积极性。海量信息加上便捷的引擎，为文化消费者提供精准的信息服务，使消费者能够获取到相较于互联网普及之前更加全面的、准确的、符合自身需求的信息服务，为消费者的文化消费行为和决策提供了“合乎心意”的协助，在提高文化消费质量的同时，也增强了消费者的自我实现感和自信心。正是因为文化消费的个性化以及互联网技术的人性化信息支持，文化消费者在互联网上更期待通过自身的文化消费行为，不仅能够满足基本的文化需求，还能够获得文化自信和实现独特的文化自我。文化消费不仅具有社会性，更具备文化性特色。文化内容虽然多为社会、历史积淀的结果，但是文化消费者对文化内容的“解构”是个性化的，这就使文化消费不同于物质消费，带上了个性化的色彩，而个性化也正是文化消费自我实现观念的根源所在。这种对文化内容的自由、个性的自我追求就如同没有人愿意完全屈从于别人的观点，没有人愿意与别人穿完全一样的衣服或留与他人相同的发型一样。受众逐渐开始为自己心仪的文化内容付费（或为了独家资源，或为了去除广告，或为了获取更高品质的资源等），移动互联网使受众可以实时实地地上网更增强了受众为内容付费的意愿，这是对传统网络资源免费获取、分享观念的一种颠覆，也说明了人们对文化自由、文化自我追求的坚持和不懈努力。随着网络技术和终端技术的发展和进步，未来的网络服务将更加人性化，对人们生活的“侵入”程度会越来越强，消费者的个性会被设备、技术和人自身“深挖”，未来社会必将是个性化的“长尾”世界，自我实现将是人们从事文化内容商品消费活动的主要支配观念。

（二）动机个性化

动机就是消费者行为的原因，当消费者希望满足的需要被激活时，动机就产生了。[①]当前已经形成的比较成熟的消费动机理论有：本能理论（本能是人类一切思想和行为的基本源泉和动力）、驱力理论（强调行为的因果机制，人现在的行为动机要以过去的效益为依据，需要产生驱力，需要得到满足，进而减少驱力）、认知理论（认为人的行为主要是由关于信念、期望和未来变故的预测决定的）、期望理论（人的努力是由诱发力和期望共同决定的）、唤醒理论（个体偏好那些具有适度唤醒潜力的刺激物）和诱因理论（内部动因和外部动因都能够刺激引起行为）等。综合上

① ［美］迈克尔·所罗门、卢泰宏、杨晓燕：《消费者行为学》（第10版），杨晓燕、郝佳、胡晓红等译，中国人民大学出版社2014年版，第78页。

述各种理论可以看出，动机是推动消费行为的原动力，它由需求和诱因两个方面组成。需求是消费者消费行为动机的内部因素，包括消费者的兴趣、价值观、消费观念等；诱因是动机的外部因素，包括目标、期望、责任、压力等。

消费者的需求与消费动机是密切相关的。根据马斯洛的需求层次理论，一个人在满足了基本需求后，就会产生更高层次的需求。与物质需求的功用性不同，文化需求更强调精神、情感、审美、象征性、尊重等层面，文化需求在马斯洛的需求五层次理论中属于较高层次的需求。文化需求主要是指人们对教育、学习以及科学、艺术、新闻、图书、体育、旅游和娱乐等方面的需要。从宏观上来看，文化需求主要可以分为从众需求、社会区分需求、个人提升需求、审美需求、求新需求和偏好需求等几种类型，但它的产生必须同时具备不足之感和满足之愿两个条件。这两个条件均受消费者内部和外部许多因素的影响。除了客观的时代和社会背景外，主观性在区分同时代、同区域消费者文化需求中起主导作用，消费者的主观性（情感、审美、社会象征、偏好等）也正是文化需求个性化的根源。源于不同消费者所对应的教育背景、成长经历、兴趣爱好、个人习性等因素的不同，每一个消费者对文化需求的不足之感和满足之愿都是不同的。从内部因素驱动消费动机的角度来看，个性化的文化需求必然带来个性化的文化消费动机。正如前文所述，互联网技术和终端技术正在“深挖”人的个性，网络中文化需求的个性化必定较之传统文化需求更加广泛，长尾属性也更加明显。

简单而言，诱因就是商品的营销，与物质消费动机的诱因具备生理性、生存性等特征不同，文化消费动机的诱因往往更加抽象化、情绪化。物质消费的诱因多与商品的实用性、功能性密切相关，面对同样价格的商品，消费者往往更倾心于质量和功能较优的商品；文化消费的诱因的主观性较强，主要包括品牌和创新两个方面。文化企业通过图标、名称、形象等方式，塑造出与其企业文化和精神特质相符的公众形象，品牌是消费者对文化企业和其生产的文化内容商品的全部认识的凝结。除了和物质商品品牌一样具备市场号召力外，文化品牌是文化企业的文化精神价值和经济价值的双重凝聚，意识形态属性使文化品牌更注重品格与个性色彩，强调感情投入和精神因素，具有垄断性和唯一性。与物质商品品牌相同，文化品牌诱因对于忠诚的文化消费者而言有着难以轻易消除的黏附力，同时对潜在的文化消费者有不可忽视的吸引力。文化品牌诱因的独特性在于它对消费者内心的触动，品牌文化内涵与受众文化心理的契合程度往往与品牌的诱发力密切相关。如果品牌文化内涵或品牌的某种表述、呈现，正好与消费者内心对同一文化内容的“解构”相符，或是勾起消费者的某些相似回忆，或是迎合了消费者内心的某种向往，“契合”就自然形成，品牌诱发消费行为就会成功，而且很容易形成回头客和品牌忠诚度。创新诱因包括内容创新和形式创新为消费者带来的触动，主要表现在：其一，内容创新是指对同一文化内涵的创新性“解构”，这种解构或是迎合了大众或是分众的文化诉求，或是颠覆了传统解构而为人带来眼前一亮的触动；其二，形式创新多与技术相关联，“求新”和“窥探”心理促使很多消费者更愿意体验新技术带来的感受。小说搬上电视和电影荧幕甚至搬到游戏平台，只能被视为解构形式的不同；但经典电影、艺术作品的3D呈现则更多彰显的是高新技术带来的魅力。但无论是“解构”内容或形式的不同，还是技术带来的视听颠覆力，都是文化消费诱因的重要构成。互联网技术、数字技术和平台技术更容易发掘出消费者的个性，也能更便捷地满足这些个性化的需求。

（三）选择和获取途径的多元化

所谓“选择”，就是在产生了购买动机之后通过信息查找、调研，预设出几个备选的消费方案，并最终做出消费决策的过程。在这个过程中，最重要的是信息的查找和调研。在传统文化消费中，信息的主要来源是商业的营销信息，多数都是由经营者主动推送到消费者面前供其参考并竭力促成消费，信息获取和调研的过程中，消费者多处于被动地位。网络环境中，信息的来源可以分为商业的和非商业的两种，其中商业的信息是指营销者和经营主体提供的信息，包括广告、销售介绍、宣传片、宣传册、实体体验展示等；非商业信息则多指消费者在社会生活中获取的口碑信息。在网络环境中，消费者信息查找和调研的来源不仅包括经营主体和营销者有意识的广告投放、音视频和文本等形式的多媒体宣传、微博和微信等社交软件互动推广等信息，更重要的是，在个人主体意识日益膨胀的网络世界中，社交化网络媒体正在充当并扩大着传统的“口碑”效应，且往往能够起到比直接营销更有效的推广作用。在文化消费活动中，非商业的信息来源主要包括售后评价和评分、各大社交网站和论坛的评价帖子、独立评论人的体验评价分享、专业机构的分析报告、社交软件中的转载和评论等。根据艾瑞咨询公司的调研显示，用户评论是消费者获取信息的最主要方式。互不相识的人们之间对同一事物进行评价和经验分享已经充斥到生活的方方面面，它颠覆了传统口碑效应依靠口口相传的局限性，使消费者自发自愿地参与经验分享和文化推广活动。因此，相对于传统的信息调研过程，网络文化消费信息调研的信息来源渠道更多、更便利、更全面，经验更多也更真实，经验参考价值得到了极大提升。

互联网中的海量信息在检索和调研中会形成大量有效或无效信息，而根据对有效信息的对比分析，往往会形成多个备选方案。之后，消费者会进入方案评估和选择的阶段，也就是消费决策阶段。与传统文化消费相同，在进行消费方案决策的过程中，消费者往往都会制定出自己的评价标准，不同消费者的价值取向不同，选择的标准也会有所不同。网络文化消费决策的独特性还在于，网络文化消费者在做出决策时还会受到文化内容商品经营主体的信誉度、美誉度、售后评价等外在因素的影响。根据艾瑞咨询《2015年中国网络购物用户调研报告》的数据显示，除去商品本身的质量和价格因素，网站品牌信誉和商家信用体制是消费者最关注的因素。在做出购买决策后，文化内容商品的获取渠道也较传统文化消费更多。文化内容商品包括有载体的文化内容产品和无载体的文化内容服务。传统的文化内容产品只能通过实体店获取，文化内容服务则主要是通过亲身、实地体验的方式获得。网络环境中的文化内容产品可以通过线下和线上两种方式获得，线上调研线下消费是传统文化消费的网络化，而线上调研、线上消费则依托于数字技术、网络技术和终端技术的进步，使足不出户获取文化内容产品成为可能。文化内容服务的形式也较传统文化内容服务更加多样化，传统的文化内容服务主要包括剧院演出、电影、电视等需要实地体验的种类，数字技术为文化内容服务的跨时空传播奠定了基础，网络中的文化内容服务主要包括实体演出的数字化传播、文化内容的文本化和数字化等。通过互联网，消费者可以获取多种多样的文化内容商品，互联网促使文化消费从调研到内容商品获取的方式、渠道、种类等环节的多样化发展。

（四）后续效应突出

消费者在做出文化消费决策后，就会实施购买行为。与物质商品相似，购买有物质载体的文化内容商品，就是购买有文化内容的载体；不同的是，物质商品的购买是为了获得使用功能，有载体的文化内容商品的购买行为则是为了载体中的精神文化内容。基于精神特质和文化内涵的吸引力，无载体的文化内容服务也不同于传统的服务消费。消费者购买文化内容服务后更多的是感受文化内容服务中的内涵及其传递的精神文化，这类文化内容商品的消费过程也是消费者体验和享受精神文化内容的过程。在传统的商业运作中，购买行为是一个微观商业活动的结束，它标志着一个商品获得了它的交换价值。在互联网环境中，消费者对任何商品达成购买行为，都不是该商品在市场中生命的结束，而是另一个或更多商业活动和消费行为的开始。文化内容商品的网络消费由于其文化内涵的个性化、解构性特征，其购买行为的达成更易于带来强大的后续效应，主要表现在文化内容再生产、口碑效应和再消费三个方面。

本书第二章对文化内容再生产的类型和意义都做了较为详细的分析，本章主要强调消费者在购买文化内容商品之后，根据自身的体验和价值标准，对其进行的分享和评论活动也建构了文化内容的传播和再生产过程。正是由于消费者在互联网上对文化内容的积极参与性评价，才赋予了文化内涵在网络世界中新的生命力。试想一下，如果一件文化内容商品在互联网上除了销售链接之外再也找不到任何消费者体验信息的踪迹，那它必将很快被湮没在网络信息的海洋中，没有传播和传递下去的原动力。从文化产业经营的角度来看，消费者的文化内容消费体验对经营者而言是一个免费的、开放的意见箱，对消费者意见进行梳理，有助于改善文化内容商品在未来的经营方向。

口碑最初是指口头传播，随着传播介质的发展和优化，口碑突破了传统口口相传的局限性，人与人之间通过媒介自发地传播关于商品的任何信息都可以形成口碑。网络口碑效应是指消费者之间借助互联网平台关于文化内容商品供应或商品本身特点的非正式的交流和分享，口碑效应有正面、中性和负面之分。网络口碑不仅能描述消费者的体验感受，还能对商品的客观描述进行补充。具体来看，主要有消费者体验的自媒体分享（QQ、微信朋友圈等的状态发布和链接转发等）、参与讨论（微博、论坛等）和消费评价等几种类型。与文化内容商品营销者采取的广告、促销、推销、宣传等推广方式相比，口碑往往能发挥更大的影响力和说服力，主要表现在：首先，口碑的来源是已经消费过某文化内容商品的消费者，具有较高的可信性，能从情感上和理智上降低潜在消费者的感知风险；其次，口碑效应是消费者自发、自愿的分享行为形成的，虽然消费者的初衷是分享体验，但正面口碑实际上却形成了文化内容商品推广的效果，这就为经营者节约了成本；再次，网络口碑来自互联网，对文化内容商品相关信息的传播更广泛、更全面、更精准，能够有效地达到文化内容扩散的目的；最后，正面口碑有利于文化内容企业品牌形象的塑造，这对文化企业和文化内容商品的长远发展而言都是十分有利的。

无论是正面的、中性的还是负面的口碑效应都能达到文化内容传播的目的，但只有正面口碑能够产生文化营销难以匹敌的消费影响力，进而形成再消费。这里的再消费不仅是指“回头客”的再消费，还指潜在消费者受到口碑的影响而形成的消费。如果说口碑的社会效应是文化传播，那口碑带来的消费的经济效应更是让众多商家望尘莫及，从这个角度上可以将正面口碑带来的消费称为“口碑经济”。也正是因为这样，口碑与品牌是休戚相关的。网络经济中的各行各业都十分重视口碑带来的效应，甚至将口碑营销当作主要的营销手段。由于文化内容商品具有文化性、意蕴性和解构性等特征，因此文化内容商品供应商更应当充分重视和应用口碑效应。首先，供应商可以通过网络调研获取消费者意见，据此改进文化内容商品的质量和结构，并将信息有效传递以改变口碑传播的内容；其次，充分激发和发挥意见领袖在网络舆论中的作用，创建良好的口碑源；再次，激发和支持消费者之间的沟通渠道，鼓励消费者参与口碑传播。

文化消费行为中，无论动机形成、信息检索、购买决策还是信息反馈都是受消费观念支配的。互联网技术对文化消费者从观念到行为上都产生了重要的影响，受众为体验文化内容付费的习惯日渐养成。总体上，网络环境中文化内容商品消费者的行为反映出更强的个性化、交互性、开放性和多元化色彩，真正的受众时代正在到来。

三、互联网环境下文化消费的影响因子

消费者的购买行为受多种因素影响，以消费者决策过程和要素为研究对象的成果主要包括：Pavlovian模式、Veblenian模式、Nicosia模式、EBM模式、Howard-Sheth模式和Kotler模式六种。Pavlovian模式源于心理学，认为消费者购买行为是一种刺激——反应过程，该模式已经成为一些研究者的一项重要理论基础；Veblenian模式从社会心理学的角度，认为人的需求和购买行为都受到社会文化、亚文化和相关群体的影响，文化和亚文化对消费者的影响较为宏观，相关群体则从具体购买行为上对消费者产生影响；Nicosia模式强调消费者与企业之间的信息沟通和反馈，信息交流是一个双向的过程，将购买决策过程分为信息流程、信息搜集及方案评估、购买行为和信息反馈四个阶段，但它忽略了外在因素对购买行为的影响；EBM模式最早由Engel、Kollat和Blackwell于1968年提出，经过修订和发展形成了EBM模式[①]，该模式的研究者提出理性消费者的观点，认为

① 由于1990年Paul W. Miniard加入小组取代了David T. Kollat，同年三人对EKB模式进行修订，并命名为EBM模式。

购买行为都源自消费者记忆与信息处理；Howard-Sheth模式从多学科的角度对消费者行为进行解释，认为消费者的购买反应不仅源于产品经营者带来的刺激，也来自社会和消费者本身；Kotler将经营者和环境带来的刺激，以及消费者的个性化信息处理进行总结，提出了以“刺激——反应”为基础的Kotler模式。这些模式中关于影响消费者购买行为的因素和机制，多数同样适用于网络消费，如Nicosia模式中的信息交流双向性在网络消费中就演化为信息和交流的交互性、EBM模式的七个决策步骤（需求确认、信息搜寻、方案评估、购买选择、消费、消费后评价和处置）也同样适用于网络消费等。

整体上看，通过对这些消费者购买决策模式的梳理，可以将影响消费者的要素概括为外部因素、刺激因素和内部因素，互联网文化消费也不例外。但基于文化消费的文化性、个性化和互联网的开放性、交互性等特征，影响互联网文化消费的因素应当有所偏重。经济繁荣和互联网的普及，网络传输的低成本，文化需求的多样化和长尾化发展，都使得收入、地理区域、价格等影响文化消费的传统要素不再对网络文化消费者产生威胁。反之，消费者的个性化、小众化和多样性的文化需求，产生这些需求的文化和社会背景，终端和网络技术以及网络舆论对网络文化消费者产生了更强的影响力。关联群体也由传统的现实社交群体转为网络关联群体，所有因同一关注点形成直接或间接交流的网民都可以是网络文化消费中的关联群体。

（一）个性因素

我国第一部大型心理学词典——《心理学大词典》中关于个性的定义反映了多数学者的看法：“个性也可称人格。指一个人的整个精神面貌，即具有一定倾向性的心理特征的总和。”[①]消费者个性心理包括能力、兴趣、气质、性格等方面。对于网络文化消费者而言，能力是指消费者能够顺利完成消费活动并具备一定消费效率的个性特征。所谓“文化消费的

① 陈文汉主编《消费者行为学》，北京大学出版社2014年版，第73—74页。

效率”，是指在一项文化消费活动中投入的时间、精力和金钱等成本与得到的精神满足程度之比。兴趣是指消费者对文化内容商品从内容、类型到形式等的倾向性、差别性、深入和拓展程度、效能性等特征。一个人往往对契合其兴趣点的文化内容商品投入更多的注意力，并主动获取更多的相关信息，同样在实施该文化消费时的期望值就会比较高，所达到期望值的程度就是兴趣的效能。气质是一个人经过长期生活和学习积淀形成的持久的、稳定的指向性心理特征，通常可以利用气质将人的品位进行区分，这也是气质个性对文化内容商品消费施加影响的途径。性格是指消费者对待客观现实的态度、价值观，在文化消费中表现为持久稳定的消费倾向性个性特征。总之，兴趣反映消费者活动的内容和倾向，能力反映消费者活动的效率[①]，气质影响消费者的活动范围，而性格则决定了消费者活动的价值导向和标准。

一个人的个性是由遗传和成长环境两方面决定的，从遗传学角度来看，每个人的遗传个性都是独一无二的。遗传个性属于生物学范畴，除了性别、身高、肤色等显而易见的特征外，心理偏好是难以考量的。这里的环境主要是指个人的成长经历和教育背景。成长经历多数通过融入消费者兴趣、气质和性格等方式影响人的个性。教育背景是消费者获取文化消费能力的主要途径，通过接受教育和学习，消费者必须掌握基础的网络应用技能和一定的文化内容鉴别能力。

（二）文化和社会因素

这里的文化可以分为民族文化和亚文化两种，其中民族文化对消费者的影响主要表现为文化价值观，它是一个国家或民族的大多数人所信奉的、被普遍接受和倡导的观念和信念；亚文化则是一种群体区别于其他群体的共同信仰、风俗习惯和经历。以此类推，在民族文化、亚文化之后，还有各类微型文化。因为其人口基数较之亚文化要少，且该群体中的人自愿选择认同同一种生活偏好和审美偏好，这里将微型文化归为亚文化

① 陈文汉主编《消费者行为学》，第74页。

的一种。与物质消费不同，文化内容商品消费受文化价值观的影响更深也更久。同一民族因信奉同样的民族文化价值观，居民文化消费相对于其他民族而言往往具有一定的共性。但在同一民族内部又存在着数不胜数的亚文化，在亚文化价值观的引导下，民族内部不同亚群体之间的文化消费也会存在着明显的差异，比如河南人对豫剧的热爱、年轻人对时尚消费的热衷、动漫迷对某动漫作品的追捧、影迷歌迷对偶像的崇拜等。亚文化对文化内容商品消费者行为的影响，主要表现在这一个个不同的亚文化带来的消费者对文化内容商品从内容、形式乃至角色的偏好和消费热度上的不同。在利用亚文化引导文化消费的过程中，前瞻性地发现并挖掘出亚文化的核心文化价值观，并充分利用该亚文化的价值观对亚群体进行消费引导，促使文化内容商品更容易被该亚文化群体接受。

社会环境对文化内容商品消费的影响主要表现为政策和法律环境对文化消费的支持和规制。现有政策和法律规范大力提倡的文化消费，往往具有相应的支持手段，如注册门槛、税收优惠等，在这些支持手段的引导下更容易形成区域文化消费繁荣的景象。反之，政策和法律规范严加限制的文化消费，消费者的热情也会降低。当前，我国有关网络文化消费的配套政策法律体系仍然在探索中不断完善，这难免对消费者的文化内容消费活动产生影响。

（三）技术

科学技术直接影响着文化消费的便捷程度和创新方式，并引领着文化消费的走向。正如前文所述，这里的技术包括网络传播技术、数字技术和终端技术。1989年Davis提出的技术接受模型有两个决定因素：感知的有用性，反映一个人认为使用一个具体的系统对他工作业绩提高的程度；感知的易用性，反映一个人认为容易使用一个具体系统的程度。①随着人们生

① Fred D. Davis, Richard P. Bagozzi and Paul R. Warshaw, “User Acceptance of Computer Technology: A comparison of two Theoretical Models,” *Management Science*35, No.8(1989): 982-1003.

活节奏的加快，文化消费的易得性、便捷化和多样性直接刺激着文化消费的发展。科技发展越来越朝着“高”“微”“精”等方向发展，“高”指科技产品的性能越来越高端，技术含量越来越高，复合式以及多功能是当前科技的一个基本特征；“微”指科技产品体积越来越微小，各种“MINI”产品的出现正体现着这种“微化”，如“微信”“微博”；“精”指科技产品再也不仅仅是个工具那么简单了，它更是一种装饰、一种文化象征。[①]网络技术和数字技术是文化内容商品从供应形式到传播渠道的重要保障，没有这些技术支持，文化内容不能够有效传播到更多受众的视野内，文化内容供应商难以从中获取更大的利润和创作生产热情，文化消费者也失去了更多的选择机会，个性需求无法被激发和满足。终端技术的发展使网络文化内容消费的移动化发展，智能手机和平板电脑填补了人们生活中的时间碎片，如何使更多的文化内容商品进入这些碎片时间，成了商家争相角逐的焦点。总之，技术是网络文化消费的支撑，没有技术更新和进步的网络文化消费难以持久。

（四）关联群体和口碑

网络消费既是强调个性化的消费行为，更是一种群体行为。如前文所述，网络环境中文化消费的关联群体由传统的现实社交群体转为网络关联群体，主要是指因同一关注点形成直接或间接交流的网民，关联群体在网络上留下的相关内容构成了关于某一文化内容商品的网络舆论。网络文化消费的关联群体形成的纽带是相同、相似或相近的文化内容商品、文化品牌、文化企业等的相关信息，该群体主要由自由评论人、消费者和潜在消费者组成。自由评论人可以是已经完成消费的文化消费者、潜在消费者，也可以是对文化内容相关信息感兴趣、熟知或专注的自由网民，它可以分为自由的、感兴趣的网民和专业评论人。网民参与评论是因为文化内容商品与自己的兴趣点有契合的地方；专业的评论人多拥有专业的知识或广泛的文化内容体验，在关联群体中往往可以起到意见领袖的作用。已经完成

① 《中国文化消费报告（2014）》，第29页。

文化内容消费的消费者，他们在这个关联群体中充当着经验分享和内容评价的角色，他们在网络上的自发评论可以是为了分享、宣泄、炫耀等各种各样的目的，但形成的结果是为潜在消费者和观望者提供信息补偿和建议。潜在消费者在关联群体中是发问者的角色，因为对文化内容商品选择上存在困惑，而在网上寻求关联群体的协助。无论是评论人、消费者或潜在消费者，他们在互联网上的交流和分享活动多数是自发、自愿进行的，提供的信息客观性也比较强。消费者对关联群体整体的信任可以促使其愿意承担购买风险而增加消费意愿，基于这一事实，关联群体对于观望者和潜在消费者的借鉴意义、参考价值和影响力都远高于商家的营销活动。

通过前文对网络文化消费后续效应的分析可以发现，口碑的内涵涉及以下三方面：第一，口碑是发自消费者的而不是商家的非正式信息；第二，口碑信息涉及和企业有关的各个方面；第三，口碑会影响消费者的态度和行为。[①]网络口碑的可信度是其能否对消费者行为产生影响的关键，而可信度又与分享的专业性、全面性、客观性，网络平台的权威性，以及消费者对网络的依赖程度密切相关。那些具有专门知识的专家获取产品知识的能力很强，而这些知识对产品购买者的选择产生至关重要的影响。[②]同样，看上去对消费体验和评价的描述越是全面和客观的口碑，越容易使消费者产生强烈的信任感，进而影响消费行为。同时，网络平台的权威性直接影响着网络口碑的曝光率和可信程度，越是权威的网站，访问量越大，访问者对平台本身的信任度越高，自然对分享在该平台上的口碑也容易产生较高的信任感。对互联网依赖程度高的受众，更倾向于在网络平台上搜集文化内容商品的相关信息，他们整理、分析和分辨口碑可信度的能力往往较不依赖互联网的人群要高。口碑的可信度直接关系其对消费行为的影响力度。因此，网络口碑作为网络消费者获取信息的重要来源，对文化消

---

① 毕继东：《网络口碑对消费者购买意愿影响实证研究》，《情报杂志》2009年第11期。

② V W. Mitchell and Pari Boustani, “A Preliminary Investigation into Pre-and Post-Purchase Risk Perception and Reduction,” *European Journal of Marketing* 28, No.1(1994):56-72.

费行为的影响是至关重要、不容忽视的。

综上，日益突出的个性表达决定了互联网时代文化内容需求的个性化，文化和社会环境因素决定着一个时代文化消费观念的构成，技术的更新速度和受众的接受程度决定了网络文化消费的规模和潜力，关联群体和网络口碑作为网络时代文化内容商品消费的有力诱因直接影响着受众的购买欲望。这四者相互依存，共同构成了互联网时代文化内容商品消费的关键影响因子。

四、网络文化消费类型

网络消费促使文化内容消费由实体消费转向虚拟消费。笔者认为，互联网上的文化内容商品消费可以分为直接消费和间接消费两种类型，其中直接消费是直接形成价值交换关系的消费类型，但网络中还有大量的、并未立即实现购买行为的文化活动，如信息搜索、免费的享用音视频服务、免费的网络文学服务以及网游的试玩等，受众在接受它们的时候并未付出金钱代价，但它们却对后续的文化消费决策产生着重要的影响。简单来说，直接的网络文化消费主要是指文化内容商品的电子商务，即通过付费才能获得文化内容产品、服务和体验的消费类型；间接的文化消费多指文化企业免费提供文化内容商品，以达到间接或延后地获取经济效益的商业行为。

（一）直接的网络文化内容商品消费

消费者需要花钱才能得到文化内容产品或服务的经济活动就是直接的文化内容商品消费。从商品的形式上看，直接消费又可以分为有形的文化内容产品消费和无形的文化内容服务消费。总体上，可以将通过互联网直接实现价值交换的文化消费分为文化内容商品的电子商务、付费网络文化内容服务两种类型。

1.文化内容商品的电子商务

文化内容商品的电子商务主要包括有形文化内容商品（如纸质出版物的网络发售）和实体文化内容项目网络销售服务（如剧团演出票务）。

纸质出版物的电子商务经营主要有两种模式：一是依托传统实体书店

的网络经营，如中关村图书大厦、亚运村图书大厦的网上书店等；二是非出版业资本开设的网上书店如当当网、卓越亚马逊、淘宝网等。图书的传统实体销售的网络电子商务是对其营销模式和销售渠道的拓展，它们的立足点依旧是实体销售。一般喜欢到实体店购买图书的消费者，多是为了降低不能见到图书全貌的网上购书风险，再加上依托于实体图书销售的电子商务在营销手段、团队和价格等方面都不如商业资本开设的网上书店有优势，依托实体的网上书店在市场份额上竞争力也较弱。美国的亚马逊网上书店和亚马逊中国是纸质出版物B2C模式的突出代表。成立于1999年的当当网在经历了激烈的市场竞争后，成为我国响当当的网络图书城品牌代表，加上近年来其业务范围的扩展，当当网正在成长为继淘宝之后的又一个综合性、一站式服务的网络购物平台。互联网大大拓展了消费者对个性的追求，文化消费者更加追求独立、自主、便捷和定制化的消费模式。网上书店依托其快捷的信息服务、丰富的商品种类、明显的价格优势以及便捷的配送和完善的售后服务等优势，逐渐成为文化消费者获取图书等纸质出版物的主要渠道。广泛的信息、丰富的图书种类和便捷的配送迎合了图书消费者自主、独立、个性化和便捷的文化消费需求，明显的价格优势是促使消费者网上消费的一个重要诱因，而完善的售后服务则大大降低了消费者对网上购书风险的顾虑，同时贴心的、人性化和定制化的购书过程服务更为消费者增添了网上购书的信心。

互联网文化票务服务主要包括专业票务网站、经营者官方网站和综合性服务网站等的票务服务，票务销售的类型主要包括音乐会、剧团演出和电影票等。票务网站是指利用因特网提供的虚拟平台进行演出票务营销和销售的活动，它主要包括演出信息展示、网络宣传与广告、咨询、销售引导、电子商务、在线服务与沟通、售后服务等内容，如中国票务网、东方票务、开心票务网等等以演出票务主导的网站[①]，以及时光网等电影票务网

① 王广振、王爽：《论新时期票务系统建设对艺术院团改制的推动作用》，载胡惠林、陈昕主编《中国文化产业评论》(第13卷)，上海人民出版社2011年版，第334页。

站。因为票务的销售者就是文化内容商品的提供者，经营者官方网站的票务服务往往更具有权威性，这里的经营者主要是消费场所（剧院、影院）或文化内容商品创作者（剧团）。综合性服务网站主要包括糯米、美团、大众点评等综合性服务网站，它们经营的范围包括人们生活的方方面面，票务服务只是众多服务中的一种，作为专业的团购网站，其宗旨是为消费者提供尽可能实惠省钱的服务，因此，它们更具有价格上的优势。

2.付费的网络文化内容服务

付费的网络文化内容服务主要指通过付费享受有偿信息检索、下载、咨询服务以及时效性地观看、收听、下载文本和音视频服务等。

订阅收费模式源于RSS订阅，用户依照约定按周期支付费用获取信息内容。有偿信息检索、下载服务的典型代表是中国知网、万方数据的综合学术信息服务（如表4-5[①]所示）。时效性地观看、收听、阅读、下载文本和音视频服务，是许多文化内容网络平台采取的经营手段。2015年2月在线视频媒体播放覆盖人数4.74亿[②]，市场规模仍在继续扩大。根据艾瑞咨询的定义，网络视频是指内容格式以WMA、RM、RMVB、FLV以及MOV等类型为主，可以通过RealPlayer、Windows Media Player、Flash、QuickTime及DivX等播放器在线播放和观看的文件内容。拥有更高品质、时效性更强、资费更透明的互联网收费点播发行模式已趋成熟，收费网络视频为崇尚观赏品质的网友提供了去广告服务、高清画质以及流畅播放等服务。这些体验满足了那些没有时间去影院，不愿付出免费版本的等待成本，讨厌广告插播的打扰，而迫切要求第一时间收听或观看热门音视频的网友的需求。在乐视网首先试水视频收费业务之后，PPTV、迅雷、暴风、PPS、优酷、土豆、爱奇艺等各大视频网站均开始以会员尊享包月片库、免广告、观影券赠送、宽带加速等超值权益，以及演唱会直播、观影团等

① 中国知网：《中国知网流量计费标准表》，http://ec.cnki.net/czzx/account/account.html。

② 艾瑞咨询：《2015年2月网络视频收视数据发布》，http://www.iresearch.com.cn/data/248345.html。

方式吸引受众购买视频观看特权。网络音频采取和网络视频相似的收费模式，如百度音乐以高品质音乐下载、高品质音乐播放、批量下载、VIP会员身份标识、新产品优先体验、超大存储空间、音频压缩、邀请特权、音效增强、高品质储存、音乐盒去广告、King榜特权等增值服务吸引受众购买收费服务。对于消费者而言，由于网络文学作品具有原创性、连载性、新鲜性、独立版权等特征，网站通常采用单部作品分段收费的付费阅读模式，在作品刚上网的初始阶段往往通过免费阅读积累人气，在受众群体稳定之后则多以VIP会员收费的方式促使受众购买抢先阅读权，如起点中文网具体收费标准如下：起点普通用户为5分钱/千字/人，初级VIP用户为3分钱/千字/人，高级VIP用户为2分钱/千字/人。[①]

表4-5　　　　　　　　　　中国知网流量计费标准表

数据库/计费标准/卡种		标准价格	会员卡（100元—3000元）	1万元及以上机构年卡
期刊全文	常规数字出版	0.5元/页	标准价	标准价5折优惠计数
	独家数字出版（新产品）	1元/页	标准价	标准价5折优惠计数
	优先数字出版（新产品）	价格/篇	标准价	标准价
学位论文	硕士学位论文	15元/本	标准价	标准价5折优惠计数
	博士学位论文	25元/本	标准价	标准价5折优惠计数
会议论文	常规数字出版	0.5元/页	标准价	标准价5折优惠计数
	独家数字出版（新产品）	1元/页	标准价	标准价5折优惠计数
年鉴		0.5元/页	标准价	标准价5折优惠计数
统计年鉴	全文	0.5元/页	标准价	标准价5折优惠计数
	表单	2.0元/个		

① 高千卉：《基于价值链的网络文学网站赢利模式研究——以起点中文网为例》，东北财经大学2011年硕士学位论文，第37页。

（续表）

数据库/计费标准/卡种		标准价格		会员卡（100元—3000元）	1万元及以上机构年卡
工具书	汉语字典、词典、双语词典 表谱、语录、名录、目录	0.2元/条		标准价	0.2元/条
	百科全书、专科词典、手册 人物传记	0.5元/条		标准价	0.2元/条
	图录图鉴、医药图谱	2元/条		标准价	0.2元/条
文革中草药实用手册全文数据库		0.2元/页		标准价	标准价
建筑工程造价预算与规范数据库		0.2元/页		标准价	标准价
专利		8元/篇		标准价	标准价
哈佛商业评论		在线浏览	15元/篇	标准价	标准价
		打印	15元/篇		
国学宝典		8元/卷		标准价	标准价
科技成果		有鉴定书	5元/条	标准价	标准价
		无鉴定书	2元/条		
国家标准全文库		价格/条		标准价	标准价

（二）免费的网络文化内容服务和体验

人们对互联网的依赖程度越来越高，不仅是因为网络上有海量的信息可供选择，更因为其多不胜数的免费服务和体验。文化内容网络平台所提供的免费服务和体验，多数都是以获得收益为最终目的，只是这种收益可以是直接的也可以是间接的，这一点在本书第五章中的“免费”商业模式中有较为详细的论述。在此，以起点中文网为例，简单地论证文化内容网络平台对消费者提供的免费服务类型及其盈利模式。

起点中文网作为一家专业的网络文学门户网站，向广大的文学爱好者提供了三种免费的文化内容服务，主要包括第一，免费的原创作品发布平台。这也是起点中文网最核心的功能和创办的初衷。用户只要注册为起点作家就可以免费享用该项服务，在不违背国家法律规定和道德标准的前提下，用户可以随时随地地在起点中文网上发布自己的文学作品，以圆自己的“作家梦”和“出版梦”。第二，为受众提供免费的大型文学作品阅读平台。作为专业的网络文学平台，成熟的技术支撑和频道分类使任何人都可以在站内随意检索、点击、浏览站内所有的免费网络文学作品和VIP收费作品的免费章节，并且可以以多种文件格式下载。[①]第三，突破传统阅读的局限，为消费者和原创者提供免费的交互平台。正如前文所述，在传统的文化内容消费中，生产者和消费者之间的距离是难以逾越的，网络平台使两者可以零距离、即时的实现互动交流。起点中文网的书评区就是这样一个交互平台，在这里参与讨论的人针对的只有作品内容，再没有身份的局限性。由于网络文学的连载性和创作者对受众需求的高迎合度，这个交互平台同时还可以促使创作者改进作品内容和质量，以获取更多的读者。

收费网络游戏的免费试玩，收费音视频服务的免费时长体验等之所以对消费者采取部分免费的策略，还是为了通过体验吸引消费者的注意力，以勾起消费欲望，实现支付消费。因此，这种免费还是为了实现直接的文化内容商品收费。而互联网中更多的是完全免费的文化内容服务和体验，如音视频平台的海量免费试听内容、搜索引擎、邮箱服务以及如起点中文网这样的网络文学网站的免费阅读等内容体验，虽然它们或部分服务免费或全部服务免费，但这些“免费”和免费试玩、部分免费观看、试听还不同，它们不以文化内容服务本身为获取利润的焦点，它们获取效益的来源是间接的。

综上所述，互联网的普及从市场范围和消费领域拓展了文化内容商品消费。同时，互联网消费也从消费观念到消费行为为文化消费者带来了重大的转变。新的网络文化内容消费类型正在不断跃入人们的视野，受众

① 高千卉:《基于价值链的网络文学网站赢利模式研究》，第39页。

的个性正在被网络“竭尽全力”地开发着，长尾的供给和需求特征正为网络文化内容商品消费积蓄力量，统一的、趋同的文化消费观念将会越来越少，个性的、多样的文化内容供给、需求正在层出不穷地影响着我国文化内容消费的发展。

第五章 互联网与文化产业商业模式创新

“商业模式”这一概念最早出现于20世纪50年代的管理学领域，它描述了企业如何创造价值、传递价值和获取价值的基本原理。[①]借鉴皮尼厄（Yves Pigneur）和奥斯特瓦德（Alexander Osterwalder）对商业模式下的定义，文化产业商业模式是指文化产业经营者充分利用内部优势和外部资源，从事创造价值、传递价值并获取价值等活动的基本原理，它主要由文化企业的基础资源、文化内容商品的价值、目标消费者、渠道和版权等五大要素组成。其中，基础资源是文化企业得以运营的基础，价值是文化内容商品和文化企业经营的核心，目标消费者是文化企业获取效益的来源，渠道是实现文化内容产品或服务到达消费者并达成交易的必要途径，版权则是文化产业得以发展的基本保障。不同类别的文化产业采用的商业模式往往有所不同，结合陈少峰教授等前辈的研究成果和产业实践，可以提炼出以下五种常见的文化产业商业模式：一是行业化商业模式，即各个行业专业化的商业模式，如出版行业中教材、教辅类专业书籍的出版；二是产业集聚商业模式，是指业务相关的文化

---

① ［瑞士］亚历山大·奥斯特瓦德、［比］伊夫·皮尼厄：《商业模式新生代》，王帅、毛心宇、严威译，机械工业出版社2011年版，第4页。

企业、工作室在地理空间上的集聚，以降低经营成本，并相互依存发展的商业模式，产业园区是产业集聚商业模式的代表；三是产业链商业模式；四是品牌商业模式，品牌是文化企业和内容商品文化性的凝结，是文化内容商品区别于其他同类产品的重要标志；五是文化资本商业模式等。

互联网时代，文化内容生产、推广和消费方式都发生了质的变化，生产者、推广者和消费者身份界限逐渐模糊，并可以随机转化。文化产业商业模式在互联网时代得到了创新，主要表现为："内容为王"的扩展、交互平台模式的推广以及"免费"经营的商业化运作等三个方面。

第一节 "内容为王"是永恒的法则

早在文化产业发展之初，业界和学术界就提出了以"内容为王"作为其发展的基本准则。文化产业也可以称为文化内容产业，"内容为王"是文化产业发展的永恒主题。所谓"内容为王"是一个通俗的说法，意指创意、故事、节目、信息、活动安排以及各种文化艺术的知识产权构成了文化产业的核心，决定着产品和服务的高附加价值。[①]值得注意的是，在互联网充分应用于文化产业及其衍生产业之前，"内容为王"强调的是文化产品或服务的"文化性""艺术性""意蕴性"。互联网技术的普及应用，使"内容"的内涵得到了丰富，外延得到了拓展，"内容为王"在互联网环境下得到了极大程度的满足与发展。依前文中的界定，在此可简单地将互联网应用之前的文化产业发展称为传统文化产业，之后的则称为互联网时代的文化产业。

一、传统文化产业中的"内容为王"

作为内容为王的传统文化产业，其内容主要体现在文化内容产品或服

① 陈少峰、张立波：《文化产业商业模式》，北京大学出版社2011年版，第105页。

务的文化性、艺术性等特性上。这些特性是文化内容产品或服务区别于其他产品的根本特性，也是文化产业发展的精髓所在。它们具有独一性、创新性，开发出有“内容”的文化内容商品是发展文化产业的根本途径。

（一）文化性的内容

传统文化是历史的积淀，中华民族有五千年的文明史，积累了丰富的历史文化资源。这些传统文化资源应用到文化产业发展中表现为传统文化资源的保护和开发，其产业化运作必须兼顾社会效益和经济效益。经济效益是传统文化产业化开发的直接动力，它可以为产业运营者带来利润。在产业化开发的过程中，创作者对传统文化的创新性诠释，不仅可以实现传统文化的传播和发扬，更为传统文化的发展注入了活力，使其更适应时代的发展。对于不适合进行产业化操作的传统文化资源，则需要投入人力、物力和财力进行专门的保护，这类文化资源是人类历史长河中留下的宝贵财富，子孙后代有认知这些资源的需求和权利。对这类文化资源的保护，有利于其有效传承。同时，保护工作信息的公布，可以为这类资源带来人们的关注，而关注本身也是文化传播的过程。故而，对传统文化资源的产业化开发是通过传统文化获得的经济效益，开发过程中对传统文化资源的创新诠释为其注入生命活力，是传统文化产业化开发带来的社会效益；从公众利益角度对传统文化资源的保护，其宗旨是实现传统文化资源传承的社会效益。

不同领域对“当代”的理解不同，这里将“当代”理解为建国至今，当代文化也就是建国之后的文化。当然，当代文化也是对传统文化的延续和发展，其根基是传统文化，当代文化内容是传统文化在当代的创新和适应性发展。当代文化可以分为可产业化开发的文化资源、需保护的文化资源、产业化文化资源和技术文化资源等几种。与传统文化一样，可产业化开发的当代文化资源，通过适当的产业化创新运作，可以实现经济效益和社会效益的共赢。当代文化中也有需要保护的文化资源，这里需要注意的是，文化资源是历史的客观存在，在对其进行保护传承的过程中，应当摒弃个人的主观价值判断，尊重历史事实。新中国成立以来，尤其是改革开放之后，我国市场经济快速繁荣，历史文化艺术在当代被催生出新的产业形态，比如演艺剧团。演艺行业在过去虽然也是经济活动的一种，但在当代它呈现出更加规模化、行业分工更加细化的特点。其中演艺产业的行业细分包括演出主体、演出票务、演出营销等行为的专业化分离。产业化文化资源是传统文化资源在当代经济形态的延续，它不仅体现了文化资源的传承，也是当代文化和经济形态的发展。技术文化资源是指技术进步所带来的文化发展，比如数字技术改变了影视文化的进程、网络技术带来了网络文化的繁荣等。数字技术的低成本复制性，使影视制作和传播更加便利，影视作品成为全民精神娱乐享受的重要组成部分，它从根本上改变了影视产业的运作模式。网络技术使信息流通更加顺畅。同时，作为当代文化的重要构成，网络文化包括人们在互联网上的一切网络活动、观念、创造的形式以及传播的内容等。由于和当代人的日常生活非常贴近，越来越多的文化内容产品或服务依托于当代文化为大众带来精神享受。

无论传统文化还是当代文化，都是文化产业发展中的重要文化内容。文化内容商品创作、传播和消费过程应当包含传统或当代文化资源，才能体现出其文化性的本质。

（二）艺术性的内容

“艺术性”是美学与艺术学中的概念，文化内容商品的艺术性主要表现在艺术创作上，它强调了文化产业的创新性。艺术作为一种特殊的社会意识形态，艺术生产作为一种特殊的精神生产，决定了艺术必然具有主体性、形象性、审美性和解构性等基本特征。从艺术创作的角度来看，艺术的价值又是艺术创作主体（艺术家）与艺术创作客体（社会生活）相互作用的结果。具有艺术性的文化内容商品同样具有形象性、主体性、审美性的特征。“形象性”是指具有内涵与形式、个性与共性统一的形象。内涵是创作者的创作理念，形式是外在表现，只有二者统一的文化内容商品才是具有艺术形象性的商品。文化内容商品的个性主要表现在产品或服务内涵、外形的个性化以及创作主体的个性上。拥有独特的内涵或外形是一文化内容商品区别于其他商品的特质。文化内容商品的主体性主要表现在创作者将个性化的生活经验融入作品的生产过程，不同作品拥有不同的创作者，具有不同的主体个性。同时，文化消费者的生活经验与性格气质不同，审美能力和艺术素养不同，在审美感受上就形成了鲜明的个性差异，这就使艺术内容打上了创作和欣赏双重主体的烙印。总之，文化内容商品具有审美性的特征，它是内涵与外形的完美结合统一，是一个时期内大众审美意识的集中体现。

文化内容商品的艺术性还体现为本原性。艺术本原论是海德格尔（Martin Heidegger）存在论哲学的重要组成部分，他认为“本原一词在此指的是，一件东西从何而来，通过什么它是其所是并且如其所是。使某物是什么以及如何是的那个东西，我们称之为某件东西的本质”[①]，即“作品只为了自身并根据自身而存在”[②]。文化内容商品的艺术本原性主要表现在其独特的存在空间。在这个空间中，原创文化作品因为创作者（有独特的经历、生活环境、教育背景等）从事的单一的、不可重复的创作过程，并最终形成的独一无二的文化作品而具有艺术的本原特性。需要强调的是，创作者、创作过程、作为孤本的文化作品三者缺一不可、不可逆地构成了文化作品的本原价值。特定的生活环境、教育背景及人生经历是文化创作者从事创新活动的大环境，这个大环境随着时间的推移在不断地发生变化，看上去一样的两件文化作品因为这个大环境的不同，会拥有不同的本原性；同样，创作过程的不可逆、不可重复性，也决定着作品的本原独特性。这两点共同构成了艺术创作活动的成果——“不可颠覆”的本原原创“孤本”。原创文化作品的本原性，使艺术作品原作价值大增，后来者无论模仿的如何趋同，都只能是“赝品”，它的价值更是无法与原作相比。

文化性和艺术性是文化内容作品所必须具备的特性。文化产业发展中的高复制性，使普通大众有机会接触到更多类型的文化作品，也使部分高

① ［德］马丁·海德格尔：《林中路》，孙周兴译，上海译文出版社1997年版，第1页。
② ［德］马丁·海德格尔：《林中路》，第24页。

雅的原创艺术作品走进大众的视野。但基于原创艺术作品的本原性特征，这种复制性更凸显了原创作品的本原价值，复制成了艺术传播的工具，也是文化企业赢利的主要手段之一。在传统媒体的传播渠道、传播方式等条件下，正因为“内容为王”的实施，拥有好的内容的文化产品或服务往往同时拥有更加广泛的消费者。

二、互联网时代文化产业的“内容为王”

在互联网发展的初始阶段，网络媒体对传统媒体的内容有很强的依赖性，传统的内容生产、推广和消费依然占据主导地位。但随着互联网技术、终端技术的发展、进步和普及，文化产业从生产、推广到消费都发生了重要的变化，但文化产业依旧是“内容为王”的产业类型，有价值的内容依然是稀缺资源。不同的是，这里的内容在内涵上发生了重要的变化，它不仅包括传统文化产业内容的文化性和艺术性，还包括网络文化内容（音频、视频、游戏、网络文学、网络杂志、电子书、网络课程、网络资讯等）和自媒体时代的“微内容”。在受众主导的网络时代，无论是传统媒体、社会化媒体、门户网站还是自媒体，能够带来关注并使受众之间，受众与内容生产者、推广者之间产生联系的都是重要的内容。

（一）微内容及IP开发

正如前文所述，“微内容”是指由分散的网民所生产的任何内容，甚至是只言片语。微内容的创作主体是网民，创作平台是微博、土豆网、博客、播客、维基百科、论坛、即时通信工具等自媒体，创作动机是自我表达、娱乐或信息传递，微内容得以传播依托的是互联网交互技术。这些微内容看似与文化内容商品没有多大关系，但是在互联网时代，它们无时无刻不在影响着文化产业的发展，其中尤以网络文学带来的IP效益最为明显。

首先，“微内容”对文化内容商品的解读及评价影响文化产业的发展。互联网上的微内容的内容和形式十分广泛，对文化内容商品的消费体验的经验分享也无处不在。互联网突破了传统文化内容生产与传播的延时性，消费者对文化内容商品的评价可以即时通过互联网表达，文化企业通过研究消费者评论可以及时发现文化内容商品在开发中存在的问题，并及时完善或改进。除网络文学、影视作品在创作过程中积极吸取受众意见外，影视、音乐明星也可以通过关注互联网上的相关微内容寻找商机；网络歌手就是借助网民的微力量被成就的；《中国好声音》《中国好歌曲》则将这种微力量从互联网上搬到了现实生活中，紧扣普通大众表达自我、追求梦想的需求，不仅使大众收获了一大批好的原创音乐，为学员开辟了展示舞台，更为电视台、草根明星们创造了可观的收益。微内容是网民真实想法的体现，对微内容的关注是经营者发现目标受众、挖掘潜在消费者、稳固已有消费群体的重要手段。因此，可以说，微内容带来的微力量是文化企业角逐的重要目标之一。

其次，“微内容”本身可以演化为文化内容商品。网民在互联网上留下的任何痕迹，生产的任何数据都是微内容。在现实生活中，微内容实现文化内容产业化的例子比比皆是。“有妖气原创漫画梦工厂”是中国最大的原创漫画网站，旨在为漫画爱好者、平民漫画创作者提供一个免费的在线展示平台。在这里，草根漫画作者可以将自己创作的漫画作品免费上传至该网络平台，经过网站编辑的基本筛查后（一般是价值观、道德观等方面的筛查），展示在网站上，供网站浏览者发现、观赏并评价。看似有妖气网站从事的是大众公益服务，但实际上它可以实现盈利，除了广告、VIP收费服务外，网民这些漫画微内容也可以经过IP产业化运作成为文化内容产品或服务。根据对有妖气公司创始人周靖淇先生的访谈得知，该公司通过与漫画作品点击率较高的作者签约的方式获得该作者作品的独享版权，并根据漫画作品的市场反响调查，选取了《十万个冷笑话》制作成动漫短片。《十万个冷笑话》的播出获得了极大的成功，它的播放权、首播权及各项版权使该公司名利双收，是典型的网民微内容直接产业化为文化内容商品的案例。同样，网络文学市场的繁荣，也使众多的文学爱好者实现了作品出版、发行甚至翻拍成为影视作品的梦想，优秀的网络文学IP是各类文化企业竞争的核心之一，拿到版权的公司会以纸质出版、改编为影视作品、设计成网游和手游等方式对其进行多重开发以占据市场，比如《甄嬛传》《花千骨》《琅琊榜》《欢乐颂》等。IP商业化和产业链构建逐渐完善，影视、动漫和游戏是IP开发的核心领域。草根作者的作品能不能转化为文化内容商品完全依赖于网民的点击和关注程度，关注度越高，转化价值就越大。从某种意义上说，网络时代，我们每一个人都可以成为“IP”。

（二）海量信息

拥有海量信息是互联网具备的基本特点之一。网络信息涵盖人们生活的方方面面，它不仅包括用户微内容，还包括行业动态、新闻咨询、社交论坛、图书报纸杂志的内容等。互联网的海量信息，为文化企业的发展提供了发展方向，更为文化作品的原创者扩大了视野和创作资源。

丰富的网络信息，有助于文化企业便捷地了解行业发展动向，为其明确发展方向提供支持。互联网突破了传统新闻信息流动的地域性、时效性等局限，全球任何地方发生的任何动态变化一经报道，便可即时传遍全网任何一个角落。文化产业发展的动态信息也不例外，尤其是近年来专业的文化产业信息网站平台的建设日益完善，业界的门户网站、各省的文化产业网以及高校科研机构的门户网站等，都实时关注着全国的文化产业发展动态。行业信息的高度集中不仅体现了业界、政府和学术界对文化产业发展的关注，更为其进行文化产业发展的研究提供了便利。文化企业从网络平台获取全面的行业信息的可能性和便利性大大提高，通过互联网，企业在任何时候都可以监测到业界的动态、政策的倾向性以及学术界的研究成果，这为其明确未来的发展方向提供了帮助。政府机构通过研究行业动态、群众意见、学术观点等，可以逐步完善文化产业政策、法规，以辅助文化产业发展。当前的学术研究，最重要的资料来源是互联网，除了业内动态信息，中国知网、万方数据库等专业的学术信息数据库更是涵盖了比较全面的学术研究成果，有利于学术界实时根据已有信息从事各项研究。因此，丰富的信息是学术界、政府机构和业界进行文化产业研究的重要基础，为文化企业的发展指明方向。

网络信息包罗万象，不同的创作者对同一网络信息的解读不同，创作方式更加丰富，并且不断涌现的各类文化资源有助于开拓创作者的视野。海量的网络信息使文化创作者能够以最快的速度，全面地了解他想了解的任何领域的知识和信息，同时，它还为创作者开拓一些原本并不熟知的领域，使文化创作活动受到的局限减少。互联网的个性化决定了对同一信息内容，不同的人会有不同的解读。这些信息内容不仅包括新闻动态，还包括文化内容作品、微内容。文化创作者从事的解读性创作行为，多依据对已经面世的文化作品和微内容的解读进行，比如《一个馒头引发的血案》等混搭剪辑。网络技术的发展和普及，也使网民进行文化创作成为可能，原创平台的发展，为这些文化作品提供了展示空间。同样，丰富的网络信息为网民的原创行为提供了资源基础，多样的创作方式和便捷的发布网络，也提高了网民从事文化创作的热情。随着互联网技术的进步和各种智能终端的普及，信息爆炸变成信息泛滥，互联网内容的质量开始成为竞争之本和用户黏性的重要依托。各类网站开始从营销战进入内容战，从争用户到争作者，"内容为王"成为互联网经营的关键词。①

因此，互联网时代，"内容为王"的外延得到了拓展，除了文化性、本原性和艺术性外，还包括了互联网所独有的微内容和海量信息，它们共同构成了互联网时代文化产业发展内容为王商业模式的新内涵。

第二节　平台商业模式

平台以连接消费与供给的形式创造价值，并不断进行自我完善。②传统意义上的平台主要是企业（如电信、软件应用等领域）进行经营管理的工具，这类平台往往应用于企业内部，不具备开放性特征，更不具备广泛推广和应用的条件。淘宝、优酷等所取得的成绩不仅仅是企业或产品本身的

---

① 陈少峰、赵磊、王建平主编《中国互联网文化产业报告2015》，第44页。

② ［韩］赵镛浩：《平台战争——移动互联时代企业的终极PK》，第14页。

成功，更是一种商业模式的创新。平台商业模式指连接两个（或更多）特定群体，为他们提供互动机制，满足所有群体的需求，并巧妙地从中赢利的商业模式。[①]当前，越来越多的文化企业采用这种模式，引领文化产业步入“平台经济”时代，如Facebook、百度、新浪、搜狐、优酷、土豆、人人网等。国内最早提出平台经济学的学者徐晋认为，平台经济是指自己本身并不生产商品，却可以借助于一种虚拟或现实的交易空间或场所，引导或促成双方或多方客户间交易，并通过收取恰当的费用而努力吸引交易各方使用该空间或场所，最终追求收益最大化。[②]第三方支付技术的发展也为平台经济注入新的活力。互联网平台具备广泛性、开放性等特性，更符合文化多元性特征，因此平台商业模式正在成为文化产业发展和盈利的主要商业模式。

一、平台之于文化产业

互联网时代，成功的文化企业总是善于打造一个或多个链接多方的开放、共享和共赢的网络平台。平台一词的核心在于“共享”，平台商业模式的本质自然就是“通过共享平台获取效益”。对于文化产业、文化企业而言，网络平台有助于其打开更加开放的经营模式。通过网络平台获取文化品牌影响力和赢利是最重要的两个动机，但同时，从文化产业的宏观发展来看，网络平台也为文化传播提供了新的、更有效的渠道。从文化产业“受众为本”的思维出发，网络平台是受众沟通和交流文化体验的重要门户。因此，无论从宏观的文化产业发展，还是从微观的文化企业效益获取和文化产业受众的文化体验角度来看，网络平台对于文化产业都具有重要意义。

---

① 陈威如、余卓轩：《平台战略：正在席卷全球的商业模式革命》，第7页。

② 徐晋：《平台经济学——平台竞争的理论与实践》，上海交通大学出版社2007年版，第1页。

（一）文化传播与积累

媒体在文化传播中占据主导地位，在互联网被广泛应用之前，文化传播主要依靠图书、报纸、电视、电影等传统媒体。传统媒体在文化传播中具有时空局限性，文化传播速度、范围也都具有较大的局限性。网络传播具有即时性、草根性、海量性、互动性等特征，互联网是信息的载体，也是文化的载体。互联网平台以电视机、手机、平板电脑等为终端，以文字、音频、视频、图像等形式传播着文化内容。网络平台传播文化内容的特征主要包括：

首先，文化传播的广泛性增强了文化的传承性。这种广泛性以受众的广泛性为核心，文化资源、文化内容有了数量庞大的接受者群体，这也是文化传承的实质。被人认可、接受并主动传播的广泛程度，在一定程度上也彰显着文化资源、文化内容的生命力和传承力。

其次，文化传播的跨时空特征，不仅有助于弘扬中华文化，更有利于我国文化国际竞争力的增强。网络平台的广泛应用使国家或民族层面的文化传播、交流活动更加便捷，充分有效地利用网络平台能使一国或一个民族的文化价值远扬海内外。在日益重视文化软实力在综合国力中地位的今天，网络平台成为各国角逐文化软实力的新战场。当然，这种角逐依旧是建立在国家硬实力的基础上，这也导致了互联网上文化话语权的分布不均衡，并直接导致了文化霸权、文化入侵等现象的产生。如何充分利用网络平台巩固本国、本民族的文化魅力，同时抵制文化霸权对本国文化的损害，是各国都十分重视的议题。

再次，文化传播不仅是文化内涵的弘扬，对文化内容生产、推广和消费各方而言也是十分有利的。文化内容、文化资源在互联网平台上的传播在增强了其本身生命力的同时，也为文化内容商品生产者提供了素材，有助于激发文化创作者的创新灵感和动力。对于文化内容、文化内容商品的推广者而言，网络平台是低廉、便捷的推广平台，信息爆炸也会推动推广者适时适应性地改变推广策略，同时，这种以利润为目的的推广活动本身就是对文化内容的推动性传播。对文化消费者而言，网络平台为其提供了便捷的检索、对比、选择、支付和分享的平台。就检索、对比和选择而言，网络检索技术的进步能使其快速获取全面的文化内容商品信息，并可根据自身的要求锁定某种文化内容商品，这也是文化传播中的接受过程。网络平台的支付功能为消费者节约了支付的时间和金钱成本，文化内容商品在网络平台上竞争的透明化，便于消费者以最优惠的价格获取文化内容商品或体验，网络平台的本质是分享。消费者通过网络平台分享对文化资源、文化内容商品的消费体验、经验，促使其他消费者自动聚集在某一讨论社区或站点。平台分享有助于文化内容商品和潜在消费者更便捷地找到彼此，而且这种体验分享的过程也是文化资源、文化内容的传播过程。

网络平台不仅为文化内容积累了传播渠道，就文化内容本身的丰富性而言，网络平台还是文化的积淀平台，主要集中表现在网民大众通过网络平台对文化或文化内容商品的再生产。文化的网络平台积淀首先是现有文化资源、文化内容和文化内容商品在互联网上的聚集和保留。网络平台由传播平台成为文化积淀平台最重要的体现是文化的持续性再生产。文化内容再生产可以分为两类。一类是依据现有的文化资源、文化内容通过网络平台，获取和借鉴其他民族和国家的优秀文化资源所进行的创新。这种类型的文化资源一般是为了适应某一区域或民众价值观的需求所进行的适应性创新，美国版的花木兰、功夫熊猫等就是典型的例证。另一类也是当前网络平台上最广泛的再生产，即文化内容受众通过互联网平台对某一文化内容、文化资源所进行的持续的、个性化的创新。这种文化创新和再生产的出发点是受众对文化资源和文化内容感悟的分享需求，具有鲜明的个性化特征。不同教育背景、生活背景、职位的受众对同一文化内容的感悟是不同的。开放的网络平台放大了受众的分享需求和途径，这也是这类创新再生产持续性的来源。剧评、受众参与的剧本创作和选择、讨论社区的专题讨论等都属于这种类型的文化再生产活动。但受众再生产的个性化容易导致创新文化内容的碎片化，只有引起多数人参与讨论、延续创新的文化内容才是具有生命力的，才不至于在网络信息洪流中被淹没。

文化资源是文化产业赖以发展的基础，文化传播不仅是文化创作者、推广者和消费者创意和灵感的源泉，更是一个民族灵魂生命力的象征。因此，网络平台对于文化产业而言，首先是文化传播和文化积淀的平台。

（二）分享经验

Facebook的创始人马克·扎克伯格（Mark Elliot Zuckerberg）说："过去也许我们只是把Facebook当作一个简单的应用，但是未来它必将成为一个让人们随时随地交流、分享经验的平台。"[①]文化消费者借助网络平台的经验、体验分享行为，一方面满足了网络时代日益增长的分享需求，另一方面也实现了文化传播和文化内容商品的推广。

分享是人们获取尊重需求和自我实现需求的重要途径。分享心理的动机来源是通过网络平台彰显个体的不同，这种不同可能表现在获取时间、空间上的优越性，比如分享看首映、高档剧院现场演出的经历，多是为了显露出自身与大众相比的优越性；也可能表现在分享自己对某一文化内容的独特看法。同时，分享行为本身也是一种自信的表达，它传递的不仅仅是不同的见解。分享的需求是人类需求中较高层次的需求，是人在互联网时代满足自我实现需求的重要途径，是平台经济中不可忽视的重要行为。平台分享传播是受众主导的，多属于由受众自发自觉甚至是无意地基于自身的体验和理解在网络平台上发起，并由对该言论感兴趣的其他受众延续分享和传播的过程。文化传播是从宏观的文化发展的角度看待受众的网络分享行为，而对于文化企业和文化推广者而言，这种文化分享也是免费的营销行为。

分享是受众网络行为的主要内容，对文化产业的平台运营有着不可忽视的影响。一定程度上，文化企业网络平台竞争的关键就是受众文化内容分享的竞争。

（三）杠杆调节和效益来源

同样，网络平台也是文化产业市场行为的杠杆。首先，传统的文化生

① ［韩］赵镛浩：《平台战争——移动互联时代企业的终极PK》，第6页。

产活动迎合的是大众化的文化需求，而忽视了文化需求的长尾市场，网络平台则可以以低廉的成本兼顾受众的长尾需求。网络平台技术的进步，使网络定制服务逐渐普及，并推动以低成本、高效率生产出满足不同文化需求的文化内容商品成为可能。其次，一旦网络平台成为文化企业的主要运营模式，文化企业对文化市场的敏感程度就会增强。以网络平台为主导的文化企业，其文化内容商品平台呈现、浏览、销售和反馈的信息，都是一目了然的，是可以量化分析的。通过分析受众对文化内容的需求变化，调整商品价格、供给方式、供给数量和质量等要素，来吸引更多的消费者，并获取利润。在这种类型的文化企业经营中，网络平台作为杠杆直接影响其文化内容商品的供给、推广、销售和信息反馈等环节，它还可以根据市场竞争、消费者需求调节文化企业的商业行为。即便是非平台类文化企业，网络平台在市场信息统计和分析中也有着举足轻重的作用，其分析结果直接影响着文化企业的供给、推广和销售行为。所以说，网络平台在文化企业的经营中，是调节生产、供给数量、质量和价格等市场要素的重要杠杆。

网络平台是文化产业效益的来源，可以分为直接来源和间接来源。作为文化产业效益直接来源的网络平台，多被用于网络销售的文化内容商品，比如剧团演出的网络售票、景区门票的网络销售、网络游戏的付费体验等。它们能通过网络平台实现货币交易，使文化企业直接通过网络平台获取经济收入。事实上，更多的文化企业是通过网络平台获取间接效益。这种间接效益包括通过互联网获取知名度、影响力或使消费者获得间接文化体验，并最终借助影响力从消费者手中得到经济收入。在这类文化企业中，网络平台是它们实施文化推广的平台，推广的目的是经济效益和社会效益。比如，文化企业通过网络营销吸引受众关注文化内容商品或文化品牌，使之烙入受众的内心，形成对受众切实的影响力，并最终影响受众的消费行为。通过网络平台获取间接效益的文化企业，除了进行文化内容商品的网络营销外，还有一些是宣传企业文化，它们通过企业文化的网络演绎，弘扬企业的文化精神，塑造或巩固文化品牌，扩大文化品牌影响力。

这些不仅能为企业带来间接的经济效益，还会带来重要的社会效益。但归根结底，网络平台是文化企业经济和社会效益的重要来源。

从文化产业经营的角度来看，网络平台是调节其生产经营方式、方法的杠杆，这个杠杆的两头分别是企业举措和市场特征，符合市场需求的文化企业经营策略就会使这个杠杆趋于平衡，反之，杠杆必定有所倾斜。同时，网络平台还是未来文化产业获取效益的主要阵地，它几乎涵盖了文化企业的企业文化、资产、战略、效益和评估的各个方面。

综上所述，网络平台对于文化产业而言有着重要意义。作为一种商业模式，网络平台商业模式也将主导文化产业的发展方向。

二、文化产业平台商业模式的特征

传统的文化产业商业模式包括行业化商业模式、产业集聚商业模式、产业链商业模式、品牌化商业模式和文化资本商业模式等，这些商业模式是我国文化产业经过十多年的实践发展探索出来并广泛应用的。互联网的普及使这些传统商业模式或多或少都发生了一些变化。这里文化产业平台商业模式中的“平台”就是指网络平台，它可以是一个网站或一系列网站的组合。

（一）产业链的多边性

文化产业发展的核心资源是文化内容，无论传统文化资源还是创新性文化资源，只要具有开发价值都可以是文化内容商品的内涵。但是，与制造业不同的是，文化产业增值的重心不仅是文化内容产品或服务的销售，更来源于借助文化内容、文化品牌构建的产业链开发。因此，任何一种类型的文化企业要想获得成功，就必然要依托版权、文化品牌等文化价值扩展产业链。这就像动漫产业不仅仅是动画片、漫画、动画电影的制作和销售，其效益增值更广泛地来源于衍生产品的开发，比如卡通形象授权衍生品、动漫产业园、主题公园、网络游戏等。事实上，动漫企业通过衍生产品和服务获取的收益，往往更具持续性，甚至可以超越动漫产品本身所得收益。在互联网平台经济发展的今天，产业链依旧是文化产业发展的重要模式，只是在互联网环境下，文化内容产业链也产生了多边性。

传统的文化产业链是单向性的，这主要是因为信息传播、文化推广的媒介具有单向性的特征。在单向的产业链中，文化内容商品从制作到推广、销售需要层层把关。以动漫作品为例，漫画家将自己的创意呈现于纸张，并融入故事情节，形成漫画故事，但它仅仅是作者的个人作品而已。当漫画稿件到了杂志社或出版社，出版社从编辑到主编进行层层筛选工作，他们会从海量的投稿中筛选出符合“出版标准”的作品，并根据“需要”要求作者进行修改，随后才会投入到印刷出版的流程。漫画从印刷到上市还需要一段时间和过程，在这期间，要进行上架审核和向书店推广等环节，才能最终到达消费者的手中。因此，在传统产业链中，漫画从创作到出版及消费是单向线性的，各个环节是独立的、不交叉的（如图5-1所示）。在这个链条中，编辑、出版社、杂志社、书店和文化主管部门一同担当起内容审查的把关人角色，读者作为文化作品的消费者只能被动地接受由这些把关人筛选出的文化内容作品。并且，这种层层把关的文化生产方式，也会在一定程度上增加文化内容商品的价格。

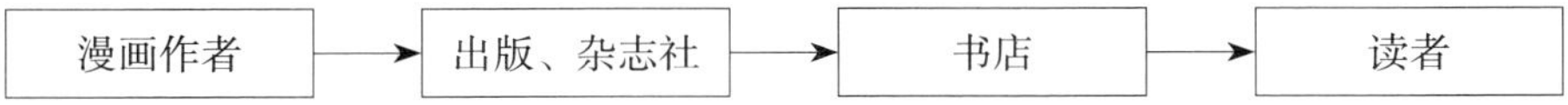

图5-1　传统文化产业链的线性、单向性

基于互联网传播的交互传播性、广泛性、开放性，网络平台环境下的文化产业链突破了这种单向性的限制，文化内容产业链变为多向性的循环。以有妖气原创漫画梦工厂为例，它在互联网上提供了一个虚拟平台，让热衷于漫画创作的人可以直接、零门槛地将自己的作品上传到平台上，而且这一网络平台几乎可以为每一部作品找到欣赏它的读者。对于受众而言，他们也可以根据自身的喜好选择漫画作品进行欣赏、评论和追踪。可以说，有妖气网站平台在漫画作者和读者之间架起了一座沟通的桥梁，更重要的是，这种上传和阅读的服务多数是免费的。虽然，有妖气网站的编辑也会对漫画作品进行审核，但仅限于筛除偏激的、危害社会的内容，是以国家法律和道德为标准的，至于漫画作者的漫画水平和故事情节，编辑则不会过多干涉，他们呈现给读者的是作者创作的原汁原味的漫画作品。网络平台环境下的文化产业链，去除了把关人的角色和地位，在这里似乎只有文化内容生产者和受众，他们借助网络平台可以畅通无阻地即时交流（如图5-2所示）。

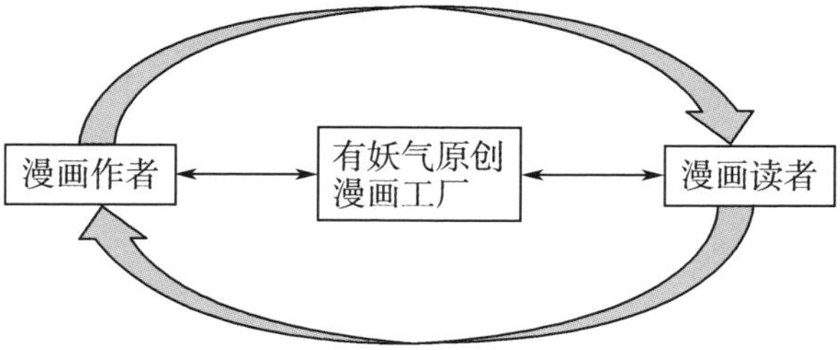

图5-2　有妖气漫画工厂产业链的多边性示意图

网络平台环境下文化产业链的多边性，首先表现在信息传播主体的多样性，其次表现为信息交流的交互性。正如我们都熟知的那样，网络平台上的信息传播主体同时也是接受者，网民可以同时担任文化内容生产者、传播者和消费者的角色，传统角色的区分边界模糊化，个性化的网民主体逐渐占据主导地位，逐渐将传统文化把关中的条条框框抛开，努力实践着文化创作和分享的自由。网络平台的交互性使文化内容生产者、推广者和消费者之间可以无障碍地沟通，文化内容生产者与消费者之间的交流，促使创作者依据消费者的需求进行文化创作，并使其作品更易引起更多或更深的共鸣；生产者与推广者之间的交流可以使推广者更了解文化内容的设计初衷，使推广和营销计划更具有针对性和有效性；推广者和消费者的沟通能够改进、完善推广者的推广方式、方法。一切改善均源自网络平台上的各方交互，并且这种交互沟通是自发的、主动的。

总之，对于文化内容创作者而言，网络平台使其作品拥有了面世的机会；对于推广者而言，网络平台为其节约了时间、空间和金钱成本；对于消费者而言，网络平台增强了其获取文化内容的便捷性、全面性和选择性。网络平台中的文化产业链是各参与方角色互融、互化的场所，各方交流变得交互性强且畅通无阻。与传统的文化产业链相比，网络平台中的文化产业链呈现出了极强的交互性和多向性特色。

（二）关系效应增值

网络平台商业模式是充分利用网民之间的关系尽可能地实现无限增值的经济模式。传统的商业活动牵扯的只是买卖双方的利益，文化内容商品的卖方以成本加利润的价格将商品卖给消费者。对于实物类的文化内容商品而言，货币交换实物完成，商业行为就已经结束，且这次商业行为并不会影响其他消费者对同一文化内容商品的消费。对于非实物的文化内容服务而言，付费的文化体验结束就意味着该次商业行为的结束，商业行为本身同样难以对他人消费该文化内容服务产生影响。这说明，在传统文化产业商业模式中，文化消费行为的影响是独立的、个人的。通信技术的进步使这种文化消费逐渐开始影响他人的文化消费行为，这也是平台对于文化消费影响力扩大的力证。如智能手机通信，突破了传统通信中仅传输声音的限制，实现了同步场景的视频呈现，这就使得同样使用该通信手段的人们之间产生一定的联系，而这一切也是建立在移动互联网平台基础之上的。

再以微信为例，朋友圈的影响力证明了网络效应在人们日常生活中的重要作用。倘若一个人的微信中仅有一个或几个好友，那么他的朋友圈信息也就显得匮乏，同一信息传送到他的终端的周期也就会被拉长；但如果一个人的朋友圈中有大量好友，根据文化需求的长尾效应原理，一条信息更有可能快速进入他的视线。当同一信息被多个好友推荐转载时，这条信息被用户打开并阅览的可能性就进一步增大。以此类推，微信朋友圈正是以这种爆炸式成长的态势，发挥着利用网民关系的信息传播和推广作用，朋友圈思维也逐渐成为许多人日常生活中必不可少的组成部分。可以说，能否牢牢抓住并充分利用网络平台中人与人之间建立起的关系网，是文化企业网络平台商业模式成功与否的关键。

关系效应增值是文化产业平台商业模式的核心竞争力。简单来说，关系效应是指人与人之间构建的关系网络在信息传播中的激增效应。但如果从文化产业的微观发展要素来看，关系效应指的是文化内容生产者、营销推广者和消费者之间的多向、多边沟通关系带来的递增效应和良性循环。

（三）碎片整合

所谓“碎片化”，即为完整的东西破裂成诸多零块，它反映了当今社会所呈现的后现代社会的基本现象，包括社会碎片化和个人碎片化。[①]社会碎片化是指传统的社会关系、市场结构及社会观念的整一性——从精神家园到信用体系、从话语方式到消费模式都逐一瓦解，代之以一个个分散的利益族群和价值部落，这种社会分割加剧了社会的结构性紧张与恶化，促使政治、文化与经济分崩离析。[②]个人的碎片化是指个人逐步破除传统规制的影响，极大彰显着自身的个性。个人碎片化与社会碎片化互为依存，共同构筑了当前个性张扬的网络平台和网络环境。

互联网诞生之前，传统媒体的信息容量是有限的。网络时代是信息大爆炸的时代，世界各地的信息都可以通过网络平台即时、全面地进入人们的视野，这就是网络平台的碎片信息整合功能。需要注意的是，这里的信息包括两个方面：一方面是知识，另一方面是实时状态。一般地，知识是被证实的、被相信的、客观真实的信息，它是人类进步中的积淀，是人们工作和生活的指引。实时状态是指新闻信息，互联网是有史以来唯一一个可以囊括世界任何角落发生的新闻信息的媒介平台，并且使人们可以通过搜索引擎快速、全面地检索到这些信息中的任何一个。

在网络传播中，“碎片化”其实指的就是凸显传播个体的主体性，信息需求的个性化，话语权进一步下放的去中心化。[③]首先，开放的网络平台环境是多样化和个性化的价值观、道德观滋生的平台，这直接导致对待同一事物的统一认知被碎片化，持有不同价值观的人对相同的文化现象有不同的理解和解读。同时，开放的网络平台使传受一体化，网络媒体自身的

---

① 任福兵：《碎片化与拼图化：网络传播的扩散与整合》，《情报资料工作》2014年第3期。

② 喻国明：《解读新媒体的几个关键词》，《广告大观》（媒介版）2006年第5期。

③ 刘剑敏、李润权：《论网络的碎片化特征》，《新闻爱好者》（下半月）2011年第18期。

特性以及其对受众主体性的凸显开创了碎片化传播时代的到来。[①]由于互联网海量的信息存储能力和检索技术的成熟，碎片化的网络信息、碎片化的传播者和受众，带来了大融合的信息传播景观。网络技术可以将碎片化的信息整合起来呈献给受众，比如在搜索引擎中输入关键词进行检索，呈现出来的是所有相关的碎片化信息，这本身就是碎片信息的整合。随着搜索引擎技术的进步，高级检索和大数据分析下，人们可以更容易、更快捷、更全面和更精准地通过网络平台获取高关联度的整合后的碎片信息。因此，网络信息的特点是碎片化，网络传受双方也是碎片化的，但经由网络平台后都成为整合的碎片信息和整合的传播主体。

除了网络传播的碎片化整合外，从文化产业发展的角度来看，文化内容生产和消费也呈现出碎片化特征，这也是长尾理论的主旨内容。我们可以将文化生产和消费的碎片化，理解为文化市场中的长尾性。在网络时代，任何一种文化内容都能通过网络平台找到喜爱它的受众，同时，任何一个有独特乃至稀有文化消费需求的消费者都能通过网络平台得到满足，也只有这样，文化产业才可以通过网络平台将文化内容生产和需求的碎片化整合为长尾市场并获取效益。文化产业生产和消费领域的碎片化整合的关键途径是网络平台，优势是低边际成本、边际成本递减和边际效益递增。文化产业网络平台商业模式要想获得成功，必须重视碎片化的文化需求和文化供给，以较低成本尽可能地将相应的文化市场划分得细之又细。身处互联网信息碎片化时代，发展文化产业必须认清这种信息和群体的碎片化特征，并充分利用网络平台将这些碎片整合。当然，碎片整合的基础还是网络技术的支持，文化企业采用网络平台商业模式必须重视网络技术的开发和应用，关键的技术支撑甚至可以是该商业模式的核心。

综上所述，以内容IP为代表的产业链开发是文化产业发展制胜的关键。在网络平台商业模式中产业链一改单向线性的结构模式，转而成为交

---

① 刘剑敏、李润权：《论网络的碎片化特征》，《新闻爱好者》（下半月）2011年第18期。

互的、多向的产业链循环；网络平台可以为大众提供开放的交流空间和应用，并使人与人之间的关联更加紧密，六度分割理论被进一步延伸和扩大，陌生人之间可以建立起某种联系，这种关系也是网络平台商业模式经营的重要因素；碎片化的信息是网络平台依存的主体，同时它也可以通过技术力量使信息整合。网络平台商业模式的这些特征必将在文化产业未来的发展中发挥重要作用。

三、文化产业平台商业模式的类型

北大文化产业研究院教授陈少峰认为，互联网上有两部分文化产业，一部分就是互联网本身的文化产业，另外一部分是传统文化产业搬到互联网上，例如电影票、工艺美术品等的网上售卖等。[1]互联网是文化内容的展示平台，也是技术支持平台、零售平台、体验平台和整合平台。对于不同的文化产业类别而言，网络平台在其发展中所占据的地位是不同的。文化产业所包含的内涵广泛，但就互联网上的文化产业类型而言，主要有网络游戏、网络文学、网络动漫、网络出版、网络音乐、网络视频、网络文化内容和咨询服务等几大类，它们都可以统称为咨询服务类网络平台，这也是网络平台产生的初衷。不同类型网络平台的核心竞争力不同，网络文学、网络动漫、网络音乐、网络视频等网站平台为作者和受众架起了免费的沟通桥梁，这就是其经营中的核心竞争力；网络文化内容商品的销售平台，为内容生产者、经营者提供了网络销售空间，为消费者提供了购买的便利，这种多向性的便利交易就是它的核心竞争力；以独特文化内容服务收费获取收益的网络平台，内容和服务就是其核心竞争力；信息咨询和检索服务的网络平台以其信息的广泛性和整合性为优势，信息的全面性、检索的智能性和快捷性就是它的核心竞争力。综上所述，我们可以暂将现有的文化产业网络平台商业模式分为专业化服务类平台商业模式、内容类平

---

① 于小薇：《陈少峰剖析移动互联网下文化产业的十种新商业模式》，http://www.ce.cn/culture/gd/201412/11/t20141211_4102816.shtml。

台商业模式、文化内容和服务的电子商务类平台商业模式、信息服务平台商业模式和网络体验平台商业模式等五种。

（一）专业化服务类平台商业模式

专业化服务平台的核心竞争力是免费、开放的平台技术提供，这类平台为文化内容创作者提供了展示他们才华的机会和空间，并往往能以亲民性的文化内容提供服务，吸引众多的网民前来围观，主要包括网络文学网站（如起点中文网、纵横中文网、幻剑书盟）、网络漫画网站（如有妖气漫画原创工厂）、网络视频网站（如优酷网、土豆网）、网络音频（百度音乐、网易云音乐、音乐广播）、社交服务网站（如Facebook、微博、论坛、即时通信）等。在这些平台的经营中多将内容进行细分，以方便受众（读者、观众、听众等）能快速地从海量的相关内容中找到适合自己的作品。同时，"网站推荐""排行榜"（设置标准多是受众的点击率、关注度和好评率）等频道的设置可以使受众一目了然地发现热点作品。它们的共同特征是开放和免费。

（二）内容类平台商业模式

内容类平台经营的核心是占有独有的或全面的文化内容，如中国知网的信息服务、优酷网的点播服务等。中国知网为受众提供中国知识资源总库、学术检索和文献数据评价等服务，这些文化内容服务是综合的、全面的，最重要的是它有独有性。任何受众要想获取全面的学术文献信息都会首先想起中国知网，它的内容权威性、全面性和资源稀缺性也使得这种内容服务收费成为可能。尽管目前万方数据库的建设也比较完善，但从技术和容量上来看，中国知网的优势依在，所以即使价格昂贵，大量的组织和个人也愿意付费订购。音频、视频网站以提供独特的内容收费在业界已经不是什么新鲜事儿了，如各视频网站的电影网络首播对受众"卖票"。在我国，版权保护的进程从法律层面到业界再到普通受众都取得了较大的成果，电影在院线上线一段时间后，由视频网站支付版权费或独播权费用以获取在互联网平台上的点播权限，众多没有被电影院线吸收的潜在文化内容消费者就成为这些网络平台争夺的对象。网络平台上首播或独播的点播费用相对于院线而言是低廉的，但网络点播的低边际成本和受众群庞大的特征，也使得这种内容服务收费能够获取的巨大的效益。同时，视频网站还充当着网络院线，爱奇艺提出“网络大电影”的概念，这些电影大多是投资较少、时长超过60分钟、制作技术简单、制作周期相对短、以故事为核心的低成本电影。据爱奇艺提供的数据，爱奇艺票房分账机制一年就吸引进来300多部网络大电影，总量超过400部，全年票房已达5000万元，仅通过网络发行分账收回成本的作品占总量25%以上。[①]

（三）文化内容和服务的电子商务类平台商业模式

文化产业的网络电子商务平台主要包括网络服务平台（如电影、剧团演出、旅游等的票务销售）和文化内容商品的电子商务。网络票务实现了线上和线下两个平台的整合。以艺术院团的票务网络平台为例，演出票务网站是艺术院团利用互联网提供的虚拟平台进行演出票务营销和销售活动的“在线售票厅”，它主要包括演出信息展示、网络宣传与广告、咨询、销售引导、电子商务、在线服务与沟通、售后服务等内容，如中国票务网、东方票务、开心票务网等。综合类文化内容票务网站的经营种类可以分为演唱会、音乐会、音乐剧、舞蹈、戏曲曲艺、话剧、儿童剧、马戏杂技、休闲健身、会展、体育赛事等。而专业的演出票务网站则主要经营各种演出类的门票销售，如演唱会、音乐会、话剧歌剧、戏曲综艺、舞蹈芭蕾、魔术马戏、儿童演出剧目以及电影等。多数网站在预售门票的过程中，也涉及交通票、旅游门票以及住宿的预定和销售。票务系统中的数据库建立，能够为一部策划中的作品及时找到潜在消费者，并将这些潜在消费者的消费喜好融入作品的创作中，促使这些潜在消费者成为这部作品的忠实消费者。同时，通过票务平台还能够实时统计出一部演出作品的票务销售现状。文化内容商品的电子商务主要是指有实物载体的文化内容商品通过互联网进行推广和销售，如纸质或电子图书、艺术作品的网络拍卖等。

---

① 陈少峰、赵磊、王建平主编《中国互联网文化产业报告2015》，第5页。

（四）信息服务平台商业模式

信息服务平台主要指提供免费检索服务的平台，比如百度、Google等搜索引擎所提供的搜索服务。本书第二章已经对此类网络平台的经营盈利模式进行过分析论述，在此不再赘述。

（五）网络体验平台商业模式

网络体验平台主要是指通过互联网为受众提供文化内容体验服务的网站或应用，比如网络游戏平台、门户网站的实景体验频道等。网络游戏应用中的网络体验主要是指网络游戏在试运营或推广阶段，通过站点推送或流广告的方式将网络游戏信息推送到受众眼前，同时通过吸引受众试玩时限或关卡，并进一步为网络游戏留住受众。近年来，旅游业的网络化发展趋势越来越明显，这不仅是因为网络是当前最主要的媒介，旅游信息的传播需要网络媒体；更重要的是，旅游景区和设施可以通过互联网平台和虚拟现实技术近距离地呈现到受众的面前。在文化旅游业蓬勃发展的今天，旅游项目的推广信息可谓铺天盖地，人们面对种类繁多的旅游胜地，除了知名旅游项目外，在旅游目标选择上具有一定的盲目性。网络技术的进步，可以使旅游项目经营者通过网络平台将其核心要素、文化意蕴和风光魅力等信息直接传送到受众面前，这就帮助受众解决了项目选择中的部分盲目因素。文化旅游因为有网络平台的实景体验，变得更加具有吸引力，传播过程和结果也更有针对性。如前文所述，体验经济是未来经济的主旋律之一，网络平台可以突破许多文化消费中的时空限制，预先的虚拟体验能够在增强文化项目传播力的同时，为消费者的消费行为提供重要的辅助。

事实上，随着文化产业的发展壮大和网络平台的广泛应用，文化企业在实践网络平台商业模式时，并不是一成不变地遵循唯一核心的竞争力优势，文化企业实力的壮大可以推动其充分利用互联网平台的整合优势，逐渐成为文化产业在网络平台竞争中的重头戏。比如优酷等视频网站，一方面为视频制作者和观赏者提供了免费的平台，视频的制作者可以免费地、无限制地将其作品上传至这些网站，供公众免费观赏，在这个过程中，网站平台只是默默无闻地提供着技术支持。用户参与为平台留住了众多的注意力和访问量。另一方面，在这种留住受众的初衷下，视频网站还通过版权交易获取大量视频内容，如电视剧、电影、综艺娱乐节目等，以此来增加受众的文化体验，并通过适当的收费项目增加收入。在视频网站的经营过程中，免费的平台和提供大量的、尽可能全面的视频信息是其核心的竞争力，这也是前文所论的专业化平台服务、内容提供、信息服务三种核心竞争力的综合。

因此，文化产业的网络平台商业模式没有固定的分类标准、没有固定的类别数量，对于一个文化企业的网络平台商业模式而言，也没有特定的模式。随着文化企业的发展、网络技术的进步，新的网络平台模式被不断发掘并应用，文化企业的核心竞争力也在不停地加强（纵向的深化和横向的扩展）。因此，文化产业网络平台商业模式是持续发展的，它时刻都在随着技术和市场竞争的发展而变化。

第三节 “免费”商业模式

如前文所述，“自媒体”是指以电子化、数字化为手段，以互联网和终端技术为平台，可以从事自主创作、分享、传播和接受的所有新型媒体的总称。互联网是自媒体依托的主要平台，网络自媒体主要包括博客、播客、微博、QQ、MSN、SNS社区、微信等，其特征主要有：全民参与性、自主性、传播的即时性以及海量信息等。网络媒体多免费为广大网民提供创作、发表和传播的平台，网民的自主创作活动也为网络平台注入了新的生命力。

一、“免费”作为一种商业模式

无论传统产业还是新兴媒体产业，“免费”作为一种商业模式得到了越来越广泛的应用。它是对传统经济学价格观的颠覆，是对赢利模式的创新，更代表着经济发展的未来走向。

（一）传统经济学价格观

在传统经济学中，商品的价格是其价值的货币表现，要想获得任何一件商品必须以放弃某种东西（货币、劳务或其他）为代价。任何商品都有一个符合市场供求关系、国家调控政策及其价值的价格，“零”价格是不存在的。

传统经济学指导下的文化市场严格遵从其价格观。鉴于文化内容商品拥有与一般物质产品不同的内涵，如原创性文化产品生产过程的非重复性、精神文化内涵的独有性等，文化内容商品的价格取决于精神文化内涵的垄断性、制作成本和智力付出的效益三个因素。精神文化内涵是文化产品区别于其他文化作品和商品的特质，它具有的独一性自然也就形成了它的垄断性。制作成本是指文化内涵的具象化所耗费的人力、物力、研发等成本。智力付出效益是指文化生产者获得从事该项生产活动的预期经济效益和社会效益，其中预期经济效益至少应保证在社会平均经济效益水平之上，社会效益是指口碑效益和品牌建设。同时，随着销售时间的推移，文化产品的价格会发生较大的变化。一方面，某些文化产品经历的转手次数越多，其使用价值和人们的期待价值就会降低。同时，由于文化产品复品生产成本低，以复品价格来进行的复品交易也会在很大程度上对文化产品价格产生冲击。[①]另一方面，原创类文化产品具有较高的艺术价值，它的本原性是独一无二、难以复制的，基于资源稀缺性原理，这类文化内容商品的价格会随着时间的推移而变得更高。

因此，在传统经济学下，文化内容商品的生产和消费都有一定的群体限制，商品的价格主要受市场规律调控，“免费”是难以实现的。

（二）“免费”作为一种商业模式

这里的“免费”不是以公益为目的，更不是完全无条件的。伴随着物质的极大丰富和人们获取产品或服务的便捷性，商品价格受到了市场调控

① 秦霖、邱菀华：《文化产品价格形成机制探析》，《经济与管理研究》2005年第12期。

的严峻考验。文化内容商品的大众化、市场竞争的日趋激烈化等都使消费者对价格的敏高度提高，使各行各业都面临着难以突破的困境。在这种境遇下，与其以大幅降价给企业带来创伤，不如以“免费”的方式来实现效益，“免费”商业模式应运而生。

网络经济是以信息和知识为主导的经济，它是“免费”商业模式得以运营的重要生态环境。互联网主要通过提供免费的服务，形成和扩大用户群，并利用用户的注意力实现经济效益。因此，在互联网企业运营的初期，“免费”无法为其带来可观的收益，“免费”网络经济模式实施的基础是一定的用户群和点击率。可以说，网络经济是以注意力为卖点的经济，能否吸引到足够多受众的注意力，直接决定了经营主体能否获得经济效益和社会效益。因此，从一定程度来看：

“免费”经济=注意力经济

“免费”作为商业应用的一种创新，它最初是作为一种营销模式产生并被广泛应用的，如“免费样品”“免费试用”等。但这种“免费”多数是为了推广某产品，吸引顾客的注意力，并形成潜在消费者群体。事实上，“免费”作为一种商业模式与“免费”及“免费”营销是有区别的（如表5-1所示）。

表5-1　　“免费”与“免费”营销及“免费”商业模式的对比

	“免费”	“免费”营销	“免费”商业模式
目标	公益、慈善	卖出更多的产品或服务	推广产品、服务和品牌+经济及社会效益
战略地位	个别的	阶段性、临时性活动	长期可持续战略
主体	政府、慈善机构或企业	企业营销部门或营销专业机构	企业决策人或决策团体
方式	完全免费地无条件提供产品或服务	免费派送少量产品或服务供消费者尝试	免费提供产品或服务以获取消费者的关注，并以此实现效益
关键	不附带任何条件	吸引潜在消费者群体	形成注意力聚集
效果	帮助或扶持一定群体的工作或生活	成功推广产品或服务并获取收益	通过真正的“免费”来赚钱

“免费”的原意是指完全无条件地提供产品或服务，它多属于慈善帮扶行为。“免费”商业模式是企业整体运营的可持续发展战略，代表着企业的主要盈利手段和发展方向，它的目标不是单一的通过“免费”营销来推广和销售产品或服务，不是一次性的效益收获，而是“如何使企业通过免费获取更多的关注、更多的忠诚”，这对企业的发展规划和形象建设都是有好处的。如果说“免费”营销关注的是一个“点”上的收益，那么“免费”商业模式所关注的就是企业整体的“面”上的效益。因此，从经济学角度而言，“免费”营销和“免费”商业模式是完全不同的两个概念。

总之，“免费”作为一种商业模式，不仅指将具体的产品或服务以零价格的方式提供给受众，实现产品的推广，更重要的是将“免费”贯彻始终，通过“免费”获得受众注意力进而得到更大的经济效益。“免费”商业模式对传统经济学中的价格观提出了挑战，将文化内容商品的提供与盈利完全分离，是网络文化经济中最重要的商业模式。

二、文化内容展示平台——文化发展的新动力

互联网文化内容展示平台是以互联网站建设为基础，以“免费”提供展示空间为手段，以吸引众多网民点击和进入网站，留下网民创作的文化内容，并使网民自发地进行传播为目的的网络空间。网络文化内容展示平台的发展，推动了我国文化内容创作与传播的进步，为网民从事文化内容生产提供了动力。网络文化生产的主体不再局限于特定的文化工作者或特定群体，所有网民都是网络文化生产的主体。网民从事网络文化生产的内容多表现为状态描述、评论、网络讨论、网络文学创作、网络视频及网络漫画等的创作、信息补充等。与传统文化生产相比，网络文化内容生产具有其独特性。

首先，网民作为新型文化创作的主体，更倾向于为满足兴趣及个性表达的需要而从事文化创作，网络展示平台为这种兴趣和个性表达提供了便利，是新时代满足人们精神文化需求的重要途径。如第二章所述，网民从事文化内容创作的动机是多样的，且更侧重于个性表达、信息速递、公义

传递和文化娱乐。网络文化内容生产和传播是网络自媒体时代人们精神生活的主要内容，网络文化内容展示平台的发展正是满足这一精神文化需求的重要桥梁。因此，从社会发展的角度，网络文化内容展示平台是自媒体时代公民精神文化建设的关键。

其次，网络展示平台使更多人积极投入文化内容创作和传播中，有利于全民文化水平的提升。互联网的普及为人们获取信息提供了便利，网络终端的移动化发展更增强了人们与互联网的关联。通过互联网，人们可以随时随地获取任何自己感兴趣的信息和服务，这是一种文化传播的过程，也是网民自我增值的过程。网民从事文化内容创作，离不开通过互联网对广泛信息的获取。原创类的文化内容多是网民根据自己对生活的理解，结合互联网上获得的相关信息加工而成；评论性的文化内容是网民对特定网络信息的见解。网络平台实现了网民创作文化内容的传播，满足了其自我表达的精神需求，能够见到自己的文化内容被接受、评论和传播，对于创作者而言是莫大的鼓舞，这就促使更多网民在网络平台上实践他们的文化内容创作。这种积极性表现在个体网民身上，就是一种积极的自我增值；而表现在民族这个整体上，就是全民增值、文化素质的提升和社会的进步。

再次，网民创作文化内容作为一种新的文化生产方式，网络展示平台是它赖以生存的基础，也是网络文化产业中的主力军。从产业化角度而言，网民的文化内容创作及网络展示平台的运营是一种新的文化产业模式。网民从事文化内容生产也被称为自媒体文化生产，它包括状态发布、点击行为、上传图片等DIY微内容文化生产模式；各种“百科”及搜索引擎通过网民不断补充信息，使信息生产信息的文化生产模式；网民作为消费者与生产者合作生产的文化内容生产模式。而这些网民文化生产方式得以持续发展的基础是网络展示平台，没有网络平台，个人无法基于网站进行便捷的微内容创作；百度百科、维基百科等不可能借网民之力维护其持续完善的百科信息；基于互联网的“生产与消费”合作的各类文化产业不能获取可观的利润。网络展示平台是网民从事文化内容创作的主要阵地，是网络文化生产方式生存和发展的重要生态环境，更是网络文化产业发展中的一种产业形态。

最后，网络展示平台的发展为我国各类文化的传播提供了技术支持，文化传播不再拘束于时间和空间的限制，国际文化交流通过互联网平台变得更加常态化，这有助于提升我国的文化影响力和软实力。网络展示平台无论是作为文化产业形态的一种，还是作为文化传播的技术支持和途径，都推动着我国文化软实力的提升。因此，作为技术支持，网络平台为文化传播提供了中介和桥梁，使更多人更易接触到各种文化现象和文化内容；作为产业经济形态，网络平台为文化传播提供了物质基础。

互联网“平台的创建不仅让更多人能创作自己的内容，就创作内容开展合作；还让他们可以上传文件，以个人方式或作为自发社区的一部分将这些内容传向全球，不用通过任何传统官僚机构或组织”[①]。作为一种商业形态，网络展示平台是网络文化生产方式不断进步的基础，它通过“免费”实践着文化生产、推广和消费，并以“免费”获取其经济效益和社会效益。

三、文化产业的“免费”商业模式

用户生产的文化内容不仅指网民自主创作的文化内容作品，如网络文学、网络音乐、网络视频、网络漫画等，还包括网民在互联网上的DIY微内容。文化内容展示平台是这些文化内容创作和传播的渠道，如起点中文网、优酷、微博、微信、QQ、新闻网站上的讨论社区、论坛等，网民依托这类平台进行自由创作、传播文化内容，并由此获得自我实现的心理满足。

网络平台的运营实践着“免费”商业模式，如何“通过免费来赚钱”，是各类传统产业和文化产业未来发展的主要方向。这里的“免费”有两层含义：一是经济学意义上的零价格；二是代表着“自由”。“免费”互联网文化的形成，为网络经济、网络文化乃至社会经济和社会文化

① ［美］托马斯·弗里德曼：《世界是平的》，第73页。

的发展带来了契机。经济学意义上的“免费”，为网络文化和经济的繁荣带来了网民的关注和选择；作为“自由”的“免费”体现了网络社会运营的主旨，即任何人都有参与、创作、传播、选择、接受和反馈的自由。因此，从这两个意义上来说，网络环境是最适合“免费”商业模式生存的环境。文化内容展示平台作为最具代表性的网络媒体形式，是“免费”商业模式的主力军。

（一）文化内容平台的“免费”经济构成

与吉利采用的“刀架——刀片”[①]免费商业模式一样，文化内容展示平台所采用的“免费”商业模式的根本原理是收益来源的根本性转移。也就是说，在文化内容展示平台的运作中，提供服务与创造收益这两个过程是彻底分离的。

在网络文化内容展示平台运营中，“免费”只是其基础和手段。对于企业而言，“免费”的关键还在于相关领域的开拓。正如克里斯·安德森所说：“世界就是一个‘交叉补贴’的大舞台。”网络文化内容展示平台“免费”商业模式的主要动力也是“交叉补贴”。在交叉补贴的世界里，免费模式可以分为四大类：一是直接交叉补贴，如吉利模式，一种产品或服务的免费，总有另一种产品或服务可以同时实现交易并最终弥补损失和获取利润；二是三方市场，在网络展示平台上，任何人都可以享受它的免费内容、信息、服务及软件等，但赞助商或其他相关领域的产业价值会使其在维持其运营的同时实现效益；三是免费加收费模式，如音乐网站、视频网站的VIP服务和会员服务，在基本用户享受其免费提供的服务和文化内容的同时，开辟出VIP用户专享的更高级的服务和内容，通过对VIP用户的收费获取经济收入；四是非货币市场，这不仅是指任何人都可以获取其免费的产品、服务和内容，更重要的是采取这种模式的动机不在经济效益，而是关注度、声誉、品牌、形象等无形的资产，如企业为塑造形象从

① 吉利公司通过免费赠送或低于成本价格销售剃须刀刀架的方式，获得广泛的受众，而后通过大量销售的一次性剃须刀刀片实现赢利。

事的慈善活动和“免费”赠予等。[①]

这四种“免费”商业模式中，网络文化内容展示平台应用最广泛的是三方市场模式。文化内容展示平台在实施“免费”商业模式时的具体操作：平台提供商多免费提供平台吸引网民在其平台上进行内容生产，而后通过文化内容吸引更多的网民注意力，并以此为卖点实现经济效益。网民注意力、点击率和明星效应就是实现其经济效益的关键，也是网络文化内容展示平台“免费”经济的主要构成（如图5-3所示）。

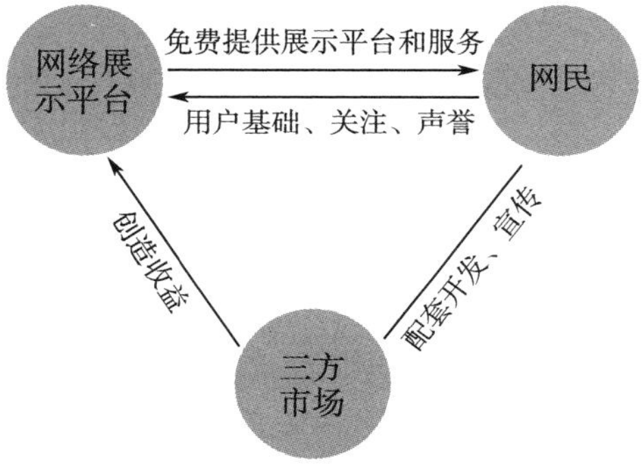

图5-3　网络文化内容展示平台的免费经济结构示意图

需要注意的是，网络文化内容展示平台的“免费”经济结构，与一般的“免费”营销是不同的，它属于网络企业的战略目标，“免费”是其存在和发展的基础，这种经济状态和结构也是互联网时代越来越多的企业所采取的主要商业模式。

（二）平台“免费”商业模式的效益来源

在免费经济中，由于提供商品和创造收益的过程是分离的，因此，“在哪里，从谁那儿，怎样再创造收益”成为决定该商业模式成功与否的关键要素。[②]网络平台用户的免费决定了必须有平台企业或市场对其进行“补贴”，以保证大量资金，用以维护和改善一个平台的正常运转与优

① ［美］克里斯·安德森：《免费》，第20—27页。

② ［韩］罗俊皓：《免费经济学》，第14页。

化。[1]网络文化内容展示平台的主要经济效益来源就是三方市场。

网络文化内容展示平台的“三方市场”免费商业模式之所以可以持续实施，主要是因为平台所拥有的价值（如图5-4所示）。

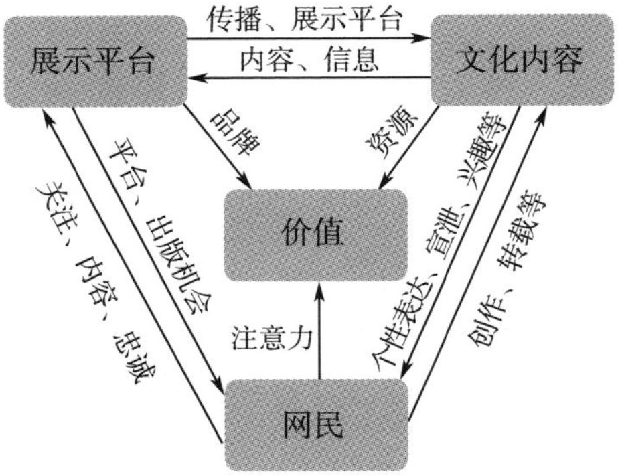

图5-4 “免费”展示平台的价值构成示意图

文化内容平台“免费”商业模式运营的价值基础源于平台、文化内容和网民，这三者之间是互惠互利的关系。网民创造文化内容，同时文化内容满足网民的个性化需求；网民依靠网络平台进行文化内容创作和传播，并向平台提供其注意力和忠诚度；展示平台是文化内容传播的载体，但同时文化内容也丰富了平台的信息和内涵。平台、文化内容和网民相互扶持地构成了网络文化内容展示平台的主体和核心价值，其中展示平台提供的是品牌和影响力价值，文化内容提供了丰富的、有吸引力的资源价值，网民提供的则是流量和注意力价值。正是这些价值构成了文化内容展示平台效益的关键性要素。

网络文化内容展示平台以这些价值为卖点吸第三方市场对其资金投入，以获取经济利益。第三方市场最主要的构成是广告商、风险投资者和文化内容产业链的开发者等。其中，对于多数网络文化内容展示平台而言，广告商是最主要的经济效益来源，平台拥有的用户基础、流量和注意力越多，就能吸引到越多的广告投入者，并且广告费用也会随着平

① 刘琦琳：《免费经济——中国新经济的未来》，商务印书馆2011年版，第65页。

台流量和注意力的增加而上涨，广告形式主要有竞价排名广告、横幅广告、按钮式广告、插页式广告等。风险投资者通过认同网络平台的价值和发展潜力，多以注入资本的方式参与平台的运营，这会扩大平台的经济实力和规模，一般情况下，平台拥有的价值越多，就越容易吸引风险投资者的光顾。文化内容产业链的开发者多是针对网络平台上展示的文化内容进行投资和产业化开发，比如网络文学的影视拍摄、网络漫画的动画化、网络歌手的产业化包装等，但只有和展示平台签署版权协议并具有一定注意力基础的文化内容，在吸引到产业化操作的时候才会为网络平台带来经济效益。

在获取经济效益的同时，非货币的无形效益也是网络平台经营的目标之一。但是，注意力和品牌效益的获取，如同文化内容所吸引的注意力一样，都是网络平台获取效益的“引子”。网络平台通过“免费”提供创作和传播微内容的空间，以注意力和品牌为价值点获利。因此，网络文化内容展示平台的“免费”经济多属于三方市场模式，免费加收费模式往往更适用于比较成熟的网络平台，如优酷会员、百度音乐会员、微博VIP、网易VIP收益等，非货币收益最不容易引人注意，却对文化企业的经营起着至关重要的作用。

结　语

互联网的普及与应用及其与其他领域、行业的渗透和融合，带来了广泛的利基市场，长尾经济几乎成了网络经济的又一个代名词。在政府将文化产业、文化软实力、文化强国等列入国家战略的大背景下，文化产业在国家GDP中所占份额稳步增长，如何在互联网时代发展文化产业成为重要议题。本书在产业实践和国家战略的背景下，以互联网、文化产业、受众等的发展历程为基线，通过将传统文化内容生产、文化推广、文化消费和文化产业商业模式与其在互联网环境下的呈现做对比，探讨互联网为文化产业运营过程带来的变革，得出以下结论：

第一，互联网环境下"受众"的内涵和外延都发生了变化，它是传统意义上的被动型大众受众与网络环境中主动型网民的综合。

受众有个体和群体之分，作为个体的受众彼此之间的差别很大，但作为群体的受众往往有一些共通之处。无论是个体还是群体的受众历来都是传播者从事传播活动的目标，但事实上，传者和受众之间是一种"共生关系"，他们"互构""协调"地存在于传播活动中。传者和受众不是单向的指向关系，而是互生的存在。就这一点来说，人们对"受众"的认识在很长一段时间内都有着一定的局限性，尤其是大众文化产业时期，受众仅仅是文化传播和文化企业商业角逐的目标而已。互联网经济和互联网思维改变了这一根深蒂固的现象和认识，受众不再是被动的存在。传者和受众之间不再只是单向的传播和被动接受关系，而是双向甚至多向的传播同位体。在开放的网络空间中，每个人的地位都是对等的，传统的身份界限被彻底打破，网民可以随意选择自己在传播活动中的角色，或是主动的创造性传播，或是内容分享，或是参与内容讨论，或是被动接受而不发表任何内容等等。“受众”一词的内涵在互联网环境中，由原来的被动接受转为“解构性、主动性和生产性的活动”，其外延则由传统媒体观众、读者、听众延伸至网络世界中的每一个人。

第二，文化内容生产是一种特殊的生产形态，由最初的图腾崇拜、巫术、神话传说、仪式等表现形式发展到商业化大众文化生产再到网络文化内容生产，每一次变革的动力都源自媒介技术的革新。

技术和新生产工具的引入主导了文化生产方式的变革。网络技术、检索技术、多媒体数字技术带来的网络媒体传播融合了大众传播（单向）和人际传播（双向）的信息传播特征。互联网时代的文化生产主要表现为网络发布。网络媒体以其发布主体的开放性、发布内容的创新性和无限性、发布形式的互动性、发布效果的即时性以及发布功能的融合性，为我国当代文化生产的变革积蓄了力量。网络技术、数字技术带给文化内容生产方式的不仅仅是文化内容呈现形式的更新，它更为文化内容生产带来了全新的生态环境。在这个生态中，基于宣泄、娱乐和表达的需要，人们迫不及待地在互联网上忙碌着，或进行微内容创作，或分享感兴趣的内容，或参与集体创作、讨论，或对已有资源进行再创作和生产，如此等等，网民成了互联网时代不可忽视的文化生产力量。与此同时，组织文化生产也如火如荼地改革发展着，一系列网络文化产业新兴业态不断涌现。它们诞生于网络环境，并以突破常规的“免费”或“半免费”的方式经营并取得巨额收益，搜索引擎、音视频网站、中国知网和万方等学术资源网站正是此类典型。传统文化生产的边缘人——个体文化内容创作者在开放的网络环境中，不再需要为展示平台发愁，起点中文网、有妖气等原创作品展示平台为他们解决了发布和出版问题，使这些作者可以更容易地将作品呈现到更多人的面前，而后在市场自由竞争规律约束下，由网民的点击和阅览为这些作品排名并使平台经营者和作者获取收益。

第三，较之传统文化营销，网络文化内容商品推广强调“软”营销信息、交互营销沟通和整合全媒体，“受众”的主动性在营销中尤为重要。

网络技术平台降低了文化内容商品储存、传播的成本和时效，加之“受众”零散性、个性化的长尾需求，碎片化的小众文化市场日益繁荣。互联网的普及推进了媒介加速融合，文化市场营销也进入全媒体营销阶段，成本更低、精准度更高的网络营销逐渐步入文化内容商品营销的主流。在受众碎片化的时代，大众媒体、分众媒体只是品牌传播的一个端口，通过这些端口引发受众的好奇心，激励他们或参与品牌的营销传播活动之中，或主动访问进行品牌营销活动的网站。营销者的主要任务不再是硬信息传播和推广，而变成贴心的“软服务”，通过提供与受众心理预期相关的服务式信息，引起受众的注意，之后的营销活动和效果则不完全在营销者的控制中，受众成为文化内容商品网络营销的操盘手。网络的扩散效应、蝴蝶效应、病毒效应和口碑效应是文化内容商品网络营销效果的主要来源。受众在营销者引导关注某文化内容商品的信息后，利用便捷的网络平台搜索、调研分析商品的内涵和呈现形式，无论是否立刻达成消费意愿，受众在网络上留下的痕迹不仅是文化推广的重要构成，也是营销分析的数据元素。网络营销的直接结果并不局限于消费达成，更重要的是受众参与推广的范围和力度。这里的参与推广主要是指受众关于文化消费体验、营销信息的主动分享传播、参与讨论以及针对文化内容的再创作等，在这些参与中文化内容商品的相关信息由受众扩散到更多的受众，消费体验就如同病毒一样在相识或不相识的关联人群中形成口碑效应。人们都更相信“自己人”的声音，没有什么营销手段能比文化内容商品受众的自发、主动营销更有效。

第四，文化消费和网络消费的融合最直接的结果就是，文化内容的网络消费使“文化消费”由经济活动的“终点”变为文化消费“再生产”的起点。

传统文化消费源于受众的精神文化需求，具有较强的目的性，消费对象是指向性、标准化、批量生产的文化内容产品或服务。网络文化消费是由受众通过网络信息的获取、过滤和选择而产生的，旨在发生符合受众兴趣需求的文化内容商品的交互性消费行为。网络文化消费者行为最大的特点在于搜索和分享。搜索引擎技术的进步为文化消费者在认知和决策阶段提供了大量的、全面的、人性化的信息资讯，分享信息传播速度的成倍增长，为文化内容营销和文化消费者决策都带来了便利。互联网促使文化消费从调研到内容商品获取的方式、渠道、种类等都朝着多样化的方向发展，自由的、高契合度的、便捷的、全面的信息获取也增强了消费者文化、信息需求的满足程度和参与或实施“文化再生产”的积极性。网络文化消费行为的达成往往能带来较大的后续效应，主要表现在文化内容再生产、口碑效应和再消费三个方面。消费者购买文化内容商品之后，根据自身的体验和价值标准对其进行的分享、评论和再创作活动，这本身也是文化内容的传播和再生产过程。故而，网络文化消费的达成不仅不是网络文化经济活动的终点，更是文化内容再生产的过程；它是文化品牌生命力的延续，也是新的文化经济活动的开始。

第五，在海量信息充斥的网络社会，“文化内容”无论对于文化内容商品本身还是文化企业、文化品牌都是最重要的招牌；网络平台对文化传播、文化产业效益调节和受众分享有着重要意义；“免费”是网络经济独有的经营模式，文化企业如何通过“免费”获得收益是互联网时代市场竞争的主战场。

互联网正在为受众生活带来变化，移动服务和社交网络是其中两个非常重要的标志。移动服务不仅将原本通过电脑终端才能实现的网络服务全部转移到移动终端。对于受众而言，网络已由原来的静态服务转向更具交互性和无时空限制的移动、动态的网络服务。移动网络服务使更多的网络受众愿意投入更多的时间和精力在互联网上，受众的创造力、传播力和反馈力成了不可小觑的网络社会力量。云计算和大数据的应用，更为网络商业发展提供了技术和数据支撑，文化产业商业模式在互联网时代正在被创新。首先，互联网极大地丰富了“内容”的内涵，拓展了“内容”的外延。互联网环境下，“内容”不仅包括传统文化产业“内容”的文化性和艺术性，还包括网络自媒体时代的“微内容”、海量信息。网民对文化内容商品的评价、点击和分享行为对文化产业发展有重要意义，海量信息是网络文化内容生产的资料库，更是网络环境中发展文化产业的一大优势。其次，开放的网络平台不仅可以为受众提供一个免费的娱乐、表达空间，平台企业更可以借此实现自己的文化价值、商业价值和社会价值。在这里，受众的情感得到宣泄和满足，文化内容资源得到更广泛的传播和传承，平台企业得到自己的商业利益。世界经济正在进入“平台时代”，以平台作为经营核心的文化企业，产业链不再是线性延伸，而是呈多边（作者、平台企业、受众等）循环状态，网民的关系效应和碎片整合是其经营的重要特色。再次，网络文化企业的平台经营对受众最大的卖点是“免费”的平台服务，这突破了传统经济活动中的价格观。事实上，“免费经济”等同于“注意力经济”。“免费”作为一种商业模式，不仅指的是具体的产品或服务以零价格的方式提供给受众，实现产品的推广，更重要的是将“免费”贯彻始终，通过“免费”获得的受众注意力进而得到更大的经济效益。

第六，“互联网+”为文化产业运营带来了重大变革，也为我国文化发展带来了前所未有的挑战，需要运用互联网思维和逻辑进行积极应对。

网络传播的交互性、便捷性、广泛性，使其成为重要的民主平台、创作平台和学习平台。互联网为我国文化力和软实力的增强、政治民主化、文化内涵的丰富、文化规制的传播以及文化产业人才培养方式的改进和创新提供了新的发展机遇，这些正是互联网为我国文化发展带来的正能量。但“Web2.0就像打开的潘多拉盒子，它让我们的社会产生了频繁接触色情文化的年轻人、从事网络剽窃的盗贼、患有强迫症的网络赌博者以及各种各样的痴迷者；它诱使我们将人类本性中最邪恶、最不正常的一面暴露出来，让我们屈服于社会中最具毁灭性的恶习；它腐蚀和破坏整个民族赖以生存的文化和价值观”[①]，互联网为用户带来的问题主要包括网络霸权、网络反腐的低俗化、网瘾和网络依赖、网络暴力以及网络侵权等五个方面：

第一，网络霸权不仅会削弱国家文化软实力，也严重威胁着国家文化安全，主要表现为：1.通过互联网进行意识形态传播和渗透的“软霸权”或“软入侵”；2.通过文化商品的网络传播和销售，实现“硬”效益和“软”效益的双重收益；3.话语霸权，主要表现为语言上的霸权以及信息和技术垄断。

第二，在网络成为反腐主要力量的同时，应当注意我国网络反腐“情色化”“低俗化”和“娱乐化”的问题。

第三，人肉搜索、哄客、网络谣言等网络暴力行为屡禁不止，为当事人和社会和谐带来不利影响：1.施暴的网民以道德的名义，对事件主角进行极具个人情感色彩的“恶意审判”，这不仅侵犯了他人的隐私权，更是将自己的道德标准、情感色彩和暴力言语强加给他人，对他人造成有意或无意的伤害；2.互联网社区的虚拟性、匿名性在无形中增加了网络暴力的参与人数及其言辞和行为的恶劣程度。

其四，随着互联网的普及，网瘾患者的人数不断增加，网瘾也会给患者造成无法逆转的伤害，并伴生暴力、色情等其他社会问题。

其五，网络侵权问题突出，侵权问题从现实世界转向了网络世界，侵权载体也由现实空间拓展到虚拟空间。

应对互联网带来的上述问题，必须立足于我国国情并充分借鉴他国经验，做到“一个坚持，三个系统”，即以坚持社会主义核心价值体系为指导，加强网络监管技术系统、网络信息安全系统、网络社会自律系统建设。

第一，坚持社会主义核心价值体系，发挥舆论引导和议程设置功能。1.充分发挥主流媒体、意见领袖在网络社会中意见的“软”引导作用，引

---

① ［美］安德鲁·基恩：《网民的狂欢：关于互联网弊端的反思》，第159页。

导和规范网络行为。例如2008年，包括中央电视台、《人民日报》在内的国内主流媒体多次开展声势浩大的反网络暴力活动；2012年7月至8月，《中国青年报》持续刊发了“拒绝网络暴力系列报道”等。2.不能忽视个别网民对敏感或争议问题的意见，避免带来恶性“蝴蝶效应”；3.规范网络推手的工作原则，提升网络推手的基本素养；4.通过政策法规、自律和教育等手段，加强网络媒体“把关人”的积极作用，为良好的网络传播环境保驾护航。

第二，加强网络技术研发，建设网络监管技术系统。网络技术的发展为人们的生活带来了便利，如P2P技术带来的资源共享、搜索引擎锁定特定资源的定位技术在当今社会的应用等。但每一种新技术在带来便利的同时，也会带来一系列问题，如在当今便捷的网络资源共享、搜索引擎等工具带来了著作权问题等。这些网络问题源于网络技术，也应当向网络技术寻求解决之道。网络技术的发展机制本身在不断激励着网络技术的更新和完善。网络监管面临的是快速发展的互联网技术和通讯传播技术，如何做到从技术上过滤威胁网络安全和社会稳定的舆论、且不至于“草木皆兵”是网络监控技术面临的主要议题。要解决这一技术难题，首先要做的就是加大对技术研发的投入力度，包括人力、物力和财力。其中，人力投入主要通过立项、拨付资金等方式招揽技术研发领域的经营者参与技术研发，也应当加强对相关技术人才的培养投入。物力和财力支持是技术开发的基础，它们可以在保障研发人员利益的同时，为研发工作提供必要的支持。建设合理、人性化的网络监管技术系统，有助于保障网络文化生产、推广和消费的高效、稳定和安全运行。

第三，完善网络文化规制，构建网络信息安全系统。近年来，针对计算机信息系统安全而制定的一系列互联网法规相继出台，保证了网络信息传播得以正常进行的大环境，2014年更被称为中国互联网“最严监管年”，但在法律法规的制定和具体实施中仍然存在很多问题。因此，深化网络文化监管应当做到：1.文化监管主管部门充分利用互联网进行文化法律法规的制定、执行、监管和效果反馈工作。网络论坛、政府网站、博客、微博等是公众网络参与的主要平台，通过这些平台公众可以自由表达、向政府建言献策。2.完善针对新型网络文化产业和相关行业从业人员的规制。政府应当密切关注行业发展动态，预测其发展中可能存在的问题，并尽可能前瞻性地制定相应的法律法规来规范新型文化行业从业者的行为。3.有效地引导网民的文化内容创作和传播活动，创新文化规制形式。对互联网环境下的文化创作，应当更多地给予鼓励和引导，出台一些相关的鼓励政策，在保障网络安全和合法守法的前提下，激励网民的文化创作行为。4.实施技术过滤和文化规制相结合的监管方式，清除网络文化监管的盲区。相对于文化规制而言，技术过滤属于硬规制，它可以根据一定的标准运用特定的程序或技术从动态的网络信息流中剔除可能产生不良影响的信息。技术过滤依托的是编程和关键词，它完全依靠程序设定进行拦截，属于硬性规制。基于文化的特殊性，文化规制应维护一切合法的文化发展需求并为之提供便利。

第四，加强“自律”机制，建设网络社会自律系统。相对于他律而言，自律的作用更加明显。从业者自律和行业自律是两种重要的规范方式。从业者往往通过遵从职业道德和相关法律法规来实现个人自律。文化产业相关行业则通过组织自律联盟或协会如中国互联网协会、中国网络媒体论坛、网络文化协会、文化产业协会等，制定相关行业规则并要求业内人员遵从的方式实现行业内的自律。2004年成立的中国互联网协会违法和不良信息举报中心是中国互联网行业自律组织之一，截至2013年，已陆续接到公众举报342万多件次。[①]近年来，各行业自律组织通过奖励的方式规范从业人员的行为，虽已有成效，但网络社会问题依旧存在，行业自律依旧需要得到充分的重视和引导。[②]

互联网与文化产业是相辅相成的关系。互联网环境中文化产业逐步

① 奚伟：《互联网社会责任——第五届中英互联网圆桌会议会议报告》，新华国际，2013年9月9日。

② 王爽：《论网络媒体与我国文化软实力的提升》，《学术论坛》2013年第8期。

实现大整合，这种整合不仅涉及上下游相关产业链的纵向整合，也涉及文学、游戏、影视、动漫等不同产业间的横向整合，它们彼此之间相互联系，共同构成了文化产业新产业链的重要环节。文化产业推动互联网形成具有强大集聚效应的创新生态，衍生推出具有高度包容性的新型产业形态，模糊界限的互联网与文化产业“线上、线下”“免费、收费”等生产、传播和消费范式，加快推动着互联网与文化产业生产、推广、消费等固有模式的颠覆性变革。在此基础上，持续激发互联网与文化产业“大众创业　万众创新”的活力，推动文化、科技、人才、资金等元素的“自由连接”，打造泛互联网与泛文化的产业生态链，对我国文化强国战略的实践有重要意义。

参考文献

一、著作

[1] 蔡嘉清:《文化产业营销》(第2版), 清华大学出版社2013年版。

[2] 曹芳华编著:《聚合营销: 网络整合营销传播》, 人民邮电出版社2010年版。

[3] 陈峻俊:《符号的魅惑: 网络消费文化研究》, 中国社会科学出版社2013年版。

[4] 陈少峰、王鸿、王建平主编《中国互联网文化企业报告2015》, 华文出版社2015年版。

[5] 陈少峰、张立波:《文化产业商业模式》, 北京大学出版社2011年版。

[6] 陈少峰、赵磊、王建平主编《中国互联网文化产业报告2015》, 华文出版社2015年版。

[7] 陈少峰、王起、王建平主编《中国文化旅游产业报告2015》, 华文出版社2015年版。

[8] 陈威如、余卓轩:《平台战略: 正在席卷全球的商业模式革命》, 中信出版社2013年版。

[9] 陈文汉主编《消费者行为学》, 北京大学出版社2014年版。

[10] 戴维民:《网络信息优化传播导论》, 复旦大学出版社

2004年版。
[11] 单世联：《现代性与文化工业》，广东人民出版社2001年版。
[12] 党生翠：《网络舆论蝴蝶效应研究：从“微内容”到舆论风暴》，中国人民大学出版社2013年版。
[13] 董雪梅编著：《文化产业知识产权》，福建人民出版社2012年版。
[14] 方美琪、胡翼亮编著：《网络营销》，清华大学出版社2003年版。
[15] 冯英健编著：《网络营销基础与实践》（第2版），清华大学出版社2004年版。
[16] 高书生：《感悟文化改革发展》，中信出版社2014年版。
[17] 高宣扬：《布迪厄的社会理论》，同济大学出版社2004年版。
[18] 高占祥：《文化力》，北京大学出版社2007年版。
[19] 宫承波主编《新媒体概论》（第2版），中国广播电视出版社2009年版。
[20] 韩英、付晓青编著：《文化产业概论》，福建人民出版社2012年版。
[21] 郝康理、裴红义主编《互联网时代背景下的全球旅游整合营销》（第2版），科学出版社2013年版。
[22] 何干强：《唯物史观的经济分析范式及其应用》，中国经济出版社2009年版。
[23] 何群：《文化生产及产品分析》，高等教育出版社2006年版。
[24] 胡惠林、陈昕主编《中国文化产业评论》（第13卷），上海人民出版社2011年版。
[25] 胡惠林主编《文化产业概论》，云南大学出版社2005年版。
[26] 胡惠林：《文化经济学》（第2版），清华大学出版社2014年版。
[27] 纪宝成主编《市场营销学教程》，中国人民大学出版社1989年版。
[28] 孔伟成、陈水芬编《网络营销》（第2版），高等教育出版社2005年版。
[29] 匡文波：《网络传播学概论》（第3版），高等教育出版社2009年版。
[30] 匡文波：《网络媒体的经营管理》，中国传媒大学出版社2009年版。

［31］李光明主编《网络营销》，人民邮电出版社2014年版。
［32］李锡东：《文化产业的营销与管理》，清华大学出版社2011年版。
［33］刘吉发、陈怀平、李雯：《中西方文化产业比较研究》，中国社会科学出版社2013年版。
［34］刘建昌主编《网络营销——理论·方法·应用》，清华大学出版社、北京交通大学出版社2010年版。
［35］刘琦琳：《免费经济——中国新经济的未来》，商务印书馆2011年版。
［36］刘向晖：《网络营销导论》（第3版），清华大学出版社2014年版。
［37］刘燕南、史利等：《国际传播受众研究》，中国传媒大学出版社2011年版。
［38］刘业政、姜元春、张结魁等：《网络消费者行为：理论方法及应用》，科学出版社2011年版。
［39］刘芸主编《网络营销与策划》，清华大学出版社2010年版。
［40］孟晓驷：《文化经济学思维——物质与文化均衡发展分析》，人民文学出版社2005年版。
［41］莫少群：《20世纪西方消费社会理论研究》，社会科学文献出版社2006年版。
［42］欧阳卫民：《中国消费经济思想史》，中共中央党校出版社1994年版。
［43］孙锐、周宁、张红雨等：《网络营销——网商成功之道》（第3版），电子工业出版社2011年版。
［44］唐兴通：《社会化媒体营销大趋势——策略与方法》（第2版），清华大学出版社2012年版。
［45］唐一之：《无形的市场——知识本体与网络消费研究》，湖南师范大学出版社2009年版。
［46］田智辉：《新媒体传播：基于用户制作内容的研究》，中国传媒大学出版社2008年版。

[47] 汪明峰:《城市网络空间的生产与消费》，科学出版社2007年版。
[48] 王广振:《地方文化产业发展策略系统研究》，福建人民出版社2013年版。
[49] 王宏、陈小申、张星剑编著:《数字技术与新媒体传播》，中国传媒大学出版社2010年版。
[50] 王育济、齐勇峰、侯样祥等主编《中国文化产业学术年鉴1979～2002年卷》，山东大学出版社2010年版。
[51] 王育济、齐勇峰、侯样祥等主编《中国文化产业学术年鉴2003～2007年卷》，文化艺术出版社2009年版。
[52] 王育济、齐勇峰、侯样祥等主编《中国文化产业学术年鉴2008年卷》，文化艺术出版社2009年版。
[53] 王育济主编《文化市场与营销》，南开大学出版社2007年版。
[54] 文启湘主编《中国消费经济学》，西北大学出版社1990年版。
[55] 向勇、刘静主编《文化产业应用理论》，金城出版社2011年版。
[56] 徐晋:《平台经济学——平台竞争的理论与实践》，上海交通大学出版社2007年版。
[57] 徐志斌:《社交红利》，北京联合出版公司2013年版。
[58] 杨东篱编著:《文化市场营销学》，福建人民出版社2014年版。
[59] 杨魁、董雅丽:《消费文化理论研究——基于全球化的视野和历史的维度》，人民出版社2013年版。
[60] 阳光宁、张军占主编《文化市场调查与分析》，中国科学技术大学出版社2014年版。
[61] 叶朗主编《中国文化产业年度发展报告(2014)》，北京大学出版社2015年版。
[62] 臧海群、张晨阳:《受众学说：多维学术视野的关照与启迪》，复旦大学出版社2007年版。
[63] 张波:《O2O：移动互联网时代的商业革命》，机械工业出版社2013年版。

[64] 张立波、王鸿主编《文化企业商业模式创新案例》，北京大学出版社2014年版。
[65] 张立文、王俊义、许启贤等主编《传统文化与现代化》，中国人民大学出版社1987年版。
[66] 赵学琳：《文化生产与文化先进性研究》，中国社会科学出版社2014年版。
[67] 赵有广：《文化产品生产方式创新研究——基于中国文化产品对外贸易》，经济科学出版社2013年版。
[68] 赵泽润、蒋昀嫛、许瑶编著：《文化市场营销学》，中山大学出版社2010年版。
[69] 中央文化企业国有资产监督管理领导小组办公室、中国社会科学院文化研究中心编《中国文化消费报告（2014）》，社会科学文献出版社2014年版。
[70] 周蔚华等：《数字传播与出版转型》，北京大学出版社2011年版。
[71] 周志民、刘世雄主编《文化市场营销——体验的视角》，大连理工大学出版社2013年版。
[72] 朱海松：《网络的破碎化传播——传播的不确定性与复杂适应性》，中国市场出版社2010年版。
[73] 左鹏：《中国城市居民文化产品消费行为研究》，上海财经大学出版社2010年版。
[74]《中共中央关于构建社会主义和谐社会若干重大问题的决定》，人民出版社2006年版。
[75]《中共中央关于深化文化体制改革推动社会主义文化大发展大繁荣若干重大问题的决定》，人民出版社2011年版。
[76] [德]马克斯·霍克海默、[德]西奥多·阿道尔诺：《启蒙辩证法：哲学断片》，渠敬东、曹卫东译，上海人民出版社2003年版。
[77] [德]马丁·海德格尔：《林中路》，孙周兴译，上海译文出版社1997年版。

[78][德]齐奥尔特·西美尔：《时尚的哲学》，费勇、吴謇译，文化艺术出版社2001年版。
[79][法]让·波德里亚：《消费社会》，刘成富、全志钢译，南京大学出版社2000年版。
[80][韩]罗俊皓：《免费经济学》，金香兰译，中国铁道出版社2012年版。
[81][韩]赵镛浩：《平台战争——移动互联时代企业的终极PK》，吴苏梦译，北京大学出版社2012年版。
[82][加]埃里克·麦克卢汉、[加]弗兰克·秦格龙编《麦克卢汉精粹》，何道宽译，南京大学出版社2000年版。
[83][加]马歇尔·麦克卢汉：《理解媒介：论人的延伸》（增订评注本），何道宽译，译林出版社2011年版。
[84][加]马修·弗雷泽、[印]苏米特拉·杜塔：《社交网络改变世界》，谈冠华、郭小花译，中国人民大学出版社2013年版。
[85][美]安德鲁·基恩：《网民的狂欢：关于互联网弊端的反思》，丁德良译，南海出版公司2010年版。
[86][美]保罗·莱文森：《新新媒介》，何道宽译，复旦大学出版社2011年版。
[87][美]戴安娜·克兰：《文化生产：媒体与都市艺术》，赵国新译，译林出版社2012年版。
[88][美]菲利普·科特勒、[美]加里·阿姆斯特朗：《市场营销原理（第13版）》，楼尊译，中国人民大学出版社2010年版。
[89][美]菲利普·科特勒、[美]凯文·莱恩·凯勒：《营销管理》（第14版·全球版），王永贵等译，中国人民大学出版社2012年版。
[90][美]凡勃伦：《有闲阶级论——关于制度的经济研究》，蔡受百译，商务印书馆1964年版。
[91][美]克里斯·安德森：《长尾理论》，乔江涛、石晓燕译，中信出版社2012年版。

[92][美]克里斯·安德森:《免费》,蒋旭峰、冯斌、璩静译,中信出版社2012年版。

[93][美]迈克尔·哈耶特:《平台:自媒体时代用影响力赢取惊人财富》,赵杰译,中央编译出版社2013年版。

[94][美]迈克尔·所罗门、卢泰宏、杨晓燕:《消费者行为学》(第10版),杨晓燕、郝佳、胡晓红等译,中国人民大学出版社2014年版。

[95][美]托马斯·弗里德曼:《世界是平的》,何帆、肖莹莹、郝正非译,湖南科学技术出版社2006年版。

[96][美]Werner J. Severin, James. W. Tankard. Jr.:《传播理论——起源、方法与应用》(第5版),郭镇之、徐培喜等译,中国传媒大学出版社2006年版。

[97][美]约翰·费斯克:《理解大众文化》,王晓珏、宋伟杰译,中央编译出版社2001年版。

[98][美]约翰·维维安:《大众传播媒介》(第7版),顾宜凡等译,北京大学出版社2010年版。

[99][美]朱迪·斯特劳斯、[美]雷蒙德·弗罗斯特:《网络营销》(第5版),时启亮、孙相云、刘芯愈译,中国人民大学出版社2010年版。

[100][瑞士]奥斯特瓦德、[比]皮尼厄:《商业模式新生代》,王帅、毛心宇、严威译,机械工业出版社2011年版。

[101][英]戴维·皮尔斯编《现代经济学辞典》,宋承先、寿进文、唐雄俊等译,上海译文出版社1988年版。

[102][英]丹尼斯·麦奎尔:《麦奎尔大众传播理论》(第4版),崔保国、李琨译,清华大学出版社2006年版。

[103][英]丹尼斯·麦奎尔:《受众分析》,刘燕南、李颖、杨振荣等译,中国人民大学出版社2006年版。

[104][英]雷蒙·威廉斯:《关键词:文化与社会的词汇》,刘建基译,

生活·读书·新知三联书店2005年版。

[105] [英]雷蒙·威廉斯:《文化与社会》,吴松江、张文定译,北京大学出版社1991年版。

[106] Alberts, D.S., Garstka, J.J., Fred, F.P., *Network Centric Warfare: Developing and Leveraging Information Superiority*, Washington D.C: CCRP Serials Publication, 2000.

[107] Diggles, K., *Guide to Arts Marketing: The Principles and Practice of Marketing as They Apply to the Arts*, London: Rhimegold, 1986.

[108] Jackson, B., *Winning and Keeping Industrial Customers*, Lexington, MA: Lexington Books, 1985.

[109] Lowenthal, L., *Literature, Popular Culture and Society*, Englewood Cliffs, N.J: Prentice-Hall, Inc, 1961.

[110] Malhotra, N.K., *Marketing Research: An Applied Orientation Sixth Edition*, NewYork: Pearson Education, 2009.

[111] Mokwa, M.P., Dawson, W. M. and Prieve, E. A., *Marketing the Arts*, New York: Praeger, 1980.

[112] Shapiro, C., Varrina, H., *Informations Rule,* Cambridge: Harvard Business Press, 1999.

[113] Simon, H., *Designing Organizations for an Information-rich World, Computers, Communications and the Public Interest*, Martin Greenberg ed. Baltimore: The Johns Hopkins Press, 1971.

[114] Tirole, J., *The Theory of Industrial Organization*, Cambridge: MIT Press, 1988.

[115] Webster, J.G., Phalen, P. F., *The Mass Audience: Rediscovering the Dominant Model*, New Jersey: Mahwah, 1997.

[116] Willis, C., Bowman, S., *We Media*, America: The Media Center, 2003.

二、期刊文章

[1] 柏定国、陈鑫:《论文化产业的商业模式》,《福建论坛》(人文社会科学版)2012年第10期。

[2] 毕继东:《网络口碑对消费者购买意愿影响实证研究》,《情报杂志》2009年第11期。

[3] 陈爱国:《论布尔迪厄文化资本的形态构造》,《学术论坛》2006年第6期。

[4] 陈奇佳:《市场经济条件下的文化生产问题——以马克思的精神生产学说为批判视角》,《江海学刊》2010年第4期。

[5] 陈赞晓:《关于文化经济理论渊源及其发展的"驱动力"原理探析》,《理论界》2007年第8期。

[6] 程恩富:《文化生产力与文化资源的开发》,《生产力研究》1994年第5期。

[7] 楚尔鸣、何恒远:《基于网络经济的消费理论创新》,《中南大学学报》(社会科学版)2003年第2期。

[8] 高红波:《论大数据对电视内容生产与媒介营销的影响》,《现代视听》2013年第8期。

[9] 郭黎星:《国内外商业模式研究综述》,《商场现代化》2012年第3期。

[10] 何明升、李一军:《网络消费的基本特点及其对传统经济理论的突破》,《学术交流》2001年第2期。

[11] 黄勇、周学春:《平台企业商业模式研究》,《商业时代》2013年第23期。

[12] 黄宗捷:《论网络生产的特征》,《成都信息工程学院学报》2002年第2期。

[13] 江凌、李丹:《论网络文化生产力》,《编辑之友》2012年第12期。

[14] 李冰、郄婧琳:《大数据、流媒体与视频内容生产新策略——美剧〈纸牌屋〉的启示》,《出版广角》2015年第3期。

[15] 李康化：《文化遗产与文化生产的创造性转化》，《江汉大学学报》（人文科学版）2011年第1期。

[16] 李蓉：《网络哄客现象透视》，《当代传播》2009年第6期。

[17] 李文明、吕福玉：《基于乐活理念的网络文化消费探析》，《福建师范大学学报》（哲学社会科学版）2013年第2期。

[18] 林渌：《Google的财富之门》，《环球市场》2003年第7期。

[19] 刘剑敏、李润权：《论网络的碎片化特征》，《新闻爱好者》（下半月）2011年第18期。

[20] 刘娜：《我国网络购物的发展及现状》，《中国商界》2008年第5期。

[21] 刘诗白：《论现代文化生产（上）》，《经济学家》2005年第1期。

[22] 刘爽：《1999～2009年我国网络文化产业政策综述》，《江汉大学学报》（人文科学版）2011年第6期。

[23] 刘素华、胡惠林：《新文化生产方式：近代中国文化产业的发生范式》，《上海交通大学学报》（哲学社会科学版）2013年第6期。

[24] 罗忻、黄永林：《我国文化消费存在的问题及引导对策研究》，《兰州大学学报》（社会科学版）2013年第1期。

[25] 马建光、姜巍：《大数据的概念、特征及其应用》，《国防科技》2013年第2期。

[26] 潘友梅：《符号消费理论与当代大学生的消费观》，《商场现代化》2010年第26期。

[27] 庞庆明、张锡恩：《近代以来中国文化生产方式变革的主流与原则》，《毛泽东邓小平理论研究》2012年第11期。

[28] 朴世镇：《文化营销的战略及模式探究》，《商业时代》2007第8期。

[29] 秦霖、邱菀华：《文化产品价格形成机制探析》，《经济与管理研究》2005年第12期。

[30] 秦兴梅：《新媒体语境下搜索引擎的盈利模式》，《新闻知识》2009年第7期。

[31] 荣跃明：《马克思哲学视域中的文化生产》，《毛泽东邓小平理论研

究》2007年第1期。

[32] 邵盈、徐旭：《从传播学角度探讨电影的网络营销新道路——以〈失恋33天〉为例》，《东南传播》2012年第3期。

[33] 石晓军、李恒金：《网络营销理论框架刍议》，《中国流通经济》1999年第2期。

[34] 苏林森：《我国web2.0网络盈利模式探析——兼论长尾理论在网络经济的运用》，《西南民族大学学报》（人文社科版）2007年第8期。

[35] 苏落、路小南、沈鑫：《背书自媒体》，《成功营销》2013年第6期。

[36] 孙琨：《试论信息时代"免费"营销模式》，《江苏科技信息》2011年第5期。

[37] 王慧：《国外网络媒体法律监管模式及对我国的启示》，《管理学家》2010年第7期。

[38] 王强东：《网络文化产业与网络消费研究》，《广东商学院学报》2009年第4期。

[39] 王挺：《网络营销绩效评价体系的研究评述》，《现代物业》（中旬刊）2010年第5期。

[40] 王小娟、马琳、张金玲：《浅谈西藏文化产品的网络营销方式》，《中国市场》2013年第29期。

[41] 王兴斌：《"体验经济"新论与旅游服务的创新——〈体验经济〉读书札记》，《桂林旅游高等专科学校学报》2003年第1期。

[42] 伍硕：《论文化产业的概念与文化生产的价值规律》，《徐州工程学院学报》（社会科学版）2011年第1期。

[43] 熊澄宇：《科技融合创新拓展文化产业空间》，《瞭望新闻周刊》2005年第7—8期。

[44] 熊燃：《传统媒体提高舆论引导能力的本体研究》，《湖北社会科学》2011年第9期。

[45] 徐印州：《谈网络消费及其对商业的影响》，《商业时代》2013年第30期。

[46] 薛晓源、曹荣湘:《文化资本、文化产品与文化制度——布迪厄之后的文化资本理论》,《马克思主义与现实》2004年第1期。

[47] 晏辉:《资本的运行逻辑与消费主义》,《中国人民大学学报》2005年第6期。

[48] 杨勇:《移动互联网时代数字文化产业发展趋势的分析与思考》,《中国科技产业》2012年第9期。

[49] 余晓晖:《移动互联网的发展与思考》,《电信网技术》2008年第12期。

[50] 喻国明:《解读新媒体的几个关键词》,《广告大观》(媒介版)2006年第5期。

[51] 张冠文、李晔、胡安川等:《我国互联网学术研究述评》,《新闻大学》2013年第2期。

[52] 张谨:《关于文化消费的理性思考》,《理论与现代化》2009年第6期。

[53] 曾建辉:《文化生产的媒介演变及其发展》,《重庆社会科学》2011年第4期。

[54] 曾军:《都市文化生产的主体阐释》,《求是学刊》2007年第3期。

[55] 郑琨、赫穆寰:《从马克思艺术生产理论看网络文化的存在与发展》,《齐齐哈尔大学学报》(哲学社会科学版)2012年第2期。

[56] 周静:《网民政治参与非理性表达及其规制》,《人民论坛》2014年第8期。

[57] 周维学:《文化营销研究》,《中国集体经济》2009年第9期。

[58] 朱伟珏:《"资本"的一种非经济学解读——布迪厄"文化资本"概念》,《社会科学》2005年第6期。

[59] 资树荣:《国外文化消费研究述评》,《消费经济》2013年第1期。

[60] Cunningham, S., "From Cultural to Creative Industries: Theory Industry and Policy Implications," *Quarterly Journal of Media Research and Resources*, 102, 2004.

[61] Davis, F.D., Bagozzi, R.P., Warshaw, P.R., "User Acceptance of Computer Technology: A comparison of two Theoretical Models," *Management Science*, 35(8), 1989.

[62] Davis, F.D., "Perceived Usefulness, Perceived Ease of use, and User Acceptance of Information Technology," *MIS Quarterly*, 13(3), 1989.

[63] Mitchell, V.W., Boustani P., "A Preliminary Investigation into Pre-and Post-Purchase Risk Perception and Reduction," *European Journal of Marketing*, 28(1), 1994.

[64] Mowshowitz, A., "On the theory of virtual organization systems," *Research Behavioral Science*, (14), 1997.

[65] Neal C.P., "From the Editor," *Marketing Management*, 2006.

[66] Thorngate, W., "The Economy of Attention," *Canadian Psychology/psychologies*, 31, 1990.

[67] Throsby, D.,"Modeling the cultural industries," *International Journal of Cultural Policy*, 14(3), 2008.

[68] Young, K.S., "Internet addiction: the emergence of a new clinical disorder," *Cyber Psychology and Behavior*, (3), 1996.

三、报纸文章

[1] 阿里巴巴研究院：《"互联网+"重新定义信息化——关于"互联网+"的研究报告（上篇）》，《光明日报》2015年10月16日。

[2] 车利侠：《微信账号试水会员制吸金》，《北京青年报》2013年9月17日。

[3] 胡惠林：《中国文化产业发展趋势分析》，《中国文化报》2002年2月2日。

[4] 胡惠林：《要把文化产业作为意识形态建设来抓》，《中国文化报》2002年3月23日。

[5] 王永章：《走中国特色文化产业发展之路——学习党的十六大报告的

几点体会》，《中国文化报》2002年12月14日。
[6] 王育济：《关于“历史学的数字化转向”》，《光明日报》2015年8月23日。
[7] 王昀加、孙欢杰：《网络新阶段web3.0正渐渐走来》，《经济参考报》2008年4月17日。
[8] 武莉：《“山东经济广播”手机客户端推出》，《齐鲁晚报》2013年5月14日。
[9] 徐翔：《网络文化软实力的内涵与构成要素》，《中国社会科学报》2012年6月27日。
[10] 杨谷：《“长尾理论”与网络百科全书的启示》，《光明日报》2007年6月3日。
[11] 叶朗：《文化产业与我国21世纪的经济发展》，《中华读书报》2002年9月18日。
[12] 周冰：《大力发展文化产业》，《光明日报》2005年6月7日。
[13] 赵娟：《达文波特提出注意力经济概念》，《经济参考报》2007年7月6日。
[14] 赵卫东：《什么因素制约了我国文化消费增长》，《人民日报》2009年7月6日。

四、学位论文

[1] 陈义丰：《艺术网络营销》，中国艺术研究院2010年博士学位论文。
[2] 付瑞雪：《数字内容分发平台与商业模式的研究》，北京邮电大学2009年博士学位论文。
[3] 高千卉：《基于价值链的网络文学网站赢利模式研究——以起点中文网为例》，东北财经大学2011年硕士学位论文。
[4] 郭文远：《多元化治理视野下的网络反腐研究》，广西大学2011年硕士学位论文。
[5] 梁强：《面向体验经济的休闲旅游需求开发与营销创新》，天津财经

大学2008年博士学位论文。
[6] 荣跃明:《文化生产论纲》，复旦大学2009年博士学位论文。
[7] 魏来:《中国文化经济的理论渊源与现代分析》，吉林大学2012年博士学位论文。
[8] 张春华:《网络侵权行为的法律规制》，复旦大学2009年硕士学位论文。
[9] Davis, F.D., “A Technology Acceptance Model for Empirically Testing new End—user Information Systems: Theory and Results,” PhD diss., Massachusetts Institute of Technology, 1986.

五、网络资源

[1] 艾瑞咨询：http://www.iresearch.com.cn/。
[2] 爱奇艺：http://www.iqiyi.com/。
[3] 百度：https://www.baidu.com/。
[4] 财经网：http://www.caijing.com.cn/。
[5] 创世中文网：http://chuangshi.qq.com/bk/ke/。
[6] 豆瓣：https://www.douban.com/。
[7] 凤凰资讯：http://news.ifeng.com/。
[8] 观察者网：http://www.guancha.cn/。
[9] 光明网：http://www.gmw.cn/。
[10] 国家统计局：http://www.stats.gov.cn/。
[11] 和讯网：http://www.hexun.com/。
[12] 科技_环球网：http://tech.huanqiu.com/。
[13] 猫扑网：http://www.mop.com/。
[14] 起点中文网：http://www.qidian.com/。
[15]《人民日报》：http://paper.people.com.cn/。
[16] 人民网：http://www.people.com.cn/。
[17] 搜狐网：http://www.sohu.com/。
[18] 腾讯网：http://www.qq.com/。

［19］天涯社区：http://www.tianya.cn/。
［20］万方数据：http://www.wanfangdata.com.cn/。
［21］网易：http://www.163.com/。
［22］微信公众平台：http://mp.weixin.qq.com/。
［23］潇湘书院：http://www.xxsy.net/。
［24］新华网：http://www.news.cn/。
［25］新浪网：http://www.sina.com.cn/。
［26］新时代文化创意产业网：http://www.ccitimes.com/。
［27］优酷：http://www.youku.com/。
［28］有妖气：http://www.u17.com/。
［29］中国互联网络信息中心：http://www.cnnic.cn/。
［30］中国经济网：http://www.ce.cn/。
［31］中国人民大学新闻网：http://news.ruc.edu.cn/。
［32］中国网：http://www.china.com.cn/。
［33］中国文化产业网：http://www.cnci.net.cn/。
［34］中国文化传媒网：http://www.ccdy.cn/。
［35］中国知网：http://www.cnki.net/。
［36］中华人民共和国文化和旅游部：http://www.mct.gov.cn/。
［37］纵横中文网：http://www.zongheng.com/。

后　记

2004年，有幸作为全国第一批文化产业管理专业的本科生之一进入山东大学开始了求学生涯，也由此激发了我对文化产业研究的浓厚兴趣。本科、硕士、博士，在山东大学的12年学习生涯不仅给予了我知识的积累，更让我坚定了将互联网环境下文化生产、推广、消费和商业模式作为主要的研究方向。诸位师长、朋友、家人给予我支持和鼓励，敦促我鼓起勇气将本书列入出版计划。

首先，我要衷心感谢我的导师王育济教授，能够成为先生的门生是我的莫大荣幸。读博前有幸参加《中国文化产业学术年鉴》和《上庠大木——山东大学历史文化学院110年生长史（1901—2011）》的编写工作，让我受益匪浅，从历次指导和总结会议中，我真切地感受到了先生治学的严谨、学术触觉的敏锐以及观点的犀利。先生渊博的知识、敏锐的学术视角时刻敦促我敏思善行，先生高尚的人格、豁达的胸怀令我无比钦佩和向往。更让我感动的是，先生在我人生低谷时期慈父般的包容、理解和鼓励，有慈父严师如先生是我坚定踏实求学、追求心之憧憬道路上最大的感动。感谢我的导师胡正荣教授，胡老师严谨的治学理念和谦虚的处事态度让我深感佩服，与胡老师的沟通让我对媒介传播对文化产业的影响有了更深刻的认识。

其次，感谢赵兴胜教授、任相宏教授、崔大庸教授和刘晓静教授对文章提出的修改意见。感谢我的硕士导师王广振教授，感谢您和师母多年来对我关心和包容。感谢北京大学文化产业研究院的向勇教授、陈少峰教授、周庆山教授，历次参加会议时与你们的讨论让我获益匪浅。感谢有妖气公司CEO周靖淇先生对业界经营经验的真诚分享。感谢好友章军杰在文章写作和修改过程中提出的宝贵意见，感谢师妹刘磊、师弟尹晓龙在文章修改时给予的帮助。感谢山东人民出版社编辑战海霞老师为本书顺利出版付出的辛劳。感谢所有支持、关心、帮助过我的人。

最后，学术研究离不开前辈们的开拓积累，在此向相关领域研究的开拓者、前辈们致以崇高的敬意，感谢你们的成果对我的启发和帮助。

2020年3月